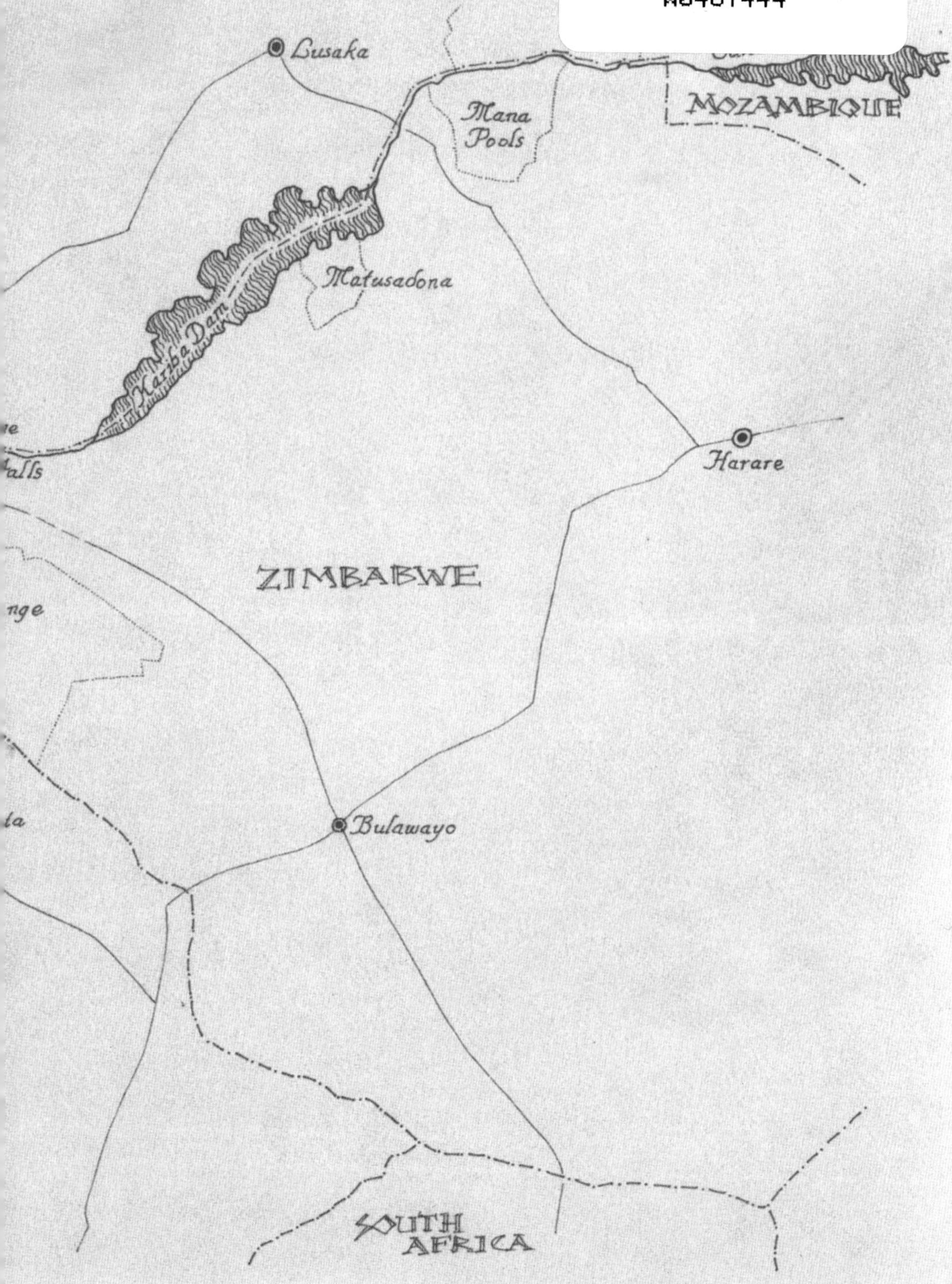
Lusaka
Mana
Pools
MOZAMBIQUE
Matusadona
Kariba Dam
Harare
ZIMBABWE
Bulawayo
SOUTH
AFRICA

AXEL THORER

UNTER DEM NACHRICHTENBAUM

ROSTOCK

AXEL THORER

Unter dem Nachrichtenbaum

Von Buschleuten,
sternklaren Nächten
und dem Friedhof
der Elefanten

Mit zahlreichen Abbildungen,
dokumentarischen Fotos
und Illustrationen

LangenMüller

Für Layout und Illustrationen verwendeten Fotos stammen aus dem Privatarchiv des Autors und aus dem Fundus von Grafikdesign Ulrike Storch. Motive auf den Seiten 56, 57, 200 und 224: Mit freundlicher Genehmigung von Tom Claytor. www.claytor.com

Besuchen Sie uns im Internet unter langen-mueller-verlag.de

Schutzumschlag: Wolfgang Heinzel
Schutzumschlagmotiv:
Image by © Tom Brakefield/CORBIS
Herstellung:
VerlagsService Dr. Helmut Neuberger & Karl Schaumann GmbH, Heimstetten
Layout & Grafik:
Grafikdesign Ulrike Storch, München
Gesetzt aus der Minion, Trixie
Druck und Binden: Print-Consult, München
Printed in Slovakia
ISBN 3-7844-3034-1
Ab 1.1.2007: ISBN 978-3-7844-3034-8

INHALT

Dritte Brücke kennt jeder im südlichen Afrika. *Dritte Brücke* ist Marktplatz, Feuerstelle, Schlafstätte, Partylocation und Nachrichtenbörse. Da trifft man sich: Trucker, Hirten, Touristen, Jäger, Soldaten, Wildhüter, Verirrte. *Dritte Brücke* ist Luxus, weil Menschen diesen Platz in die Landschaft eingearbeitet haben. Dabei steht *Dritte Brücke* in keinem gedruckten Atlas. Nicht mal auf einem Wegweiser. Aber jeder, der unterwegs ist zwischen Swakopmund und Maputo, hat eine erlebte Landkarte im Kopf und auf der leuchtet *Dritte Brücke* wie ein Pickel im Gesicht von Claudia Schiffer. Und die Unwissenden folgen den Reifenspuren der Wissenden.

Wir befinden uns in Botswana, dem Staat, in dem Geld, Regen, Glück, »Prost!«, »Grüß dich« und Postfach ein Wort sind – »Pula«.

Dritte Brücke ist wirklich eine Brücke. Na ja, ein Steg über den Seitenarm eines Flusses im Okavango-Delta. Zehn Meter lang, fünf Meter breit und dreißig Zentimeter hoch. Das ist alles nicht viel, aber das Wasser darunter ist mehrere hundert Kilometer lang, zehn Meter breit und bis zu zwei Meter tief. Das ist viel. Deshalb wird die Brücke von allen, die hier vorbeikommen, gepflegt wie die letzten Haare auf dem Kopf eines Mannes, der noch Wert auf Aussehen legt. Da ist Fürsorge Pflicht. Da zieht man das angeknackste Brett aus der Fahrspur und passt einen dicken Ast ein oder repariert das Geländer, oder füllt die vom Regen tief gewordenen Zufahrtsrillen aus. Alles Dinge, die man eben so macht – irgendwo im Nirgendwo.

Die Brücke ist Notwendigkeit, aber der Rest der *Dritten Brücke* ist das Paradies. Mit allem, was man so braucht im Busch: Vier verrostete Gitterkörbe mit verschließbaren Türen auf Beinen wie dürre Möbel, die herumstehen wie Käfige für vierzig Zentimeter große Löwen und hyänensicher sind, darin kann man seine Vorräte besser lagern als im Auto. Eingerahmt von vierzehn Baobab-Bäumen, die so freundlich sind, wie Schirme geformt zu sein, sodass man darunter schattig lagert. Dabei sind sie so dick und glatt, dass man nachts keine Überraschungen von oben befürchten muss. Unter ihnen: zehn Feuerstellen aus knubbeligen Wackersteinen, die in 150 Jahren gesammelt und zu Kreisen gelegt wurden. Im Busch wartet ein unerschöpflicher Vorrat an Feuerholz, sodass man es hierher nie mitbringen musste. Irgendwo, aber aus verständlichen Gründen leicht zu finden, stehen die »Kack-Büsche«, hinter denen seit Generationen geschissen wird, weil sie nach hinten diskret sind und nach vorne eine interessante Aussicht bieten in die unendliche Schönheit der Kalahari. Und immer liegt bei den Büschen ein kurzer, von mannigfacher Benützung wie Mahagoni polierter Stock, mit dem man sich abstützen kann beim Hocken, um nicht in die eigene Kacke zu fallen, und eine Waffe ist er im Zweifelsfall auch noch, falls sich einer nähert auf zwei oder vier Beinen. Und dann gibt es hier noch das Höchste für einen seit Wochen ausgedorrten Buschmann: einen kleinen See, zwanzig mal zehn Meter groß, der sich hinter der Brücke aus dem Fluss aufgestaut hat – Pula sei Dank. Wenn man da ordentlich rumlärmt am Ufer, kann man nicht nur herrlich baden, sondern sich satt trinken aus der hohlen Hand und Muscheln vom sandigen Grund abgreifen und essen wie Austern. Das Wasser ist so seidig wie die Haut einer gut geölten Himba-Frau. Nur muss man eben vorher lärmen, damit die Flusspferde und die Krokodile abhauen, bevor man selbst reingeht. Aber das ist ja normal. Der Typ, der im Juli 1998 als bisher Einziger im Wasser verschwand, hat eben zu wenig gelärmt. (Auch Dummheit und Faulheit bringen einen ins Grab in so einer Gegend.) Seinetwegen steht an der *Dritten Brücke* eine kleine Steinpyramide, und jeder, der vorbeikommt, legt ein neues Steinchen drauf. Was nicht einfach ist, denn Steine sind hier rar und die Klötze um die Feuerstellen darf man nicht neh-

That's life: Spiegeleier überm Lagerfeuer, Wassersack als „Baumdusche", Steinpyramide für die „Gefallenen" der Savanne

men. Man muss ganz schön raus in die Savanne, um noch welche zu finden. Dennoch ist die Pyramide inzwischen achtzig Zentimeter hoch. Und verflucht sei der, der keinen neuen Stein drauflegt. Das merken sich die Flusspferde und Krokodile und Tukane und Geier, erzählen es den Fluss hinauf und hinunter. Dann erwischt es den Sünder – früher oder später.

Links hinter der Brücke wächst der Nachrichtenbaum. Ein Baobab mit so tiefen Furchen in Menschenhöhe, dass man Zettel hineinstecken kann, ohne dass die ewig neugierigen Affen sie gleich sehen und klauen. Moderne Menschen nennen den Baum »Google-Tree«, weil er eine Quelle an Informationen ist: Ein gewisser Pieter hat geschrieben, dass man sich vor Greg hüten soll, einem Schweinepriester von Wildhüter, der seine Versprechen nicht hält, wenn man ihn besticht. Mark sagt, er habe eine Ladung Aspirin im »Crocodile Camp« in Maun deponiert: zum allgemeinen Gebrauch. Alec warnt vor dem Lastwagen mit dem Kennzeichen BDG 1283: Der Fahrer tut freundlich, klaut aber. Sven teilt mit, es treibe sich ein »Man-Eater« herum, ein Löwe, der entdeckt hat, dass man Reisende aus Zelten ziehen und verspeisen kann wie Corned Beef aus Konservendosen – was viel einfacher ist als Warzenschweine jagen. Man erkenne ihn, schreibt Sven, an einem weißen Schmiss links am Becken, kurz vor dem Schwanz. Die Zettel tragen Daten, das müssen sie auch, damit man weiß, was aktuell ist und was Geschichte. Aber dass Mary, die schwarze Perle im »Xaxaba Camp«, die beste Merula-Marmelade zwischen Walvis Bay und Bulawayo macht, wie John schreibt, das ist seit Jahren aktuell und, da sich Mary bester Gesundheit erfreut, auch noch auf Jahre hinaus.

Würde man alle Zettel aus den Baumfurchen herausziehen, auch die verwitterten, vergilbten, zerrissenen, hundertfach durchnässten und immer wieder getrockneten, und würde man sie zu einem Buch verarbeiten, bekäme man die Geschichte des Okavango-Deltas. Das Delta ist ein Naturschauspiel, das es kein zweites Mal gibt, ein Weltwunder, und mit 150 000 Quadratkilometern ist es etwa so groß wie die Schweiz, Österreich und die Hälfte von Bayern zusammen.

Man muss sich das so vorstellen: Aus Angola fließen mehrere Flüsse, darunter der Okavango, nach Botswana, verbreiten sich zu einem riesigen Fächer, der aussieht wie eine Hand – das Handgelenk im Norden und die Fingerspitzen im Süden. Aber es gibt kein Meer, in das sich die tausende von verzweigten Wasserarmen ergießen, sondern am Ende ihres Laufes versickern sie im Sand mitten im Land. Die Finger sind die fünf Hauptadern des Deltas und bestehen aus Flüssen, Bächen, Rinnsalen, Seen, Sümpfen und Pfützen.

Das Merkwürdige ist: Nun denkt man doch, man kann einen Flusslauf enden sehen; vermag dorthin zu gehen, wo er – wie man aus der Luft erkennt – plötzlich im Sand versiegt. Aber das ist nicht so. Es gibt am Boden kein Ende des Flusses, keinen feuchten Fleck, der sein nasses Grab ist. Irgendwie und irgendwann und irgendwo sind die Wasseradern verschwunden, aber auf so geheimnisvolle Weise, wie ein Regenbogen auf die Erde trifft, die Stelle findet man ja auch nie. Man könnte irre werden: Aus der Luft, aus einem Flugzeug, sieht man genau die Stelle, wo der Fluss aufhört. Man merkt sich die Stelle, fährt genau dort hin – und kann sein Ende einfach nicht mehr finden. Man steht mit beiden Füßen und wachen Augen am Ende des Flusses und er kommt weder an, noch hört er auf. Ein Wunder.

Es gibt wasserreiche Zeiten, da gebärdet sich das Okavango-Delta wie ein wirkliches Delta, wie das des Amazonas zum Beispiel: Das Wasser ist in der Überzahl und gleicht aus der Luft einer einzigen feuchten Fläche. Ein Viertel des Staates Botswana sieht aus wie ein Ozean mit Millionen von Inseln, Sandbänken und Uferstreifen. Festes und loses Grünzeug schwimmt darin wie Treibgut oder Plankton, Tausende Elefanten planschen darin, als sei es ihr privates Badezimmer. Und am Zaun, einem Maschendrahtgehege an krummen Stämmen, zwei Meter hoch und von der Regierung quer durchs Land gezogen, lehnen die Hirten, hinter ihnen ihre vor Durst brüllenden Rinder-

herden. Sie dürfen nicht rein, weil Haustiere selbst Tierchen haben, die Wildtiere umbringen würden: Parasiten, Würmer, Viren usw. Deshalb hat der Staat verfügt: Haus- und Wildtiere dürfen sich nicht begegnen. Auch nicht auf dem Umweg über eine Pfütze.
Aber die wasserreichen Zeiten sind nicht das Problem, denn dann gibt es auch außerhalb des Okavango-Deltas reichlich Wasser. Das Problem sind die Dürreperioden, wenn selbst das Delta zu einem Bündel von spärlichen Rinnsalen verkommen ist, zu einer Ansammlung von weit auseinander liegenden Wasserlöchern. Und wenn das Delta nicht mehr riesige 150 000 Quadratkilometer groß ist, sondern nur noch winzige 50 000 Quadratkilometer, weil die Flüsse aus dem Norden nicht mehr durchhalten bis in die Städte Maun und Ghanzi, sondern schon viel früher vertrocknen, verdunsten und versickern, und das, was Okavango sein kann und sein sollte, plötzlich für ein paar Monate zum Bestandteil der Kalahari-Wüste wird und auch so aussieht. Dann kehren die Löwen zurück aus den weiten Ebenen Angolas, weil sie zu viel Wasser nicht mögen und das dürre Delta herrlich finden, weil sich ihre Beute darin nicht verstecken kann, da es kein hohes Gras mehr gibt, und nur so wenige Tränken, dass die Löwen warten können, bis die Mahlzeiten angetrottet kommen, direkt in ihre Mäuler, und sie fressen sich kugelig. Das ist die Zeit, in der es außerhalb des Deltas kaum noch Wasser gibt, und die Wildererjäger Probleme bekommen mit den Hirten, die unter die Kategorie »Wilderer« fallen, weil sie mit ihren Rinderherden verbotenerweise das Wasser jagen.

Und mittendrin liegt *Dritte Brücke*. Eine »Vierte Brücke« gibt es nicht, aber »Erste und Zweite Brücke«, an denen fährt man vorbei. Das sind Stege über das Wasser, und man braucht sie nicht wirklich, man könnte auch durch das Wasser fahren, das dort – im Normalfall – höchstens knietief ist. Sie sind Bestandteil der Piste, Fixpunkte der Durchquerung Afrikas, wie Bojen in einer Wasserstraße, aber keine Events, da lagert man nicht. *Dritte Brücke* dagegen ist der Platz der Legenden, hier findet die Märchenstunde Afrikas statt. Hier erzählen sich die Weißen, die Tswana und die Buschleute die Historie des

Kontinents aus Erfahrung, Aufschneiderei und Hörensagen. Hier lebt der Elefant, der so lange Stoßzähne trägt, dass er mit ihnen neben seinen Fußtritten Furchen in die Savanne zieht, und von dem schon Ernest Hemingway, den wir »Papa« nannten, in seinen Tagebüchern schreibt. Oder das Nashorn mit dem goldenen Edelsteinreif um sein Horn, weil es 1912 einen arabischen Händler aufspießte, von dem nur der Armschmuck auf der Waffe seines Mörders überlebte. Von hier kommt N'Xi her, der lustige Buschmann aus dem Film »Die Götter müssen verrückt sein«, das ist seine Heimat.
Und hier zog jedes Jahr mindestens ein Dutzend Mal der Seltsamste der Seltsamen durch, der Einsamste der Einsamen, der Riese aus Deutschland, der »weiße Buschmann«: Doc Hans, wie man ihn zwischen Swakopmund und Maputo, Bulawayo und Kapstadt nannte, geboren 1917 in Leipzig und im August 2000 in Stücke gehauen in Maun, der Hauptstadt des Okavango-Deltas – wahrscheinlich von seinem Sohn. Einige haben vom Doc gehört, wenige haben ihn gesehen. Wie das so ist mit lebenden Legenden. Und Doc Hans war eine der größten Legendenfiguren des 20. Jahrhunderts. Es gibt keinen Lagerfeuer-Abend an der *Dritten Brücke*, an dem man nicht über ihn redet. Weil das Rätsel seines Lebens mit jedem Jahr größer wird, seit er tot ist. Auch die Bewunderung und das Staunen. Das war bei uns nicht anders in dieser Nacht:
Andy aus Upington in Südafrika, Veranstalter von Abenteuerreisen, von britischer Herkunft, aber burischer Robustheit.
Karame aus Gaborone, im Stab des Präsidenten von Botswana verantwortlich für die San, die Buschleute, ein Politiker der feinen Art.
Rieke aus München, die afrikanische Heilpflanzen sucht für Pharmafirmen in Europa und den USA und die einzige Frau ist, die ohne Erstaunen zu erwecken in jeder Männerrunde Platz nehmen kann.
Ich, Axel, Wildhüter aus Haribes in Namibia, Sohn deutscher Eltern.
Und X'Oli, der San, der Buschmann, der für alle schon mal als Spurenleser gearbeitet hatte und so weise war, weil sein Volk von allen Völkern dieser Erde in seiner Evolution am schnellsten klug geworden ist, aber stur blieb, weshalb es dennoch in eine Ecke der Evolution gedrängt wurde.

Wie eine dürre Hand sieht das Okavango-Delta aus der Luft aus.

Weit weg maunzte ein Löwe. Er war auf der Jagd, denn er drohte: zweimal lang, viermal kurz. Immer wieder. »Uuuuaaaa, Uuuuaaaa, ua, ua, ua, ua!« Auf Löwisch heißt das: »Ich fress jetzt – die ganze Herde – und – den – Hirten – auch!« So wird es übersetzt von den Menschen im Busch. Wenn Löwen sich melden, klingt das immer weit weg, ist es aber nicht. Denn »König der Tiere« wurde er nicht, weil er so stark ist. Ein Elefant fegt ihn mit einem Rüsselschlag weg, Büffel spielen Federball mit ihm, an Klugheit übertrifft ihn die Hyäne bei Weitem. Und tapfer? Tapfer ist er auch nicht, tapfer ist das Warzenschwein, das jeden Löwen angreifen würde, um seine Ferkel zu schützen. Nein, der Löwe ist der König, weil er so brüllen kann wie kein anderes Tier. Über Kilometer hinweg und so durchdringend, als benütze er ein Megaphon. Dass die Scheiben eines Geländewagens zittern. Der, den wir hörten, als wir rund ums Lagerfeuer saßen, war höchstens einen Kilometer weg. Oder fünfzehn Minuten. Seine fünfzehn Minuten. Ein Gelbschnabel-Tukan hatte den Löwen auch gehört und meinte nun, uns mit seinem lang gezogenen »Ooouuu!« warnen zu müssen. Und jedes Mal, wenn der Löwe besonders laut brüllte, verstummte der Religionskrieg im See, ausgetragen auf Englisch von den evangelischen Glockenfröschen, die mit ihren Kastratenstimmen so schnell wie möglich »Luther, Luther, Luther« riefen, und den behäbigen und katholischen Ochsenfröschen, die ihnen mit ihren Bässen ein langgezogenes »Poope, Poope« erwiderten.

Wir alle hatten Doc Hans gekannt. Waren von ihm verachtet und provoziert worden. Er hatte uns mehrfach aus Patschen geholfen und vielleicht sogar das Leben gerettet. Und uns betrogen, aber auch die Demut beigebracht, die einen offen macht für die Stimmen,

Wunder und Geheimnisse Afrikas und seiner Bewohner. Zum Beispiel sagte der Doc immer: »Was ist die wichtigste Regel, wenn du ausgetrocknet zu einem Wasserloch kommst? Trinke nie so viel, dass dein Durst gestillt ist. Dann wirst du wahrscheinlich weniger krank werden, wenn das Wasser schlecht ist.« Denn ein Körper, der nach Wasser giert, wird das Gift leichter verarbeiten als ein Körper, der satt ist und somit Zeit hat, auf das Gift einzugehen. Ganz abgesehen von der geringeren Menge des Giftes. Eine wunderbare Weisheit, die Buschleute der Kalahari müssen sie dem Doc beigebracht haben. Aber kein Reisender kennt sie, dabei gehört sie eigentlich in jedes Survival-Buch. Schön ist auch seine Bemerkung: »Schwarzafrikaner können die heißesten Sachen anfassen. Das kann niemand sonst, den ich kenne. Sie nehmen eiserne Kochtöpfe, die auf dem Feuer standen, zwischen ihre Finger und glimmende Holzstücke in die Hand. Das kommt daher, dass sie von Kindesbeinen an gewohnt sind, die heißesten Dinge anzufassen, da sie mit offenem Feuer heizen und kochen und am Feuer leben. Dafür sind sie extrem empfindlich, was Kälte betrifft. Ich glaube, dass sie sofort Brandblasen bekommen würden, wenn man ihnen ein Eisstück in die Hand gibt.«

Dutzende gestandener Männer hatten ihr Leben lang von den Weisheiten des Doc Hans gezehrt, die er aus Afrika zog wie Wasser aus einer Felsritze. Denn wenn dieser Kontinent ein wunderschön gewebter Stoff ist, dann ist die Realität der Faden und die Geschichten sind der Durchschuss. Sie geben dem Stoff die Farbe, das Muster und den Charakter. Es spricht für Doc Hans, dass er Geschichten sammelte wie andere Leute Briefmarken. Denn sie sind eigentlich das Beste, was Afrika zu bieten hat, sie sind die Seele des Kontinents. Aber keinem war es je gelungen, das Leben von Doc Hans zu begreifen. Zu entschlüsseln, wer er war, welche seiner vielen Biografien stimmte und warum er selbst so viele Versionen von seiner eigenen Lebensgeschichte erzählte.

An diesem Abend rund ums Lagerfeuer an der *Dritten Brücke* begann Andy mit einer der Geschichten über das Leben des weißen Buschmanns: »Doc Hans gelang es, der Welt weiszumachen, er lebte in den USA, während er in Deutschland studierte. Er fand Hitler faszinierend und soll dennoch Widerstandskämpfer gewesen sein – ein Überlebender des Röhm-Putsches von 1934. Eine andere Variante lautete so: Er durfte bei den Nazis angeblich nicht Offizier werden, weil seine Eltern in die USA ausgewandert waren, und kämpfte scheinbar doch in einer Spezialeinheit der Wehrmacht. Oder: Er lebte als Buschmann in der Kalahari und lehrte gleichzeitig an einer südafrikanischen Universität Anthropologie. Und: Er war mit zwei Frauen in zwei Ländern verheiratet – angeblich zur gleichen Zeit. Er hatte von beiden einen Sohn, und beide wussten nichts voneinander. So geht das weiter, und je mehr man in Doc Hans' Biografie eintaucht, desto verwirrender, abenteuerlicher, dramatischer, unbegreiflicher und widersprüchlicher wird sie. Nie passt etwas zusammen.«

Die Geschichte von dem Mann und der Hyäne im Schuldturm

Karame lachte: »Der Rra hat mir mal erzählt, dass er so gerne wieder nach Johannesburg reisen würde, es aber nicht könne, weil er als Schweinezüchter und Gemüsefarmer Bankrott gegangen wäre und immense Schulden angehäuft habe. Die Zulus würden ihn gleich an der Grenze festnehmen, um ihn in den Schuldturm zu werfen.« Rra heißt guter Mann und geehrter Herr auf Botswanisch. So redet sich jeder an in diesem höflichen Land, der Penner den Präsidenten und der Präsident den Penner. Bei Frauen heißt das Mma – wie Madam, Madonna und Mama.

»Die Geschichte kenne ich auch«, sagte ich. »Aber der Doc hat nie Schweine gezüchtet und Gemüse angebaut in Südafrika. Er hatte

Schulden, ja, aber es ist sehr fraglich, ob seine Gläubiger in Johannesburg saßen. Er behauptete das nur, um anzudeuten, mit welch beachtlichen Summen er hantiert, und dass er ein Millionen-Business besessen hatte. Doc verfuhr nach dem uralten Hochstaplerprinzip: Je größer die Schulden, desto wichtiger der Mann. Oder: Eine Null hat niemals viele Feinde ...«

Rieke ließ die Geschichte mit den Zulus nicht los: »›Schuldturm‹ sagte Doc nur, wenn er nüchtern war. Ab drei Whiskys sagte er: ›in die Boma werfen‹. Seine Gläubiger waren nämlich angeblich reiche Zulus, und bei den Zulus bestrafte man Männer, die den Häuptling beleidigen – und ihre Kredite nicht zurückzuzahlen war so eine Beleidigung – auf eine besonders interessante Art: Man warf sie in einen gemauerten, etwa fünf Meter hohen und nach oben offenen Turm, damit Zuschauer hineinblicken konnten. Sein Durchmesser betrug etwa drei Meter und durch eine kniehohe Öffnung, die sofort wieder verschlossen wurde, trieb man immer um Mittag eine Hyäne in den Turm, dann wurde der Verurteilte an einem Seil zu ihr hinabgelassen. Im ersten Moment passierte gar nichts. Die Hyäne kauerte sich eng an der aalglatten, für Mensch und Tier nicht erkletterbaren Innenmauer zusammen, beobachtete den Menschen in ihrem Gefängnis feindselig, und man konnte erkennen, dass sie überlegte, wie und wann sich die beste Gelegenheit ergeben würde, ihn zu töten. Angst hatte die Hyäne nur vor den Menschen, die von oben hineinblickten. Die machten sie nervös – und dadurch noch gefährlicher. Wie ihre Chancen gegen den Menschen im Turm standen, wusste sie aus Jagderfahrung: eher schlecht, aber nur wenn er etwas dabeihatte, das wie ein Ast aussah und Krach machte. Ein Gewehr. Oder wie ein Ast aussah und am oberen Ende dicker war. Eine Keule. Oder ganz lang und spitz. Ein Speer. Aber der Mensch im Turm hatte nichts dabei. Nur sich selbst. Das ist verdächtig, überlegte die Hyäne. Bis sie begriff, dass das ihr Vorteil war. Feige war sie nicht, alle Hyänen sind unglaublich tapfer. Auch wenn sie die meiste Zeit auf feige Weise jagen, von hinten angreifen, sich kranke, verletzte oder junge Beute aussuchen. Das ist aus Hyänen-Sicht clever. Aber wer einmal gesehen hat, wie ein Rudel Hyänen einem Rudel Löwen das frisch geschlagene Zebra zu entreißen versucht, nennt sie nie wieder feige. Oder wer erlebt hat, wie Hyänen Wildhüter angreifen, die ihren kreischenden Jungen Markierungen in die Ohren kneifen wollen, der wird nur noch mit höchstem Respekt von diesen Tieren mit dem schlechten Ruf sprechen.«

»Ich habe heute noch Narben am ganzen Körper von den blitzschnellen Attacken der Hyänen«, stimmte ich zu. »Aber wir mussten die Jungen markieren, um die Population zu kontrollieren und um endlich herauszufinden, wie weit die Biester wandern.«

»Was geht im Kopf des Menschen vor, der mit einer Hyäne im Turm steckt? Oder kauert, wie sie, denn Kauern ist ja wohl die beste Haltung in so einem Moment«, fragte Karame seinen kleinen Landsmann X'Oli.

Der Buschmann erinnerte sich, was seine Leute über dieses Duell erzählt hatten: »Wer kauert, hat keinen Rücken. Wer sich zur Hyäne umdreht, hat einen Schritt in Richtung Tod getan. Man muss sich also möglichst klein und bewegungslos machen an der Mauer, die Beine unter dem Körper, die Hände an den Knöcheln. Bloß nichts wegstrecken, hocken so rund wie ein Ei, keine Fläche bieten, aber stets sprungbereit sein, was ja geht in dieser Haltung. Der Mensch da drin im Turm wusste wahrscheinlich, dass Hyänen ziemlich furchtlos sind. Dass sie als einziges Tier auf Erden den Schädel eines Menschen mit ihrem Gebiss knacken können, wofür Löwe und Tiger zu schwach sind. Dass Hyänen ausgebufft sind und die Schwächen ihrer Opfer gnadenlos erkennen und ausnützen. Dass noch kein Mensch je eine Hyäne erwürgen konnte, weil ihr fürchterliches Gebiss durch einen gigantischen Nackenmuskel unterstützt wird, was ihnen, neben den kürzeren Hinterbeinen, ihr typisches Aussehen in Schieflage verschafft – vorne hoch, hinten niedrig. Und der Mensch da unten im Turm wusste, dass Hyänen nachts besonders raffiniert jagen. Dass er – wenn überhaupt – nur bei Tageslicht eine Chance hatte. Nachts, so glaubten zumindest die Zulus, können Hyänen sehen. Menschen bekanntlich nicht besonders gut. Nachts war der Mensch also hilflos und die Hyäne in ihrem Element. Der Mensch musste die Hyäne töten, solange es hell war, aber jetzt am Beginn des Kampfes war es hell und sie leider am stärksten. Könnte er zwei oder drei Tage und Nächte durchhalten, wäre sie wenigstens ein wenig ausgehungert und vielleicht nicht ganz so stark. Er allerdings auch nicht. Und sie würde durch Hunger aggressiver, er eher lethargischer.«

X'Oli schwieg erschöpft. Buschmänner reden nie viel. Instinkt verlangt keine Sprache. Im Busch redet man mit Körpersprache. Reden erschöpft Buschmänner. So wie ein heftiger Sprint Weiße erschöpft, die gewohnt sind, viel zu reden.

Andy übernahm: »Ich weiß von drei Männern, die den Ringkampf mit einem Leoparden überlebt haben. Als Halbtote. Die es tatsächlich schafften, seinen Biss und seine Krallen so lange bei Bewusstsein und mit noch genügend Blut in den Adern zu überstehen, bis sie ihn erwürgt hatten. Zwar hing ihnen das Fleisch in Fetzen von den Schultern und mit ihrem Restblut hätte man kaum ein Wasserglas füllen können, aber der Würgegriff war ihre einzige Chance: die schwindende Luft des Leoparden gegen das schwindende Blut des Menschen. Vom Schmerz gar nicht zu reden. Was das bedeutet, kann man sich leicht vorstellen, wenn man die Größe eines Leoparden mit der Größe einer Hauskatze vergleicht und sich dann vorstellt, was passiert, wenn man eine wütende Hauskatze auf den Arm nimmt. Und wenn man weiß, dass ein Leopard eine Kuh, die wesentlich mehr wiegt als er, auf eine Astgabel in fünf Meter Höhe zerren kann, kann man sich leicht ausmalen, was er mit einem viel leichteren Menschen anstellt. Leoparden sind Muskel- und Kampfmaschinen, an Kraft und Zähigkeit kaum zu überbieten.«

Ich pflichtete ihm bei: »Je länger sich Hyäne und Schuldner umschlichen, umso mehr würde das Tier wissen über Körpersprache, Intelligenz und Charakter des Menschen. Die Legende der Zulus besagte, dass ein Mensch noch nie eine Nacht durchgehalten hatte. Nachts hatte ihn die Hyäne getötet. Was auf furchtbare Weise geschieht, wie die weißen Jäger wissen: Die Hyäne hört sich den Atem ihres Opfers genau an, und wenn er regelmäßig wird, weiß sie, dass der Schlaf tief ist. Und dann stürzt sie sich auf den Körperteil, der ihr am unheimlichsten ist, weil sie in ihm die Seele des Opfers vermutet – das Gesicht. Die Hyäne umfasst den Schädel mit einem Biss von Ohr zu Ohr oder vom Scheitel zum Kinn und zieht das Gesicht vom Kopf, sodass nur der blanke Knochenschädel mit den Löchern bleibt. Ohne Haut, Muskelfleisch, Nase, Ohren, Lippen und so weiter. Ein grausiger Biss, denn er tötet nicht. Das Opfer ist nur blind vor Schmerz, völlig hilflos – und sich dessen genau bewusst, was jetzt kommt: Die Hyäne wird auf seine Weichteile gehen, über den Unterleib in die Eingeweide eindringen, so wie sie es bei vierbeinigem Wild auch macht. Auch das ist an sich nicht tödlich. Man verblutet nur und verreckt gleichzeitig langsam vor Schmerz. Nur wenn Gott Gnade kennt, wird er das Herz still stehen lassen oder eine Bewusstlosigkeit schicken. Denn Schmerz macht bewusstlos, aber leider weckt er auch auf.«

X'Oli schüttelte nachdenklich sein kleines, faltiges Haupt mit dem Gesicht, das auch sehr alte Japanerinnen haben. Erstaunlich, dass er die Energie aufbrachte, ein zweites Mal zu reden: »Die großen Krieger meiner Leute haben immer gesagt: Der Verurteilte im Turm müsste sich, wenn er überleben will – und als Sieger würden ihn die Zulus aus dem Turm holen und gehen lassen –, sofort auf die Hyäne stürzen und versuchen, sie irgendwie zu töten. Am Tag. Egal, ob er einen Arm, ein Bein oder einen Teil seines Gesichtes verliert. In der ersten Nacht würde die Hyäne wahrscheinlich nicht mal angreifen, weil der Mensch ihr da noch zu stark wäre. Aber sicher in der zweiten oder dritten. Und sie würde eben nicht nur schwächer werden mit der Zeit, sondern auch hungriger, beunruhigter und deshalb aggressiver. Der Mensch müsste auf die Hyäne springen, sie umarmen und nie wieder aus diesem Griff lassen, bis sie tot wäre. Nur dieser Griff des Strangulierens tötet sie. Und wehe man erwischt sie an den Beinen oder am Hinterteil. Dann reißt sie Stücke aus dem Menschen. Einige haben diese Blitzangriffe versucht, aber die Hyänen liefen ihnen davon. Andere haben so getan, als ob sie tief schlafen würden, und griffen zu, als die Hyäne sich nachts über sie beugte

– aber sie war zu schnell, weil sie in der Dunkelheit besser sieht als der Mensch.«

Karame erinnerte sich: »In der Geschichte der Zulus ist doch ein Mann bekannt, der diesen Kampf überlebt hat. Was nur zu erklären ist, wenn die Hyäne an einer Krankheit litt. Angeblich hat der Mann ihr die Augen ausgekratzt und ihre Nase blutig geschlagen. Da konnte sie ihn nicht mehr sehen und nur noch mühsam riechen. Dann soll er ihr die Rippen eingetreten haben, bis die Knochen durchs Fell stachen. Aber der Doc glaubte nicht, dass er selbst die Boma mit der Hyäne überleben würde. Nicht einmal er, der weiße Buschmann. Wobei der Tod an sich ihm weniger Angst machte als diese grausame Art zu sterben. ›Ehe die mich da reinstecken, jage ich mir lieber eine Kugel in den Kopf‹, sagte er dann.«

»Wenn sie ihm die Zeit dazu gegeben hätten«, sagte Rieke.

Der Löwe draußen in der Savanne war näher gekommen, weil er uns gehört und das Lagerfeuer gerochen hatte. Dem Gebrüll nach mochte er noch 500 Meter entfernt sein. Wie nah er war, erkannten wir am Schweigen der Vögel. Der Mut hatte sie verlassen, jetzt versteckten sie sich. Und sie wollten den Standort der anderen Tiere nicht verraten. Ich holte eine uralte Aluminiumkanne, die Generationen von Reisenden benützt hatten und die immer da lag, aus einem der Käfige, ging zum Fluss, schwappte den Staub und das Ungeziefer raus, füllte sie mit Wasser und hing sie an den Haken, der vom Dreifuß über dem Lagerfeuer baumelte. Zeit für eine Runde Kaffee, den guten aus Namibia, der mit Malz und Zichorie versetzt war. »Nilpferdpisse« heißt er. Die hat keiner je getrunken, aber der Kaffee sah genauso aus. Und wer will da behaupten, sie schmecke nicht nach Espresso?

Die Geschichte vom Mann mit dem Körbchen in der Bäckerei

Andy aus Südafrika nahm den Faden wieder auf: »Ein gutes Beispiel dafür, wie Doc Hans oft eine Spur auf seine Lebensgeschichte legte, die ein deutlicher Hinweis zu sein schien, aber im Nichts endete, ist eine Episode, die ich zum ersten Mal im Jahre 1964 von ihm gehört habe. Das Körbchen in der Johannesburger Bäckerei Astoria – kennt ihr sie?« Wir nickten. Jahrelang hatte Wolfgang, der deutsche Bäcker, uns, die wir ausgehungert aus dem Busch kamen, und viele andere, die Heimweh nach Schwarzbrot hatten, mit Backwaren versorgt. Doc Hans hatte eine einseitige Zweckfreundschaft mit Wolfgang geschlossen, und der hatte in seinem Laden ein kleines Gebäckkörbchen aufgestellt, mit einem Schild »Doc Hans« auf einem Spitzendeckchen aus Papier. Es war der »tote Briefkasten« und die Privatsparkasse des geheimnisvollen weißen Buschmannes, der angeblich durch die Kalahari streifte und mit der Welt außerhalb seiner Wüste nichts mehr zu tun haben wollte.

Andy fuhr fort: »So jedenfalls erklärte Wolfgang den Sinn und den Zweck des Körbchens. Denn wer mit Doc Hans Kontakt aufnehmen wollte, trotz der mutlos machenden Prognosen des Bäckers, der legte einen Brief hinein. Und wem Doc Hans Leid tat oder wer sich anbiedern wollte, der deponierte einen Geldschein, mit einer angeklammerten Visitenkarte. Es war immer eine ganze Menge Post darin, aber nur wenig Bares. Alle paar Monate, oder Jahre, leerte Doc Hans sein Körbchen. So genau wusste Wolfgang das auch nicht. Geantwortet hat der Doc fast nie, das Geld hingegen hat er fast immer eingesteckt. Warum das Körbchen überhaupt in der Bäckerei lag, war nur scheinbar ein Rätsel. Denn finanziell lohnte es sich nicht und die Post warf er meist weg. Aber Doc Hans wollte spüren, dass man ihn nicht ganz vergessen hatte, und eine Duftmarke hinterlassen: Es gibt mich, aber nur wenn ich will – ich tauche nach Gutdünken auf. Die

Briefe im Körbchen waren meist Bittschriften, die Geldscheine empfand er als Tributzahlungen. Denn: So geheimnisvoll seine Existenz auch war und sein sollte, er brauchte dennoch Publikum. Auch in diesem Fall trat dieser Widerspruch seines Daseins auf: Schweigen mit Prunk und Pomp, auch wenn es in diesem Fall nur ein Körbchen mit einem Papierdeckchen war.«
Die Bäckerei »Astoria« am Canterbury Crescent 1 gibt es nicht mehr, Bäcker Wolfgang ist verschollen. Briefe an den Doc kommen ungeöffnet zurück und die Adresse ist durchgestrichen.

Rieke fragte Karame: »Warum habt ihr eigentlich einen so alten Mann wie Doc in die Verwaltung der Nationalparks übernommen? Der war doch weit über sechzig.«
»Weil es keinen Besseren gab«, erwiderte der Botswaner. »Er war nach seinen langen Jahren in der Kalahari, da kannten wir ihn ja als weißen Buschmann, der beste Spurenleser der Welt. Weil er sich nicht nur in die Psyche des Wildes versetzen konnte, sondern auch in die Psyche von Menschen, die ihre Spuren hinterlassen hatten. Aber wir brauchten auch jemanden, vor dem man Angst haben konnte. Einen Riesen, und dass er weiß war, erschien uns als ideal – passierte etwas, gab es zum Beispiel Tote bei einem Kampf mit Wilderern, konnte man ein Bleichgesicht, einen Musungu, verantwortlich machen und die Einheimischen raushalten. Deshalb haben wir dem Doc die Anti-Wilderer-Einheit im Okavango-Delta übergeben.«
»Er hat euch nicht enttäuscht«, sagte ich, »denn er hatte keine Hemmungen, die ertappten Wilderer, welchem Stamm und welcher Nation sie auch immer angehören mochten, ›Mores zu lehren‹, wie er auf Altdeutsch sagte, im Zweifelsfall mit Peitsche und Patrone. Schon die Äußerlichkeiten qualifizierten Doc Hans: eine strohblonde, später weiße Mähne, 1,88 Meter groß, athletisch wie ein Zehnkämpfer, schneidende Stimme und ein derart herablassendes Auftreten, dass man sich fragte, wo er die Chuzpe dazu hernahm.«

Die Geschichte von dem Mann, den Wilderern und den Kühen

Wie die Arbeit von Doc Hans als Wildhüter genau aussah, kann man nur mühsam aus der »Job-Description« des Botswana Wildlife Training Institute in Maun herauslesen: Er organisierte und instruierte die erste Anti-Wilderer-Einheit von Botswana. Das klingt nach sauberer Arbeit. Gräbt man tiefer in den Akten des Instituts, befallen einen erste Zweifel, da heißt es nämlich: »Seine Aufgabe war es, Wildhüter auszubilden, die darauf vorbereitet sein sollten, sich im Busch gegen Wilderer durchzusetzen. Dafür unterzog er sie einem sehr speziellen Training und unterrichtete sie dazu in den Kalahari-Überlebenstechniken.« Das klingt merkwürdig und ist ein Unterricht, den man besser nicht öffentlich diskutiert. Man geht nicht fehl, hier paramilitärische Übungen zu vermuten. In der Kalahari überleben nämlich nur die Stärksten, Schlauesten und Rücksichtslosesten.

Karame verneinte das: »Über kaum etwas wird derart viel Unsinn verzapft wie über die Wilderei. Denn 90 Prozent der so genannten illegalen Jagd sind Hunger-Abschüsse. Da tötete einer Wild, um zu überleben, und die Wilderer sind nichts weiter als Jäger, wie es ihre Vorfahren seit Tausenden von Jahren waren. Ich rede hier nicht von den brutalen, kaltblütigen, habgierigen Banden, die aus Somalia stammen, durch ganz Afrika ziehen, so gut wie jedes Tier, das ihnen über den Weg läuft, wegen seiner Trophäen killen und das Fleisch liegen lassen. Die bedenkenlos den Letzten einer Art für eine Hand voll Dollar vom Antlitz der Erde tilgen würden, selbst wenn sie wüssten, dass sie ihn damit ausgerottet hätten. Das sind Wilderer, die auch nicht davor zurückschrecken, Wildhüter zu töten – wenn diese sie stören oder in Gefahr bringen. So etwas tun die Jäger nicht. Sie sind die Besten ihrer Art, oft hat das ganze Dorf Geld zusammengelegt und ihre Schusswaffe bezahlt, damit sie für genügend Fleisch sorgen. Das ist das Problem: Wie soll man den Jägern beibringen, dass das, was sie seit Jahrtausenden machen, plötzlich illegal sein soll? Auch noch im eigenen Land?«

Andy mischte sich ein: »Ich habe vor ein paar Tagen über tausend Umwege einen Brief meines alten Freundes John Mwashoni aus Mombasa bekommen. Nur Gott weiß, wie die Post mich finden konnte, die Adresse lautete: Tourist Guide Andy, Kruger National Park, South Africa. Johns Brief illustriert ein wenig, worüber wir gerade geredet haben. Ich hole ihn mir mal aus dem Gedächtnis, wie ich ihn in Erinnerung habe:

Lieber Andy,

wie geht es Dir heute? Dies ist Dein alter Freund John aus Mombasa. Ich würde so gerne viele Geschichten mit Dir besprechen über die praktische Erfahrung meiner Leute zu Hause, die man Jäger zu nennen pflegte und die jetzt als Wilderer bekannt sind. Diese alten Jäger unternahmen wunderbare Reisen durch Afrika und erlegten wilde Tiere und fingen sie in Fallen. Dann machten sie Fleisch aus den Tieren. Du weißt ja, dass wilde Tiere und frisches Fleisch ein Wort sind in Suaheli. Sie schnitten das Fleisch in lange Streifen und hingen es in die großen Bäume, damit es trocknete. Dann brachten sie es in ihre Dörfer, wo es ohne viel Aufsehen verkauft und gegessen wurde. Das gilt heute nicht mehr. Aber könnten wir nicht zusammen ein Buch schreiben über die Jäger der alten Zeit und die Wilderer der neuen Zeit? Ich berichte von früher und Du von heute, und wie die alten Jäger noch magische Tricks kannten, um sich vor Verfol-

gern und wilden Tieren zu schützen, und wie stark ihre Medizin war, die heutzutage kaum einer mehr kennt, aber die immer noch wirkt, wenn man sie anwendet. Wie denkst Du darüber? Ich meine, wir sollten das tun, um der Welt zu zeigen, dass die alten Jäger keine Wilderer sind, sondern nur ihre Leute ernähren. Aber eile Dich nicht - pole-pole, langsam-langsam. Wir haben Zeit und die alten Jäger auch, und Tiere gibt es genug.
Erinnere Deine Familie daran, dass es mich gibt.
Ich danke Dir für alles.
John"

Rieke sah Andy lange an: »Ein wunderbarer Brief. Ein wunderbarer Freund und er hat Recht. Was ist mit John passiert?«
»Er ist tot. Er war schon tot, als sein Brief mich endlich erreichte, leider«, erwiderte Andy.
»Nick, der große Nick, unser aller Freund, der große weiße Wildhüter, hat ihn in der Masai Mara erschossen. Beim Wildern. Nick kannte John, aber er hielt ihn für einen Eindringling aus Tansania, hat ihn nicht erkannt. Erst als es zu spät war. John hatte zwei Säcke voller Trophäen dabei und Nick fand 60 Schlingen, von John ausgelegt. Grausame Fallen aus Drahtseil und aus Ästen geflochten, mit langen Dornen im Innenkreis. Die Dinger, an denen Tiere tagelang leiden, verrückt werden vor Schmerzen, sich den gefangenen Fuß selbst abbeißen, verbluten oder von anderen Tieren gefressen werden. Das war die Rechtfertigung für Nick, so konnte er den Tod von John gegenüber seinen Vorgesetzten begründen. Denn es ist nicht leicht für einen Weißen, in Kenia einen Kenianer zu töten – egal aus welchem Grund. Ein Tansanier – nun ja. Der war illegal über die Grenze gekommen. Nach dem kräht kein Hahn. Der ist einfach verschwunden in einem Land von Menschen ohne Papiere, die ihre Existenz dokumentieren. Die im Busch leben, aber nicht in Akten. Nick hat John begraben in der Masai Mara, unten am Fluss, in der großen Schleife, in der die Gnus bei ihren Wanderungen immer

durchs Wasser gehen. Nick dachte, da würde es John gefallen.«
»Nick, Nick – hast du mit dem nicht mal eine Münze geworfen um einen Leoparden?«, fragte Andy.
»Hat sich das rumgesprochen bis hierher?«, erwiderte ich. »Ja, das war in Nakuru in Kenia. Oben bei der Lodge mit dem kleinen See davor, in dem so eine nette Insel schwimmt mit hohem Schilf. Der Leopard hatte wiederholt die Mülltonnen geplündert und die Küchenmannschaft drohte zu streiken, wenn er nicht abgeschossen würde. Als er dann die Frau des Kochs erschreckte und sie behauptete, sie sei ihm nur mit Müh und Not entkommen, wurden Nick und ich auf ihn angesetzt. Denn ein Leopard, der kein Wild mehr jagt und sich sein Fressen in der Lodge raubt, muss weg. So einer ist eine tödliche Gefahr. Es dauerte jedoch drei Tage, bis er wieder an den Mülltonnen auftauchte, und so lange hatten wir uns auf der Insel im See versteckt. Als er im Lichtschein vor der Küche gut im Schuss stand, feuerten wir beide – und so gut, dass unsere beiden Kugeln durch ein und dasselbe Loch an seiner Schulter eingedrungen waren. Es war nicht festzustellen, wer von uns den tödlichen Schuss abgegeben hatte. So blieb uns nichts weiter übrig, als um die Trophäe zu knobeln. Ich gewann und bekam die vordere Hälfte mit dem Kopf und den Vorderbeinen und für Nick blieb nur das Hinterteil mit dem Schwanz und den Hinterbeinen. Ihr hättet das Gesicht des Typen bei Zimmermann's in Nairobi sehen sollen, als ich mit dem toten Leoparden reinkam, ›In zwei Teilen ausstopfen‹ verlangte und ihm die Linie rund um den Bauch des Leoparden zeigte, wo er getrennt werden musste.«
»Und dann?«, fragte Rieke.
»Montierte Zimmermann's für mich den Kopf mit 90 Zentimeter Körper dahinter auf ein Brett und für Nick den Schwanz mit 90 Zentimeter Körper davor«, erwiderte ich. »Bei mir im Büro schaut der Kopf aus der Wand, bei ihm der Schwanz.«
»Weißer Mann, bekloppter Mann«, sagte X'Oli.
»Warum habt ihr ihn nicht der Länge nach ausstopfen lassen? Dann hättet ihr jeder einen ganzen Leoparden gehabt?«

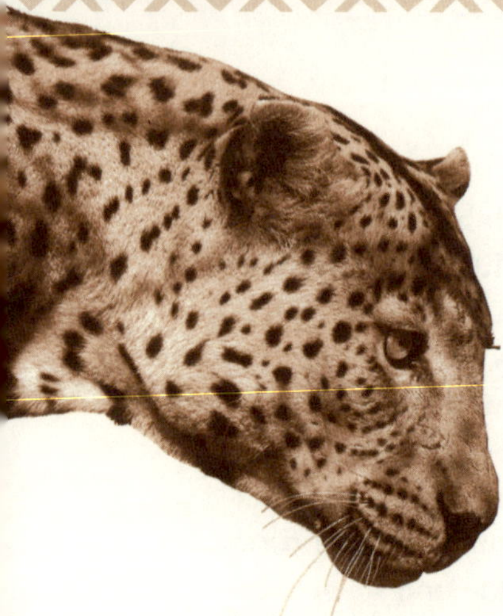

So praktisch konnte nur ein Buschmann fragen. »Nein, auf die Idee sind wir nicht gekommen«, überlegte ich. »Das hätte Zimmermann's auch nicht gemacht. Und wenn, wär's zu teuer gewesen. Aber was ganz anderes: Ich weiß jetzt nicht, wie ich darauf komme, vielleicht weil du vorhin Tansania erwähnt hast, aber ich möchte euch von der Selous erzählen. Von meiner großen Safari mit Doc Hans, die sechs Monate dauerte, weil wir beschlossen hatten, zu Fuß unterwegs zu sein.«

»Ich habe davon gehört«, erinnerte sich Rieke. »Einige behaupten, es sei die letzte große Safari auf den Spuren des alten Afrika gewesen. Hattet ihr nicht Tony Moore dabei, den ›König der Wildhüter‹? Wo steckt der eigentlich?«

»Er hat geheiratet, zwei Kinder bekommen und lebt in Vic Falls, drüben in Simbabwe. Wenn wir hier nicht rumsitzen würden, könnten wir ihn übermorgen besuchen.«

»Kazungulu«, warf X'Oli ein.

»Ja, so heißt der Grenzort«, bestätigte ich.

»Unvergesslich«, sagte X'Oli. »Weil die Simbabwer so dumm sind. In Kazungulu hängt ein Schild in der Grenzstation, auf dem steht: ›Die illegale Einfuhr von Säugetieren, inklusive Menschen, ist verboten.‹ Bin ich ein Säugetier?«

»Du nicht«, erwiderte Andy, »aber deine Frau. Du machst sie jedes Jahr zum Säugetier. Und der Mann von einem Säugetier ist dann vielleicht auch ein Säugetier. Egal, ob er weiß, schwarz oder braun ist wie du.«

»Ihr Weißen spinnt«, sagte X'Oli und ging Holz sammeln.

»Aber nun lasst mich doch von der Selous erzählen«, bat ich, sie nickten und ich wartete, bis X'Oli wieder am Feuer saß und seine Pfeife angezündet hatte, die aus einer walnussgroßen, gepiercten Baumwarze bestand und mit zerbröselten Tabakblättern gefüllt war, die er oft grün reinsteckte. Was seine Pfeife exklusiv machte, denn hätte einer von uns aus ihr geraucht, was X'Oli oft anbot, wäre ihm die Schädeldecke weggeflogen. So stark ist das Zeug.«

Die Geschichte vom Kaiser und dem Paradies für seine Frau

»Wir lagerten an einer alten Feuerstelle, die wir mitten im Busch gefunden hatten«, begann ich. »Das war ungewöhnlich in der Selous, dieser menschenleeren Gegend im südlichen Ostafrika, da wo Tansania allmählich in Masambik übergeht. ›Die Landschaft der Sandrivers‹ hat der Schriftseller Peter Matthiessen die Selous genannt, weil man schlecht unterscheiden kann, ob man sich in einem ausgetrockneten, breiten Flussbett bewegt oder in einer schmalen Halbwüste. Es sieht aus, als sei die Selous mal heftig überschwemmt worden – und dann ausgetrocknet, wobei die Priele und umgestürzten Bäume, die Schwemmsanddünen und Steinbrocken einfach so liegen blieben, wie die Flut sie hinterlassen hat. Wir fanden nicht nur die Feuerstelle, sondern die Menschen, die hier gelagert hatten, hatten sich ähnliche Sandmulden im Boden geschaffen, in denen wir gerade an der *Dritten Brücke* schlafen, und dafür jedes Steinchen sorgfältig entfernt.

›Wilderer?‹, fragte ich damals Tony Moore.

Aber er schien mich nicht gehört zu haben und erwiderte, tief und konzentriert über die Mulden gebeugt: ›Eine Woche alt.‹

›Wilderer?‹, fragte ich ein zweites Mal.

›Tambika‹, sagte er. Ich wusste: Das sind Eingeborene, die zur Verehrung ihrer Ahnen in den Busch und an die Flussufer gehen. Aber jeder Wilderer behauptet, wenn er ertappt wird, er sei nur da draußen, um das ›Tambika‹- Ritual zu zelebrieren. Und selbst wenn er zentnerweise Elfenbein dabeihat, wird er sagen: ›Tambika, Bwana, Tambika! Dann stolperte ich zufällig über das Elfenbein – sollte ich es liegen lassen?‹

Eigentlich ist die Selous ein Game Reserve, ein Wildschutzgebiet. Das klingt simpel, doch hier scheint die Zeit stehen geblieben zu sein, so etwa um 1960. Und gäbe es die Selous nicht, Afrikas Tierwelt wäre fast tot. Das Gebiet ist doppelt so groß wie Schleswig-Holstein und viermal gewaltiger als die Serengeti. Dazu tierfreundlich, menschenfeindlich, unerschlossen, wild. Das ist gut so. Keine Straßen, keine Autos, keine Touristen. Nicht mal Wildhüter, denn die müssen zu Fuß auf Streife gehen, und das tut kein Afrikaner gerne. Also lassen sie die Selous in Frieden, dabei sind in der Karte des Wildlife Department 5000 Kilometer Straße eingezeichnet.

›Aber so tief in den Süden schickt die Zentrale weder Geländewagen noch Benzin. Sollen die doch sehen, wie sie zurecht kommen‹, wusste Doc Hans.

Diese Bedingungen helfen vor allem dem Wild: In guten, feuchten Zeiten leben hier 750 000 Großtiere – Afrikas dichtester Bestand an Elefanten, Nashörnern, Büffeln, Flusspferden, Löwen, Leoparden und Krokodilen. Die Selous ist nach dem Wood Buffalo National Park im kanadischen Alberta und der Etosha-Pfanne in Namibia das drittgrößte Tierparadies auf Erden. In dem die wenigen weißen Wildhüter, die überlebt haben, wie etwa der gute alte Brian Nicholson, manchmal wochenlang an einem Stück auf Pirsch gehen. Die Selous ist so unerforscht, dass die geografischen Punkte, an die sich das Auge oder ein Kartograf halten können, Namen tragen, die eigentlich nur Anhaltspunkte sind: Mto Bila Dschina – Fluss ohne Namen, oder Ebene der Pferdeantilopen – wenn welche da sind.

Es war ein Morgen ohne Wind, und in der Selous spürt man zu dieser Tageszeit immer noch die Höhe von 300 bis 700 Metern über dem Meer. Im mehr als mannshohen Gras um uns herum raschelte es

„Einkaufen" im Busch: Da drüben steht das Schnitzel ...

beständig, und da es nicht der Wind sein konnte, was war es dann?
›Simba?‹, fragte ich.
›Blödsinn, Löwen hätte ich längst bemerkt‹, erwiderte der Doc und horchte ins Gras. ›Aber wer weiß …‹
So schön und einsam die Selous ist, so geheimnisvoll und gefährlich ist sie auch. Als plötzlich rund um unsere Feuerstelle jene winzigen Windhosen aufspringen, die wir ›Hexen‹ oder ›Staubteufel‹ nennen und die den Sand zu Kreiseln wirbeln wie winzige Tornados, sagt Tony: ›Moto.‹
Wieder einmal begreife ich, dass kein Weißer, der in Afrika geboren wurde, diesen Kontinent je aus seiner Seele tilgen kann. Die Sehnsucht wird fatalerweise immer stärker, je älter man wird. Weil Afrika der Kontinent ist, in dem wir – am nördlichen Ostufer des Lake Turkana – aus dem Schlamm krochen, uns langsam erhoben und Menschen wurden mit all unseren Ängsten und Begierden. Was auch daran lag, dass wir uns erstmals aufrecht von vorne sahen mit unseren Geschlechtsmerkmalen. Vorher, auf allen vieren, waren wir Tiere. Frontal gegenüber stehend von Kopf bis Fuß entwickelten wir Gefühle. Auf den Knien oder hoppelnd wie Paviane besaßen wir nur Begierden. ›Moto ist eigentlich das Wort für Feuer‹, sagte Tony, ›aber da es für Thermik kein Wort im Afrikanischen gibt, nennt man sie Feuer, und so falsch ist das gar nicht. Die Mütter erzählen ihren Babys folgende Geschichte: Der Wind, der den Staub aufwirbelt, wird von einer gewaltigen Schlange entfacht. Sie lebt drüben in Kenia, in den Taita Hills, über tausend Kilometer entfernt, unter einem Berg, der Kasigan heißt. Die Schlange ist unsichtbar, aber sie kümmert sich darum, dass es der Natur und ihren Kindern gut geht. Bewegt sich die Schlange, schüttelt das die Felsen, aus den Spalten entweichen heiße Geister und fegen über die Erde in diesen Wirbeln, die den Staub aufsteigen und tanzen lassen. Deshalb sagen die Afrikaner dazu Moto.‹
›Eingeborenenkram‹, sagte der Doc.
›Nicht ganz‹, erwiderte Tony. ›Denn wenn du die Ohren aufsperrst, wirst du in der Selous immer ein feines Summen hören. Das ist das Schlafgeräusch der Schlange, und das nennen sie ebenfalls Moto.‹

Wir lauschten in die Stille hinein und konnten irgendwann wirklich das Summen hören. Auch der Doc. Er gab's nur nicht zu.

Der ›Vater der Selous‹ hatte das Summen als Erster begriffen: ein Brite griechischen Ursprungs, den wir alle nur unter seinem Spitznamen ›Iodine‹ kannten. Niemand hat je seinen richtigen Namen verwendet, den wusste wohl auch nur er selbst. 1933 war er in diese Gegend gekommen, hatte den Park abgesteckt, behütet und verteidigt, und ist heute noch da – begraben am westlichen Rand der Nandanga-Berge, ein wenig südlich von jener Stelle, an der dieser Frederick Courtnay Selous liegt, der dem Gebiet seinen Namen gab: der größte aller großen Großwildjäger. Einer der drei Männer, die es gerade eben schafften, einen Leoparden mit bloßen Händen zu erwürgen, ehe sie verbluteten.

›Die Selous gehörte doch mal uns?‹, fiel dem Doc ein.

›Richtig‹, antwortete Tony, der in Sambia geboren wurde, in Simbabwe wohnt, in Tansania arbeitet und einen britischen Pass besitzt. ›Kaiser Wilhelm II. hat die Selous aus Deutsch-Ostafrika rausgebrochen und in einer albern großzügigen Geste seiner Frau Auguste Victoria geschenkt.‹

›Na ja, er hat ihr eine Landkarte gezeigt und gesagt: Schatz, dieses wilde Gebiet da unten gehört jetzt dir‹, ahmte Doc Hans nach und meinte: ›Weder er noch sie waren je da. Er hätte ihr auch den Mond schenken können. Mecklenburg wäre ihr vermutlich lieber gewesen.‹

›Jetzt erinnere ich mich, dass die Eingeborenen die Selous lange Zeit ›Shamba ya Bibi‹ genannt haben, und nun weiß ich auch, warum: ›Land der Ehefrau‹. Aber ich habe nie herausgefunden, warum der alte Selous hier begraben liegt‹, sagte ich und sah meine beiden Freunde ratlos an.

›Daran ist der Erste Weltkrieg schuld‹, erklärte Tony. ›Eines Tages entdeckte der deutsche Oberbefehlshaber Paul von LettowVorbeck seinen liebsten Feind Selous, wie er rauchend und Kaffee trinkend auf einem Felsen in der Selous saß. In Schussweite.‹

›Man schießt nicht auf sitzende Enten, auf Feinde schon gar nicht‹, befand der Doc.

›Richtig‹, bekräftigte Tony, ›aber ein Askari kannte dieses Jagdgesetz nicht. Afrikaner töten, wenn sie das Ziel vor Augen haben. Nur so kriegen sie was zum Beißen. Und noch ehe Lettow-Vorbeck einschreiten konnte, hatte der eingeborene Soldat angelegt und Selous von seinem Felsen geputzt. An der Wunde ist er wenig später gestorben und seine Leute haben ihn gleich hier begraben.‹

Der legendäre ›Iodine‹ war es, der keine Straßen, keine Camps und keine Siedlungen zuließ in der Selous. Über dreißig Jahre lang, bis zu seinem Tod 1967. Danach wurde wenigstens eine Landkarte angefertigt.

›Moment mal‹, sagte Doc Hans, ›war Iodine nicht der Kerl, der sich von einer Schlange beißen ließ, um immun gegen Schlangenbisse zu werden?‹

›Richtig‹, sagte ich. ›Mit der Geschichte hat mich mein Vater als Kind erschreckt, indem er mir androhte, es mit mir genauso zu machen. Iodine ging zu einem Medizinmann, der holte eine Kobra raus, ließ sie in ein Stück Stoff beißen, und als sie nur noch wenig Gift in ihren Schlagzähnen hatte, streckte ihr Iodine seine Hand entgegen. Die Kobra biss ein zweites Mal zu, und das restliche Gift floss in seine Blutbahn und entwickelte so viele Antikörper, dass er fortan immun wurde gegen Schlangengift.‹

›Glaubte er‹, sagte der Doc.

›Das genügte ihm‹, entgegnete ich.

›Ich hätte das nur riskiert, wenn ich dem Medizinmann eine Pistole an die Schläfe gehalten hätte. Wieso vertraute Iodine ihm blind? Ein Tropfen Gift zu viel und er wäre tot gewesen!‹ Der Doc schien kein Verständnis aufbringen zu wollen.

›Vielleicht hat er ihm ja die Pistole an den Kopf gehalten‹, entgegnete Tony.

Ich kenne die Selous seit über 50 Jahren. Seit ich ein Kind war. Ich habe monatelang in ihr gelebt, mir mein Essen aus ihr geschossen und aus ihren Flüssen getrunken. Und dennoch begreife ich sie nicht. Sie ist zu groß und zu schön. Es ist, als habe die Schlange in den Taita Hills gesagt: ›Ihr könnt hier alles kaputtmachen, aber die

Selous nicht.‹ Die Selous hat Wasserfälle, Seen, Tausende von Quellen und den größten Fluss Ostafrikas, den Rufiji. Hier muss kein Tier länger als zehn Kilometer zu einer Tränke gehen. Selbst nicht in der Trockenzeit von Juni bis Dezember. Nur hier und im Okavango-Delta kann man gefahrlos aus jedem Tümpel trinken. Nun, aus fast jedem.

Natürlich ist die Selous nicht ohne Gefahren. Fällt dich ein Löwe an, hilft auch hier nur Beten und das Aspirin, das dir der Wildhüter gibt, wenn er dich überhaupt lebend und in einem Stück findet. Oder wenn dich die Mamba packt, die die Afrikaner ›Bwana Zweischritt‹ nennen, weil man höchstens noch zwei Schritte schafft, wenn sie einen mit gefüllten Giftzähnen erwischt hat. Und wer in die Selous geht, ist meist mutterseelenallein. Weshalb kluge Leute mindestens zu zweit hineingehen.

Doc Hans hat in der Selous zum ersten Mal das Problem der Wilderei begriffen: ›Ein Wilderer bekommt für ein ganzes Horn eines Nashorns, das er ermordet hat, umgerechnet etwa 15 US-Dollar. Im Jemen, wo jeder, der ein Kerl sein will, einen Dolch mit dem Griff aus einem Nashorn-Horn haben muss, kostet es bereits 1000 US-Dollar, und in Asien wird es für 5000 bis 6000 US-Dollar verkauft – pro Kilo!‹, erzählte der Doc.

›Weil das pulverisierte Horn Männer angeblich wieder potent macht‹, warf ich ein.

›Quatsch‹, schimpfte er. ›Das ist eine Legende, die von den Naturschützerinnen erfunden wurde. Sie meinen es ja gut, aber so viele impotente Chinesen gibt es gar nicht. Nein, schlimmer ist, dass das Pulver gegen Grippe helfen und jedes noch so hohe Fieber senken soll. Darunter leiden Millionen, deshalb hört der Unsinn nicht auf.‹

›Und die Ungerechtigkeit bleibt‹, stellte ich fest. ›Ein herrliches, fast schon unwiederbringliches Tier wird vom Wilderer für nur 15 USDollar gekillt, der riskiert sein Leben im Busch und, wenn er erwischt wird, eine Gefängnisstrafe oder sogar den Tod. Und in Mombasa und Hongkong sitzen welche, die damit risikolos reich werden.‹

›Ich mag den Begriff Wilderer eigentlich nicht‹, sagte Tony. ›Mir scheint es so, als ob das ein Wort aus der Schmähsprache der Großwildjäger ist, die im Busch keine Konkurrenten haben wollten, und dann haben die neuen afrikanischen Regierungen den Begriff übernommen – ohne Rücksicht auf die gewachsenen Strukturen ihrer Stämme. Nur um Millionen aus den internationalen Hilfstöpfen zu kassieren, die nicht fließen, wenn sie nicht was zum Schutz der Wildtiere tun.‹

›Richtig‹, sagte der Doc. ›Du hast doch so einen Fall gehabt, Axel.‹

›Ja‹, sagte ich. ›Im Amboseli, in Kenia. Ich hatte tagelang das letzte Nashorn im Park beobachtet und eines Tages lag es auf der Seite: tot, mit einer tiefen Wunde von einem Speer, glatt durch den ledernen Panzer mit seinen schützenden Plisseefalten, vom Schulterblatt bis ins Herz. Ein ungeheurer Treffer. Aber seltsam war, dass das Horn noch an dem Tier war. Ich fuhr einen Riesenkreis um das tote Tier, anfangs mit fünf Kilometer Durchmesser, zog dann meine Kurve immer enger und enger, denn so musste mir der Mörder ins Netz gehen. Tat er auch. Es war ein junger Moran, ein Massai-Krieger. Er gab sofort zu, das Nashorn getötet zu haben. Ein Stammesbruder hatte es von ihm verlangt, als Mutprobe, bevor er dem Moran seine Tochter zur Frau gab. Was sollte ich machen?, fragte der Massai treuherzig. Du hast das letzte Nashorn im Amboseli ermordet, sagte ich. Ach, da kommen doch immer wieder neue nach, erwiderte er.‹

›Ich weiß genau, was du jetzt ge-

Es gibt Milchblut-Suppe als Pausensnack beim Enthornen der Rhinos.

dacht hast‹, sagte der Doc. ›Ich habe die gleiche Situation mehrmals erlebt. Du dachtest: Ich könnte weinen über das tote Nashorn, aber ich bewundere den Mörder für seine Tat.‹

›Genau das‹, antwortete ich. ›Ein Mann nähert sich einem Nashorn, reizt es und es rast auf ihn zu. Ein Nashorn ist wie eine Lokomotive – so groß, so stark, so durchschlagend. Je näher es kommt, desto gewaltiger wird es. Nur noch ein paar Meter entfernt, scheint es das Bild vor deinen Augen komplett auszufüllen. Aber der Jäger muss warten, bis das Nashorn auf Wurfweite heran ist.‹

›Zehn Meter, denke ich‹, sagte der Doc.

›Das Nashorn ist dann Furcht erregend, ein Horror, ein LKW mit 80 km/h, der direkt auf dich zurast. Und dann musst du eiskalt bleiben, im richtigen Moment den Speer losschleudern/werfen – und an der einen Stelle, die tödlich ist, treffen. Aber das Nashorn hat zu viel Wucht, es bleibt auch tödlich getroffen nicht stehen. Du musst zur Seite springen, und wenn das Horn, was oft vorkommt, über einen Meter lang und nadelspitz ist, erwischt das sterbende Tier dich mit einem kleinen Schlenker, mit dem es deiner Bewegung folgt. Die letzte Reaktion seines Lebens. Und du musst beten, dass es wirklich tödlich getroffen ist. Wenn nicht, bist du dran. Dann gibt es kein Entkommen. Du hast keine Waffe mehr, die steckt im Nashorn, und so schnell kommt keiner auf einen Baum. Und Bäume, die so groß sind, dass sie dir Asyl vor wütenden Nashörnern bieten, sind selten im Amboseli.‹

›Sehr selten‹, bestätigte der Doc.

›Was hast du mit dem Massai gemacht?‹, fragte Tony.

›Ihn festgenommen und abgeliefert‹, sagte ich. ›Ich zog innerlich den Hut vor ihm, aber Strafe musste sein. Er saß rund ein Jahr im Gefängnis und wurde nach seiner Freilassung ein ganz wichtiger Mann. Weil er im Gefängnis gelernt hatte, wie's in der Welt wirklich zugeht. Er hatte dort eine Schulung bekommen, die allen anderen Moran fehlte.‹«

Das Lagerfeuer kämpfte um das letzte Holz. Jetzt musste Rieke raus in die Dunkelheit. Es ist nämlich so, dass man in der Helligkeit nie genug Holz sammelt für die Nacht. Das ist dumm, aber ein unerklärliches afrikanisches Versehen, das alle begehen. Andy, Karame, X'Oli und ich warteten auf sie, und da fiel Karame ein, dass er noch »Waragi« besaß. Eine Flüssigkeit wie Wasser, die in doppelten Plastikbeuteln verkauft wird. »Native Gin«, nennt man sie, aber das ist ein Euphemismus. »Höllenwasser« sagen die Farmer dazu, und das kommt der Sache schon näher. »Waragi« ist jedenfalls ein ganz starker Alkohol, gebraut aus – was gerade da ist: Zuckerrohr, Gras, Schilf, alte Stofffetzen. Zwanzig »Waragi« an einem Abend, und du brauchst ab sofort einen kleinen leibeigenen Jungen, der dich durchs Leben führt, denn dann bist du blind. Wir ließen den Plastikbeutel kreisen, als das Feuer wieder loderte und Doc Hans wieder unser Thema war.

»Ist es nicht so«, begann ich, »dass das Thema, mit dem sich Doc Hans hauptsächlich beschäftigen musste, das Thema in jedem zweiten Westernfilm ist? Botswanas riesige Rinderherden müssen getränkt werden, die besten Wasserstellen gibt es in den Nationalparks, also treiben die Hirten ihre Herden hinein. Das ist zwar verboten, aber das würden wir doch auch machen!«

Erneut widersprach Karame: »Aber nur durch striktes Trennen der wilden und der domestizierten Tiere vermochte der Staat Botswana das Aqua-Paradies des Okavango-Deltas mit seinem Reichtum an Wildtieren vor dem Eindringen jener Krankheiten zu schützen, die Rinderherden mit sich tragen und denen Wildtiere ziemlich schutzlos ausgeliefert sind! Außerdem ziehen sich Wildtiere zurück, wenn der Mensch ihren Lebensraum okkupiert. Jeder kennt das in Afrika: Erst kommen die Hirten, dann die Siedler, dann fallen die Bäume, das Land wird gerodet und die Wildtiere, sollten sie sich doch mal wieder in ihr altes Siedlungsgebiet wagen, werden abgeschossen.«

Für die Hirten ist das schwer einzusehen: Da treibt man seine Kühe durch ein Gelände, das so trocken ist, dass nur Geologen es nicht Wüste, sondern Steppe nennen. Wenn man endlich irgendwann halb verdurstet mit seinen Tieren ans gesegnete Wasser kommt, steht da ein Stacheldrahtzaun und ein amtliches Schild mit der Aufschrift »Bleib draußen! Reserviert für wilde Tiere«. Und während man das liest, glitzert und plätschert und duftet das Wasser ein paar Meter entfernt, und die Rinder beginnen zu brüllen vor Durst, und dann reißt der Hirte den Zaun auf, lässt die Rinder ans Wasser und sich voll saufen. Die Herde ist gerettet, die Kühe grinsen ihn an – und da erscheint Doc Hans mit seiner Truppe, der Hirte bekommt ein paar übergezogen, und wenn er protestiert, dann kann es passieren, dass er auch ein kleines Stück Blei abbekommt, bis er nicht mehr protestiert. So sieht die rechtliche Lage am Okavango-Delta aus.

»Karame«, sagte Rieke, »wie sollen der Hirte und seine Rinder das begreifen? Kam das Wasser nicht als Pula, als Regen, vom Himmel und gehört es nicht allen, die unter diesem Himmel leben? Wie kann da einer kommen, einen Stacheldrahtzaun drumherum errichten und behaupten, von diesem Wasser dürften Rinder nicht trinken, nur Elefanten, Sitatungas, Gnus und Giraffen! Zahlen die denn Steuern? Kann man die auf dem Markt verkaufen? Geben die Milch? Sind die so vielseitig verwendbar wie Rinder? Sind die Wildtiere volkswirtschaftlich nutzbar? Kann denn selbst ein Mann wie der weise Präsident von Botswana sagen: Es gibt 80 000 Zebras im Okavango-Delta, deshalb bin ich reich? Nein, kann er nicht. So denkt der Hirte, der den Zaun um das Okavango-Delta aufreißt und seine Herde tränkt, und weil er so denkt, wird er es immer wieder tun.«
Andy lachte: »Und immer wieder tauchte Doc Hans auf und hat ihnen eins übergebraten. Bei den Gesetzesbrechern, nennen wir sie mal so, war der Doc bald Legende, und sie nannten ihn ›Matata‹: der Eisenharte. Er mochte den Titel, weil er es generell liebte, wenn über ihn gesprochen wurde. Und noch mehr liebte er es, wenn man Respekt vor ihm hatte und es dafür auch noch eine Bezeichnung gab. Und als ihm einer erzählte, dass schon der Entdecker Henry Morton Stanley diesen Spitznamen getragen hatte, da hätte er ihn

sich am liebsten eintätowieren lassen. Natürlich wusste Doc Hans, dass die Hirten immer wieder den Zaun einreißen und ins Delta eindringen würden. Sie wollten ja überleben. Er konnte es ihnen auch gar nicht verdenken, und gerade er hätte an ihrer Stelle genauso gehandelt. Aber es war nun mal sein Auftrag, das Okavango-Delta zu schützen, und das tat er. Wobei es ihm erging wie den Helden aus den Westernfilmen: Er mochte die Viehtreiber nicht. Er mochte auch ihre Kühe nicht, die das Land kahl fraßen und platt traten, den herrlichen Geschöpfen des Deltas das Wasser wegsoffen und an den Tränken und im Gras Krankheiten hinterließen, denen ihre wilden Verwandten nicht gewachsen waren. Dieses Gefühl der Abneigung versetzte Doc Hans in die Lage, das Verständnis mit den Hirten zu überwinden und sie zu bekämpfen.«

»Aber warum nannten sie ihn ›Matata‹, den Eisenharten?«, fragte Rieke.

»Weil er sich etwas überlegt hatte«, erklärte X'Oli. »Was nützte es denn, wenn er den mit seiner Herde eingedrungenen Hirten vor Gericht brachte und er verurteilt wurde? Nichts, denn ein anderer würde die Herde übernehmen und ins Delta eindringen. Wie also konnte er den Hirten so strafen, dass es ihn abschreckte, den Zaun in Zukunft zu häufig aufzureißen? Deshalb guckte sich Doc Hans den besten Stier oder eine besonders fette Kuh aus und – wumm – erschoss er sie. Der Schuss traf stets auch den Hirten, im Herzen und am Geldbeutel, denn der Schaden war hoch. Etwa so, als hätte man in den Städten einen sehr gut erhaltenen PKW zwangsverschrottet, weil er falsch geparkt worden war. Aber war der Hirte ein bisschen einsichtig, oder wenigstens gottergeben, dann setzten sich er, Doc Hans und seine Truppe gemeinsam um ein schnell entfachtes Lagerfeuer und verarbeiteten das hingerichtete Rind zu Steaks, wenn es nun schon mal tot war. Dabei diskutierten sie endlos und meist ohne gemeinsames Ergebnis all das, was sie gerade erlebt hatten.«

Da fiel mir etwas ein: »Die einen nannten den Doc ›Matata‹, aber sehr alte eingeborene Herrschaften, vor allem aus dem Grenzgebiet zu Namibia, nannten ihn ›Mkize‹, was man ›Makaise‹ aussprach.«
»Wieso denn das?«, wollte X'Oli wissen.
»Im Ersten Weltkrieg hatten Eingeborene die Soldaten der Schutztruppe so genannt, und selbst damals wurde lange gerätselt, was das zu bedeuten habe. Bis man darauf kam: Es sollte verafrikanisiert ›Kaiser‹ heißen – von Kaiser Wilhelm, dem Herrscher der Deutschen und Oberbefehlshaber der Schutztruppe. Daran erinnerten am Ende des 20. Jahrhunderts immer noch die Legenden der Eingeborenen, und Doc Hans dürfte der letzte Deutsche gewesen sein, dem man in Afrika diesen kolonialen Namen gab.«
»Kennt ihr die Geschichte der botswanischen Regierungsdelegation auf Staatsbesuch in Rumänien?«, fragte Karame und lachte.
Wir kannten sie nicht.
»Der Staatsbesuch verlief ganz großartig, zum Schluss gab's ein Bankett in Bukarest, es wurden Toasts ausgebracht, und als die Reihe an die Botswaner kam, riefen sie: ›Pula.‹ Das ist unser Trinkspruch: ›Pula, Pula, Pula.‹ Da sahen die Botswaner, wie sich die Rumänen erst fassungslos anblickten und dann in sehr unhöfliches, schallendes Gelächter ausbrachen.«
»Warum?«, fragte Rieke.
»Weil Pula auf Rumänisch Pimmel heißt …«
Jetzt lachten auch wir eine Runde.
Eine Hyäne meldete sich mit ihrem »Wuuiit«. Aber wir hörten nicht auf sie, sondern blickten uns um zum täglichen Wunder Afrikas, dem dreifachen Sonnenuntergang: Erst verschwindet sie vor aller Augen und, wie auch auf anderen Kontinenten vorgesehen, hinter dem Horizont vor einem. Ist sie weg, leuchtet der Himmel genau über einem auf, was man sich noch erklären kann mit der Erdkrümmung; und schließlich entflammt der dem Sonnenuntergang gegenüberliegende Horizont, was schon weit schwieriger zu erklären ist. Aber irgendwo in der Atmosphäre muss es einen Spiegel geben, der die letzten Sonnenstrahlen aus der Tiefe des Untergangs Nummer 1 hervorholt und hinter einen wirft und damit zu Untergang Nummer 3 werden lässt.

Der frische Kaffee war in diesem Moment fertig, wir kramten unsere Emailbecher hervor und Andy spendierte Zucker aus einer alten Ölflasche mit Korken. Weiß Gott, aus welchem italienischen Lokal sie stammte. »Asmara«, sagte er. Asmara in Eritrea. 3800 Kilometer Luftlinie entfernt. Das ist gar nichts in Afrika. Wichtige Dinge schaffen und überleben so eine Entfernung in wenigen Tagen – ohne Flugzeug.

Andy starrte auf den dritten Sonnenuntergang, dann sagte er: »1992 saß ich im Mokuti-Camp von Ernst Schleipfer im Okavango-Delta. Erinnert ihr euch noch an den Deutschen mit den achteinhalb Fingern?«

Alle nickten, und Rieke fragte: »Wieso hat der eigentlich so plötzlich seine Zelte abgebrochen? Ein guter Mann, ein Profi.«

»Weil sein Nachbar so ein Stinker war, ein Schweizer«, wusste Karame. »Der machte ihm das Leben zur Hölle. Zerschnitt ihm die Reifen, bohrte seine Wassertanks an, denunzierte ihn beim District Commissioner und verjagte das Wild, bevor Schleipfer mit seinen Touristen ankam. Da hat er aufgegeben.«

»Und wo ist er heute?«

»Wo sie alle sind – in Somerset West bei Kapstadt. Aber du kannst ihn mieten, wenn du eine besonders scharfe Safari machen willst. Zu Fuß zum Beispiel«, sagte Karame. »Er war übrigens ein enger Freund vom Doc. Aber erzähl weiter, Andy!«

»Da saß ich also in Schleipfers Camp und erlebte Hemingway-Kitsch: Eiswürfel knackten in unseren Whiskygläsern, die Sonne versank blutrot hinter dem Ried eines Flussarmes, die Melodie des Tages verebbte, die Stimmen der Nacht sprangen auf, und eigentlich hätte ›Papa‹ mit seinem weißen Bart und seiner Baseballmütze um die Ecke kommen müssen. Stattdessen hielt ein Lastwagen vor dem Camp-Tor. Menschen sprangen von der Ladefläche, eine Stimme rief auf Deutsch: ›Eins, zwei, eins, zwei, eins, zwei – links um!‹ Und Doc Hans erschien mit seiner militärisch gedrillten Minitruppe von botswanischen Wildhütern in Nationalpark-Uniform, die Gewehre über der Schulter. Eine Eliteeinheit, picobello sauber, korrekt gedrillt, ein kleines militärisches Schauspiel, aber mit einem

gewilderten oder zufällig gefundenen Elefantenzahn im Gepäck wäre man ihr nur ungern im zeugenlosen Busch begegnet.«
Ich erinnerte mich: »Für Doc Hans hatte sich damit ein Lebenstraum erfüllt, wie er mir mal in einem rührseligen Moment gestand: Dienst an der Waffe in einem gerechten Krieg, eigene Armee, keine Vorgesetzten und Befehle auf Deutsch. Anfangs hatte er natürlich auch in diesem Job Schwierigkeiten, denn man musste ihm beibringen, dass die Zeiten vorbei waren, da weiße Vorgesetzte schwarze Untergebene ohrfeigten, wenn sie nicht spurten. Was ein erstaunliches Verhalten war für einen Mann, der so lange als Buschmann in der Kalahari gelebt hatte.«
»Wie lange eigentlich?«, wollte X'Oli wissen.

Die Geschichte vom Mann, der Wüste und den Buschleuten

»Das ist eines der sorgfältigst gehüteten Geheimnisse von Doc Hans. In Gesprächen behauptete er immer, es seien über zwölf Jahre gewesen, die er als Buschmann verbracht habe. Aber in einem Fragebogen hat er geantwortet: Fünf Jahre lang, jedes Jahr dreimal mindestens zwei Monate. Er machte diese widersprüchlichen Angaben, weil er sich manchmal schämte, so lange als Buschmann gelebt zu haben – und nur gegenüber Freunden war er stolz darauf, sich als erster Weißer die Kalahari zum Freund gemacht zu haben.«
Kalahari-Wüste: Das ist eigentlich keine echte Wüste, auch wenn sie so heißt, sondern eine aride Steppe von einer Million Quadratkilometern, was der eineinhalbfachen Größe des heutigen Deutschlands entspricht. Namibia, Botswana, Simbabwe und Südafrika teilen sich die Kalahari. Wer den Film »Die Götter müssen verrückt sein« ge-

sehen hat, kann erahnen, wie es dort aussieht. Man sagt, dass 19 Stunden ohne Wasser in dieser Gegend genügen, um einen Menschen umzubringen. Als Doc Hans in die glühend heiße, wasserlose, menschenleere Kalahari kam, hatte er nur eine Chance zum Überleben: Er musste sich einem Clan der Buschleute anschließen. Der Doc schaffte auch das, wurde perfekter Buschmann und heiratete das Buschmädchen Namkwa. Er lebte wie sie, sprach wie sie, dachte zeitweise sogar wie sie – nur war er eben blond, weißhäutig und circa 40 Zentimeter größer. Er war der längste Buschmann der Geschichte. Eine Jahrhundertgestalt, auch für Buschleute.

Ich wandte mich an X'Oli: »Ich dachte, die Buschleute nehmen keinen auf, der nicht so ist wie sie. Aus Prinzip, weil sie ahnen, dass das ›Andere‹ ihnen Verderben bringt: Krankheitskeime, denen sie nicht gewachsen sind, fremdes Wissen, das sie nur belastet, Aufmerksamkeit durch Andersartigkeit oder Hilflosigkeit, für die sie sich nicht verantwortlich fühlen wollen ...«

X'Oli schnupfte eine Prise von seinem selbst gebrauten Tabak, der jedem, der kein Buschmann ist, den letzten Gedanken aus dem Hirn pustet, und wiegte sein buschweises Haupt: »Doc Hans dürfte das gewusst haben. So wie ihr es wisst und es nie wagen würdet, euch einem Buschmann-Clan anzuschließen. Er nahm daher einen Umweg in die Kalahari, haben mir seine Leute erzählt, und verdingte sich in Namibia bei einem Farmer als Knecht. Du kennst die Familie ja, Axel.«

Ich nickte: »Joachim von Schönfeld, Farmer zwischen Omaruru und Okahadja. Netter Mann, inzwischen sehr alt. Deutscher Siedler der ersten Stunde, und die begann 1895. Doc Hans war bei seinem Vater gewesen, er kannte aber die Hintergründe und hat sie mir erzählt: ›Die Arbeit war mit Bedacht gewählt, denn Doc Hans vertraute seiner Erfahrung – Adelige waren meist weniger stramme Nationalsozialisten. Das stimmte, bis Joachim, bei einem Farmertreffen gefragt wurde, ob der merkwürdige Bursche, den er da auf seinem Hof habe, etwa der sei, den die Gestapo-Außenstelle in Windhoek schon länger ein paar Dinge fragen wollte. Da warnte Joachim seinen Knecht, und der tauchte unter. Das tat dem Farmer Leid, denn Doc Hans hatte keinerlei Schwierigkeiten bereitet, war mit der Hitze, der Dürre und der Knochenarbeit gut zurechtgekommen und hatte günstigerweise nie nach Lohn gefragt. Bett und Brot hatten ihm genügt. Und weil er auf der Farm die Bekanntschaft eines Buschmannes namens N'Xam gemacht hatte, der dort lebte, weil niemand mehr wusste, wann, warum und woher er gekommen war. Nun gehörte er einfach dazu. Nachts patrouillierte er als Wachmann um die Farm und verdiente sich so ein Gnadenbrot. N'Xam würde nie mehr in die Wüste und zu anderen Buschleuten zurückkehren, hatte perfekt Deutsch und ein paar Brocken Englisch gelernt und freundete sich mit Doc Hans an, weil der zwar riesig und weiß war, aber eine verlorene Seele wie er. Das spürte N'Xam, und da Doc Hans nicht aufzufallen schien, dass der Buschmann kein üblicher Mensch war, sondern ein Ausgestoßener, fühlte sich N'Xam wohl in seiner Gesellschaft, nahm Doc Hans mit in den Busch, machte ihn zum ersten Mal mit den Geheimnissen Afrikas vertraut – und der Deutsche war fasziniert. N'Xam zeigte ihm auch das in eine felsige Kuppe gehauene Ngalisio-Spiel, eine zweifache Doppelreihe von parellelen Vertiefungen, in

In Stein gehauen zieht die Zoologie
über einen Felsen auf
Buschmann-Art.

die man Kiesel als Jetons häuft und versucht, sie ans andere Ende des »Spielbretts« zu bringen. Der Gegner kann sie schlagen, das heißt sie wegnehmen. Ngalisio ist eine Mischung aus Backgammon, Mensch ärgere dich nicht und Dame, und eines der ältesten und am weitesten verbreiteten Spiele der Welt. Diese Vertiefungen finden sich an der Cheops-Pyramide, den Stufen der Akropolis und den Tempeln der Maya. Und nun spielten N'Xam, der Buschmann, und Doc Hans, der Deutsche, das Spiel auf einer Farm in Südwestafrika, und natürlich gewann immer der Buschmann – wenn er nicht freiwillig auf den Sieg verzichtete.‹«

Andy freute sich: »Das Spiel habe ich gesehen, das gibt es heute noch auf der Farm. Inzwischen ist es eine Touristen-Attraktion und steht sogar in einigen Reiseführern.«

Ich nickte. »N'Xam zeigte ihm auch Buschmann-Zeichnungen, die selbst Joachim unbekannt waren. Wunderbar schlanke Figuren, die Doc Hans für das Schönste hielt, was er bisher gesehen hatte – schöner noch als die gemalten Szenen auf den ledernen Zelten der Prärie-Indianer, die er als Junge bewundert hatte und die nicht unähnlich waren in der überzogenen Schlankheit ihrer Figuren. N'Xam schnippte den Pfropfen aus seiner gelben, mit groben rostbraunen Strichen aus nasser Erde verzierten Gourde, die er als Wasserflasche immer bei sich trug, spritzte Feuchtigkeit über die Zeichnungen, und da traten sie ochsenblutrot aus der grauen Felswand hervor, auf die seine Vorfahren sie vor 30 000 Jahren gemalt hatten: Giraffen mit wenig Körper, aber viel Hals und überlangen Beinen; stromlinienförmige Nashörner in vollem Lauf; lebende und von Speeren und Pfeilen durchbohrte Gazellen, schlank wie Insekten; und Menschen, die aussahen wie Läufer auf Zielfotos, Arme und Beine – vor allem Beine – verzerrt nach hinten gestreckt (wie Balletttänzer in Zeitlupe). Es sind Menschen mit Messern, Pfeil, Bogen und Speeren – kleine Menschen in der Regel. Aber es gibt auch einige größere, nur haben die nichts erlegt, weil sie zu plump sind. Viele von ihnen waren sogar von den Tieren angegriffen und verwundet worden.

N'Xam und der Doc mussten tief in die Hügel eindringen, um die Zeichnungen zu finden. Zu einigen konnten sie nur hochblicken, weil sie so unzugänglich angebracht waren wie die schönen Tempelmädchen auf dem riesigen Felsklotz von Sigiriya in Sri Lanka. Zu anderen Zeichnungen mussten sie auf dem Bauch robben, da sie auf die Unterseite von Felskugeln gemalt worden waren. Nur den wenigsten Abbildungen konnten sie auf Augenhöhe entgegentreten – es war so, als hätten ihre Schöpfer sie schützen wollen vor fremden Blicken und Zerstörung.

N'Xam und Doc Hans haben oft über die Darstellungen diskutiert, und der Buschmann brachte dem Deutschen bei, dass diese Zeichnungen so etwas wie Comics oder Grafitti sind. Sie erzählen Geschichten, in denen die Buschleute gut und andere Stämme schlecht wegkommen. Man könne sie auch Karikaturen nennen, und die anderen Stämme hätten sich jahrhundertelang über die Zeichnungen geärgert und sie zerstört, wenn sie sie gefunden hätten, sagte N'Xam. ›Daher haben wir eine der Zeichnungen immer gut sichtbar abgebildet, damit die Tswanas und Zulus, Ndebele und all die anderen sich ärgern und sie zerstören konnten. Aber die viel wichtigeren Zeichnungen haben wir versteckt, damit sie nicht gefunden wurden. Über die haben nur wir Buschleute immer wieder gelacht.‹

Das ist eine wunderbare Beschreibung der Buschmann-Zeichnungen, wenn man bedenkt, dass nun schon über 100 Jahre gerätselt wird, was sie zu bedeuten haben – auf die simpelste aller Erklärungen ist keiner gekommen. Und wann immer Doc Hans sie in späteren Jahren vortrug, erntete er nur Unverständnis und Verachtung bei denen, die vorgaben, Fachleute für Felszeichnungen auf der ganzen Welt zu sein. Was weiß schon ein Buschmann in Afrika über den Buschmann in sonst wo – das ist die Grundhaltung der Anthropologen und Kunsthistoriker seit 100 Jahren«.

»So ist es«, sagte X'Oli befriedigt. »Aber was geschah dann weiter, mit den beiden Freunden?«

Die Geschichte vom Mann und dem „Abendmahl" am Oranje River

»Einmal haben N'Xam und Doc Hans eine ›Weltreise‹ unternommen. So kam es ihnen zumindest vor, damals in den späten 30er Jahren. Zwar sind 1000 Kilometer nicht viel in Afrika, aber eine Ewigkeit, wenn die Reise keinen sachlichen Nutzen hat. Sie trampten ans südliche Ende von Südwestafrika, denn N'Xam wollte Doc Hans etwas zeigen – rund 1000 Kilometer südlich von dem Platz, wo er lebte. Was eigentlich ungeheuerlich ist, denn wieso wusste N'Xam, was es da, so weit weg, zu sehen gab?«

»Weil wir Buschleute ein System haben, das besser, schneller und intensiver funktioniert als das Telefon«, sagte X'Oli. Dann machte er eine Pause und lächelte: »Und das man nicht erklären kann. Weiße würden es nie kapieren. Weil es ein System ist, das man nicht sieht. Es findet nur im Kopf statt. Und was nicht im Kopf passiert, müsst ihr doch erst mühsam lernen.«

»Aber mit unserem System sind wir ziemlich weit gekommen, findest du nicht?«, fragte ich ihn. X'Oli wischte das mit einer kleinen Handbewegung weg: »Jedenfalls prangt dort an der Grenze zu Südafrika, auf einem Felsen über dem nördlichen Ufer des Oranje River, auf der namibischen Seite, euer christliches ›Abendmahl‹ von einem Mann, der ... nun, einen ganz komischen Namen hat – als typische Buschmann-Zeichnung.«

»Hieß er Leonardo da Vinci?«, fragte ich.

»Ja, ja, so hieß er«, sagte X'Oli.

Karame lachte: »Das kann doch nicht sein! Wie soll denn das gehen? Eine gemalte Koinzidenz? Hat dieser Leonardo Wie-auch-immer das Sujet gestohlen? Oder wie kommen Christus und seine zwölf Apostel dorthin?«

Souvenirs aus Namibia: versteinertes Holz, die „Fingerklippe“, ein Brief von Sam

»War dieser Leo ein Buschmann?«, wollte X'Oli wissen.
»Nein, ein großer Maler der Weißen, der gelebt hat im Land der Weißen, als der Großvater vom Großvater deines Großvaters eine Idee in der Lende seines Großvaters war«, sagte Rieke. Das war eine Zeitbeschreibung, mit der der Buschmann was anfangen konnte. Wir auch.
»Wie kommt dann ein Bild von ihm an den Oranje-Fluss?«, wunderte sich X'Oli.
»Ich erzähle es euch, wartet es ab«, sagte ich. »Heinrich Kling, ein deutscher Missionar im namibischen Namaqualand, hatte das Gemälde vom Abendmahl in den frühen 30er Jahren für die weiße Welt entdeckt und gab den Fundort so an: ›Ganz leicht zu finden – da, wo der Great Fish River in den Oranje mündet, rund 90 Meilen entfernt von der Stelle, und ziemlich tief unten, bei Hochwasser wird die Zeichnung überspült.‹ Aber erst 1948 hat sie ein anderer Weißer, der südafrikanische Schriftsteller Lawrence G. Green, wiedergefunden und so beschrieben: ›Dieses Bild ist eine ziemlich exakte Kopie des ›Abendmahls‹ in allen Details, nur dass Christus am Tisch steht und nicht sitzt.‹ Zwischen den beiden Entdeckern waren N'Xam und Doc Hans dort. Der war fasziniert, hat später immer wieder von diesem Erlebnis gesprochen: Wie kam ein fast originalgetreues Renaissance-Gemälde an einen der gottverlassensten Orte der Erde? In solchen Dingen konnte Doc Hans eine Termite sein: Stell' ihm ein Problem und er wird sich hineinfressen. Für diesen Fall fand er eine phantastische, aber plausible Erklärung: 1823 waren nicht weit von der Zeichnung

der britische Missionar William Threlfall und sein schwarzer Kaplan von Buschleuten im Schlaf überrascht und gesteinigt worden. Als die Mörder den Ochsenwagen der Missionare durchwühlten, fanden sie auch eine illustrierte Bibel, und beim Durchblättern muss den Mördern das Abendmahl-Bild besonders gefallen haben, vielleicht weil es das einzige Bild in Farbe war. Und um ihren Sieg über die weißen Männer zu dokumentieren, so wie sie das immer schon bei Siegen über wilde Tiere oder andere Stämme getan hatten, kopierten sie das Gemälde auf ihre Art auf den Felsen.«

X'Oli mochte diesen Teil der Unterhaltung nicht. Verständlich. Er nahm seine Decke, brummte irgendwas, legte einen Stein unter das Kopfende, streckte sich auf der Erde aus, wackelte mit dem Körper eine Mulde in den sandigen Untergrund und schlief ein.

»Vor einigen Jahren stand ich selbst vor der Zeichnung des ›Abendmahls‹ und war enttäuscht. Was nicht an den Künstlern lag, sondern an mir. Denn ich hatte so viel davon gehört, dass es sich in meiner Phantasie aufgebläht und das Mailänder Original übertroffen hatte. Dieses ›Abendmahl‹ am Oranje River war zunächst einmal recht farblos – die Buschleute verfügen nur selten über Blau, und wenn, dann ist es ein sehr fahles. Grün kennen sie überhaupt nicht – warum auch? Es ist keine Farbe ihrer Welt. Ihre beliebteste Farbe ist ein blasses Orange, dazu gibt es ein erdiges Schwarz, das eher ein schwärzliches Dunkelbraun ist. Die Kopie ist auch viel kleiner als das Original, das 4,22 x 9,04 Meter misst. Das ›Abendmahl‹ am Oranje schätze ich auf weniger als ein Drittel in jede Richtung: 1,50 x 3 Meter. Aber immerhin! Und in der optischen Wirkung – man kann es nicht anders sagen – ist es wie der Original-Leonardo-da-Vinci vor der Restaurierung, also etwas verschwommen. Denn die Buschmann-Zeichnung hat erheblich am Hochwasser gelitten. Aber auch das mag ein Trick der Künstler gewesen sein, um die Betrachter zu narren und ihr Bild zu schützen:

Simsalabim, ist der Himmel trocken wie Sand,
erscheint ein ›Abendmahl‹ an der Wand.
Abakadabra, aus dem Himmel strömen Wasser und Dreck –
und schon es ist das schöne Bild weg.

Es ist dennoch großartig, vor dem ›Abendmahl‹ zu stehen bei 45 Grad im Schatten, den gehauchten, aber kühlenden Wind vom Atlantik im Nacken, der durch das Tal des Oranje heraufstreicht, und sich vorzustellen, dass die Mörder nach ihrer blutigen Tat etwas so Schönes schufen, das sie aus einer Bibel kopierten.
Experten für Buschmann-Zeichnungen schütteln zwar den Kopf: Buschleute sind keine Kopisten, waren es nie. Sie können nur aus dem Leben malen: Jagdszenen, an denen sie teilgenommen haben, oder Geschichten aus ihrer Mythologie. Aber wie sonst könnte das ›Abendmahl‹ an den Oranje River gekommen sein?«
Auch Karame hatte vom »Abendmahl« gehört: »Die Zeichnung hat eine andere interessante Frage aufgeworfen, auch Doc Hans hat viel über sie nachgedacht: Warum veränderte sich die Kunst der Buschleute von der Eis- bis in die Jetztzeit nicht? Vergleicht man dagegen die Abbildungen in der Höhle von Altamira mit dem Verlauf der spanischen Malerei, ist eine deutliche Evolution, zumindest eine Veränderung, festzustellen – bis einige moderne Maler beschlossen, wieder an den steinzeitlichen Urbildern anzudocken. Nicht so die Buschleute. Sie behielten ihr künstlerisches Niveau bei – extra weil sie meinten, es sei ihre ultimative Ausdrucksform? Sie hatten wohl Recht. Und da entdeckt man plötzlich ein ›Abendmahl‹ von Leonardo da Vinci in Buschmann-Ausführung. Es ist, als sei der Künstler mit einem Farbstrich aus der künstlerischen Auffassung der Eiszeit in die Jetztzeit gesprungen. Als Kopist. Das macht dieses Gemälde so interessant und so fremd. Denn es entspricht nicht der Authentizität der Buschleute. Sie haben nie so gelebt, um das Dargestellte des ›Abendmahls‹ erfahren zu haben. Was meinst du, X'Oli?«
Der Buschmann rührte sich nicht, antwortete aber: »Wir sind immer gleich geblieben, also sind auch unsere Zeichnungen immer gleich geblieben.« So simpel kann Weisheit sein.
»Ich glaube, damit sind wir am Kernpunkt«, sagte ich. »Die Buschleute malen seit etwa 30 000 Jahren unverändert, weil sie seit 30 000 Jahren mehr oder weniger unverändert leben. Sie haben immer nur ihre Realität gemalt – und die blieb unverändert. Kein anderes Volk lebt in der Moderne so ›steinzeitlich‹ wie die Buschleute. Es gab also

keinen Grund, als Künstler eine Evolution durchzumachen, die als Mensch nicht stattfand. Das macht für mich das ›Abendmahl‹ am Oranje River zu einem kleinen, aber ganz besonderen Weltkulturerbe.«

Da erhob sich Rieke, ging zu einem Kameldornbusch und nahm etwas von den Ästen, das aussah wie ein Strumpf, den man am Vorabend des Nikolaustages an den Kamin hängt, damit er am Morgen auf geheimnisvolle Weise gefüllt ist. Dieser Strumpf war auch gefüllt: Rieke holte eine »Famous Grouse«-Flasche raus, man hörte ein wohliges Schraubgeräusch und alsbald gluckerte der Whisky in unsere Emailbecher.
»Das hat funktioniert, sogar im Brutofen Kalahari!«, wunderte sich Andy.
»Verdunstungskälte«, sagte Rieke. »Häng' was in den Wind, das du vorher nass gemacht hast, und es wird wesentlich kühler werden, weil die Feuchtigkeit verdunstet. Das klappt sogar, wenn du kein Wasser verschwenden willst und in die Socke pinkelst.« Dabei lachte sie koboldisch. Wir fassten die Flasche etwas vorsichtiger an. X'Oli roch sogar an ihr. Buschleute sind so. Sie behaupten ja auch, sie könnten schnuppern, ob eine Menschenfrau in Hitze ist. Wie Hunde, Springböcke oder Elefanten. Der Rest der Menschheit kann das nicht mehr.
»Stellt euch nicht so an«, sagte Rieke. »Habt ihr noch nie als Dritte gebadet?«
Alle hatten das – außer X'Oli. Denn es kam relativ häufig vor, dass man abends in einem Camp eintraf, staubig wie ein Dornbusch nach dem Sandsturm, und nach zwei Dingen dürstete: einem kalten Bier zum Trinken und heißem Wasser zum Baden. Das Bier war meist kein Problem, auch wenn es nicht immer eiskalt war. Aber das heiße Waschwasser gab es meist gar nicht oder

nur limitiert. Wobei die Schwierigkeit darin lag, die Menge des heißen Wassers, wenn man zu mehreren war, pro Person abzuschätzen, ehe es aus der Leitung kam – oder im Eimer angeschleppt wurde. Folglich war es unmöglich, es in vier gerechte Teile zu gießen, wenn man zu viert war, und so entschloss man sich seit Jahrhunderten in Expeditionskreisen, die gesamte Menge an heißem Wasser in eine Wanne schütten zu lassen, zu losen und dann der Reihe nach in dasselbe Wasser zu steigen. Wobei der Erste natürlich das große Los gezogen hat, der Zweite noch ein Glückspilz ist, der Dritte auch in eine Wildtränke springen könnte und der Vierte ein Schlammbader ist – und dankend darauf verzichtet, wenn er nur einigermaßen bei Sinnen ist, denn »sein« Wasser ist nicht nur schmutziger als er selbst, es ist zudem allmählich kalt. Doc Hans war immer von Sinnen. Loste er sich als Vierter in die Wanne, pflegte er zu sagen: »Die Haut ist nicht die Kehle, und im Wasser ist es nie so schmutzig wie an Land.« Und schon saß er in der Brühe.

»Erinnert ihr euch, was das größte Problem von Doc war?«, fragte Karame.

»Er wäre so gerne reich gewesen«, erwiderte Rieke.

»Ja«, sagte Karame. »Gesundheit brauchte er sich zum Glücklichsein nicht zu wünschen, die hatte er. Ihm fehlte, so meinte er, nur das Geld. Ständig war er auf Schnäppchen aus, hatte immer irgendwelche Geschäfte am Laufen, bot sie an oder fragte, ob er in eines einsteigen könne. Bis ins höchste Alter. Geld war der Obolus, den ihm das Leben verweigert hatte. Um wenigstens kleine Summen einzutreiben, die er für sein Leben und seine Expeditionen brauchte, ging er geradezu schamlos vor: Er bot Sponsoren fast nichts an, aber forderte als Gegenleistung erstaunliche Beträge. Noch erstaunlicher aber ist, dass die merkwürdigsten Menschen und Institutionen tatsächlich bereit waren, darauf einzugehen. Zumindest zeitweise. Und bis sie erkannt hatten, dass sie für heiße Luft zahlten. Unter den Sponsoren waren der Trust des Diamantenbarons Sir Ernest Oppenheimer, ein italienischer Delikatessenhändler und sein Sohn, der Bäcker Wolfgang in Johannesburg, der amerikanische Medienriese National Geographic, der südafrikanische Textilkonzern African Nature und ein

Arzt aus Francistown in Botswana, der selbst gebraute Medikamente gegen Malaria und Gelbfieber von Doc Hans ausprobieren ließ.«
Da konnte ich mitreden, denn dieses Thema hatte ich auf meiner letzten Safari mit Doc Hans angeschnitten. »Für den Quacksalber tat der Doc wenigstens so, als tue er etwas für ihn. Aber was zum Teufel hatte er den anderen versprochen? Oppenheimer mochte einfach ein Philanthrop sein. Den Italienern hatte er wohl zugesagt, sie dürften einmal mit ihm in die Kalahari und sie würden dann auch seine Buschleute kennen lernen. Der Bäcker war nur ein netter Mensch, der Doc Hans zwar durchschaut hatte, aber ein paar Mark erübrigte, weil er ihm Leid tat. National Geographic glaubte, Doc Hans exklusiv verpflichtet zu haben, falls das Magazin einen Bericht über die Buschleute planen sollte. Aber ehrlich gesagt: Doc Hans tat sehr wenig für seine Sponsoren, nicht einmal für den Arzt mit den Medikamenten. Denn er warf die Tinkturen weg, kaum dass ihn die Savanne eingeholt hatte, und schrieb dann medizinische Phantasiegutachten.«
»Hatte er wenigstens ein schlechtes Gewissen?«, fragte Andy.
»Das überkam ihn nie. Nie! Er nahm das Geld der Sponsoren in dem Bewusstsein, sie könnten ruhig für seine Bekanntschaft und sein Wohlwollen zahlen. Schließlich sei er ja der berühmte Forscher, die lebende Legende und der große weiße Buschmann. Und wenn er wirklich einmal die Güte seiner Freunde überzogen hatte, erzählte er ihnen einfach eine interessante Geschichte. Damit waren am Ende meist alle zufrieden.«
»Ich denke, wir sollten Doc Hans dagegen etwas anderes hoch anrechnen«, warf Andy ein. »Er hat nie damit geprahlt, weil kein Mensch mit Selbstanspruch über so etwas schwadronieren kann. Dieser Verdienst war, sozusagen, ein Abfallprodukt seines kärglichen Lebens. Doc hat den Wissensstand der Menschheit erweitert, etwa was ›Ballistol‹ betrifft. Kennt ihr das?«
Alle schüttelten den Kopf. Nur ich erinnerte mich: »Du meinst doch nicht etwa das Zeug, mit dem ich meine Gewehre reinige?«
»Doch«, sagte er.

Die Geschichte vom Mann und dem Wunderöl aus Bayern

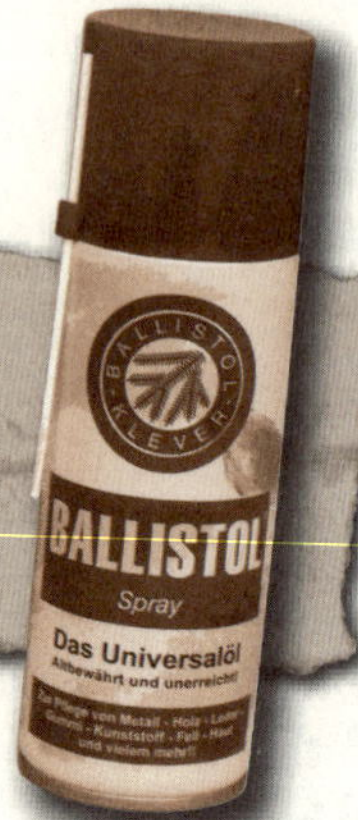

»Ballistol ist ein gelblich weißer, cremig fettiger Saft, der – man kann es nicht anders sagen – leise vor sich hin stinkt, aus Tuben, Flaschen und Dosen. Es ist schwer definierbar, nach was genau Ballistol riecht: Motoröl? Ja. Krankenzimmer? Auch. Asiatische Räucherstäbchen? Unbedingt. Feuchte Menschenhaut? Trifft zu. Ballistol gehört zu den klassischen deutschen Produkten wie Persil oder Bahlsen-Kekse und wird seit Ewigkeiten von der Firma F. W. Klever im bayerischen Aham hergestellt. Sein Untertitel: ›Das altbewährte Spezialöl‹. Eigentlich ist Ballistol das beste Mittel, um Gewehrläufe zu schmieren. Dafür hat man es erfunden. Für Profis im Busch ist es aber ein altbewährtes Wunderöl für viele andere Dinge, denn Ballistol pflegt Holz, Metall und Leder, löst Rost, schließt sperrige Schlösser auf, verhindert ihr Einfrieren und taut sie auf, entfernt festgebackene Insekten von Windschutzscheiben, beseitigt das Quietschen von Türangeln, neutralisiert Handschweiß, reinigt die Ohrmuscheln von Hunden und pflegt Fell, Mähnen, Schweife und Hufe von Pferden, Maultieren, Kühen, Ziegen und Schafen. Doc Hans hat weitere Anwendungen entdeckt, und das ist es, wofür ihm alle, mit denen er sein Wissen geteilt hat, dankbar sind: Ballistol schützt gegen Mücken, verhindert Jucken nach Stichen, eignet sich in Maßen zum Anmachen von Salaten mit starkem Gemüse-Aroma, ist ein exzellentes Sonnenschutzmittel und schließt Wunden in Rekordzeit – allerdings muss man dafür ziemlich schmerzunempfindlich sein, denn Ballistol brennt heftiger als Jod.

Ich kenne Menschen, die packen als erstes 200 Milliliter Ballistol-Spray ins Safari-Gepäck, noch ehe sie an den Kulturbeutel denken.

Daran ist Doc Hans schuld, und natürlich hat er dazu Folgendes behauptet: ›Die Firma hätte mir eigentlich viel Geld zahlen müssen.‹ Aber F. W. Klever wusste gar nicht, dass es einen Doc Hans gegeben hat.«

»Aber ich weiß was, und ihr auch. Nämlich, wie wunderbar immer noch Traditionen funktionieren. Denkt nur an Rosenthal in Windhoek ...«

»Den Ausrüster-Laden?«, fragte Rieke.

»Genau den. Der ist seit den frühen 30er Jahren der Exklusivhändler für Ballistol in Namibia. Seit über 70 Jahren! Rosenthal ist ein alter deutscher Shop, der seit etwa 1900 existiert. Der hat schon die Schutztruppe versorgt!«

»Da fällt mir was ein«, unterbrach ich.

Die Geschichte vom Mann mit dem Flugzeugwrack

»Eines Tages habe ich meinen Arm in die falsche Richtung ausgestreckt und da ist es passiert: Ich verflog mich. Eigentlich nicht ich, sondern einer von diesen burischen Piloten, die in Maun am Flughafen rumhängen und auf solche Idioten wie mich warten. Solche Typen, die in den Busch wollen wie die Per-Anhalter-Studenten an europäischen Autobahnen und dann stranden, weil die nächsten drei Monate kein Auto geht. Außerdem war ich ziemlich erledigt, weil sich die Müdigkeit über meine Pupillen geklappt und meinen Blick entschärft hatte. So musste ich mich dem Piloten anvertrauen, wir waren aufgestiegen, irgendann dachte ich, mein Ziel unter mir liegen zu sehen: ein paar Hütten an einem Fluss, eine Dorfstraße und einen Airstrip. Ich hatte meinen Arm gehoben und mit einem

Finger nach unten gedeutet und dort landete der Pilot auch. Was falsch war, weil das Ziel falsch war. Ich hatte mich in meinem Zustand geirrt.

Nun stand ich da, mitten in der Landschaft und am Rande des Airstrips. Der Pilot erhob sich mit seiner Maschine wieder in die Lüfte und ich setzte mich auf meine alte Zarges-Kiste, die mir als Koffer, Tresor, Kopfstütze und sogar als Boot diente. Ihr wisst ja, wie heiß es da draußen ist – 50 Grad, 60 Grad? Wie gut, dass die Tschechen so gute Filzhüte herstellen, die schmelzen auch bei dieser Hitze nicht. So einen hatte ich auf.

Was tun? Na, was schon? Kiste packen und losmarschieren. Auf die Hütten zu. Drei Kilometer durch den Backofen. Kiste stehen lassen geht nicht. Denn das ist auch so ein Wunder von Afrika: Du bist in der ewigen Einsamkeit, denkst, du kannst ungestört pinkeln – und plötzlich steht einer neben dir. Lehnt auf seinem Speer, grinst und sagt ›Guten Tag‹. Wo kommt der her? Den gab's nicht, als du dir die Hose geöffnet hast. So ist das immer und überall in Afrika. Da materialisieren sich Menschen aus dem Nichts wie Gespenster. Ich konnte meine Kiste nicht am Wegesrand stehen lassen, denn kaum wäre ich um die nächste Biegung verschwunden, wäre ein Gespenst mit ihr davongerannt. Ich nahm sie mit.

Das Glück lächelte: In der ersten Hütte lag ein Mann, der sich besinnungslos betrunken hatte und jetzt schnarchte. So hatte ich ihn überhaupt bemerkt – durch seine Geräusche. Doch nicht nur er schnarchte. Kurze Hosen, kein Hemd, Gummilatschen, Dreitagebart, ein Weißer: Eine halb leere Whiskyflasche war ihm aus den Händen geglitten, sein Hund hatte aufgeleckt, was verloren gegangen war, und lag genauso betrunken unter seinem Herrchen.

Aber das Beste war: Hinter der Hütte entdeckte ich eine Cessna. Keine gute Cessna, aber immerhin ein Flugzeug. Und wenn es da stand, flog es wahrscheinlich auch. Ich war gerettet. Wenn ich den Trinker überreden konnte, mich zu fliegen oder mich selbst fliegen zu lassen. Ich weckte ihn. Das war nicht einfach, denn er hielt mich für ein Bild aus seinem Traum. Aber er war okay, als ich ihn aus seinem Stuhl gekippt hatte. Er war ein Brite mit schwarzer Frau und fünf Kindern.

Die tauchten erst auf, als er wieder aufrecht stand. Nicht kerzengerade, doch als Mensch.

›Hi‹, sagte er, ›wo kommst du denn her?‹

Ich erklärte ihm meine Situation und dass ich möglichst schnell wieder von dort wegwolle. ›Das seh' ich ein‹, meinte er. Er war wirklich okay. ›Ein Karton Whisky‹, forderte er. Auch das war in Ordnung. Er flog mich, wohin ich wollte, und ich bezahlte ihn mit Menschensprit. Ich hatte ihn zwar nicht bei mir, aber so was klappt im Busch, da bescheißt niemand. Nicht in der Not. Ich würde ihm den Karton Whisky schicken, sobald ich wieder in Maun angekommen war. Wahrscheinlich mit demselben burischen Piloten, der ja nun schon wusste, wo er hinzufliegen hatte. Ein nicht ganz billiges Verfahren, aber hätte ich mich geweigert, hätte ich auch in seinem Dorf bleiben, eine Frau zur Frau nehmen und fünf Kinder zeugen müssen. So schnell kam dort keiner vorbei, der mich wegbringen wollte. Und wenn, dann aus Zufall.

Das Problem war nur, dass die Cessna in einem Reifen keine Luft hatte. Er war platt. Fensterscheiben hatte sie auch nicht, aber wer braucht die schon? Treibstoff? ›Bisschen was ist drin, aber irgendwo muss hier noch eine Kanne voll rumstehen‹, sagte mein neuer Freund.

›Wenn du sie nicht ausgesoffen hast‹, sagte ich.

›Ist schon passiert‹, erwiderte er ungerührt. Wir gossen die Kanne in den Tank.
Ich hätte nie geglaubt, dass man ein Flugzeug schräg starten kann: auf nur einem vollen Reifen. Der Flügel auf dieser Seite ist dann natürlich so sehr zur Seite gekippt, dass er fast den Boden streifte.«
»Doch, das geht«, beteuerte mir Andy.
»Klar, so starteten wir ja auch! Mein Freund war immer noch hackevoll – da ist das Kunststück schon etwas schwieriger. Aber wir erhoben uns in die Luft und erst da wollte er zum ersten Mal wissen, wohin ich eigentlich wollte. ›Ich weiß es nicht‹, sagte ich. ›Es heißt Mokuti.‹ Das kenne er, antwortete er, das sei ein Katzensprung, da gäbe es anständigen Whisky, da könne er einen nehmen vor dem Rückflug – oder zwei.
Leider war in der Nähe von seinem Dorf ein kleiner Steppenbrand ausgebrochen und der Wind stand nicht gut: in Richtung auf sein Dorf. Das wollte er sich ansehen. Im Zweifelsfall, um abschätzen zu können, wie lange sein Dorf noch stand. ›Mach' das nicht!‹, warnte ich ihn noch, aber da waren wir schon über dem Feuer. Ihr wisst ja: Die Flammen fressen Sauerstoff. Davon leben sie, und wenn man zu niedrig über sie hinwegfliegt, dann haben die Flügel nichts, was sie tragen kann – die Luft ist weg. Es war schon zu spät. Mein Freund war zu niedrig geflogen und wir sackten ab. So schnell, dass ich mit dem Kopf gegen die blanken Streben das Kanzeldachs flog und mich skalpierte. Von der Stirn bis zum halben Hinterkopf. Wie ein Lappen hing meine Kopfhaut mit den paar mir verbliebenen Haaren über mein Gesicht. Ich blutete wie ein Schwein. Meinem neuen Freund war nichts passiert, Betrunkene schützt ein Engel – auch als Piloten.
Wir hatten Glück, dass wir schnell geflogen waren. Deshalb war die Maschine nicht senkrecht abgesackt, sondern schmierte seitlich ab. Wie ein Segelflugzeug. Und binnen Sekunden, die mir wie Minuten vorkamen, weil ich vor Blut und Schmerz halb blind war, aus der Feuerzone raus und über der Step-

pe ohne Flammen. Der Vogel fing sich und wir landeten – jetzt weiß ich wieder, warum mir diese Geschichte gerade jetzt einfiel: Ballistol. Denn als sie mich aus der Maschine zogen, rannte der Typ, dem Mokuti gehörte, weg, kam mit einer Flasche Ballistol wieder, nahm eine Hand voll, klatschte mir das Zeug auf meine nackte Schädeldecke, klappte meine Kopfhaut drüber, drückte sie fast – aber das bekam ich nicht mehr mit. Das Ballistol hatte mir die Besinnung genommen, ich war ohnmächtig, so weh tat das. Aber es wirkte Wunder: Die Wunde war desinfiziert, der Kopflappen wuchs innerhalb weniger Tage wieder an und ich glaube sogar, meine Haare sprossen wieder.

»Ach, deshalb hast du so eine feine rote Linie um deine Stirn! Ich dachte schon, du hättest eine Schönheitsoperation machen lassen«, scherzte Rieke.

Doch zurück zu Doc Hans ...

»›Ich hätte so reich werden können – damals ...‹, so lautete doch sein ständiger Spruch«, erzählte Karame. »Und es kamen dann wieder diese Lügen und Phantasiegeschichten. Wie Doc Hans Gold in der Kalahari gefunden, aber wieder verbuddelt und seine Buschmann-Brüder zu ewigem Schweigen verschworen hätte, weil ihm klar gewesen sei, dass ein Goldrausch in der Kalahari das Ende der Buschleute gewesen wäre.«

»Aber er hat nicht nur das Ballistol neu erfunden«, sagte ich. »Ich kann bezeugen, dass Doc Hans die einsamen Täler mit den Elefantenfriedhöfen kannte, auf denen sich das Elfenbein hüfttief stapelt. Er wusste, dass das keine Spinnerei aus der Tarzan-Sage war. Und er nahm mich einmal mit.«

»Auf einen Elefantenfriedhof? Ich habe nie einen gesehen, auch keiner meiner Leute«, ließ sich X'Oli aus seiner Sandkuhle verlauten.

»Ich kenne die Legenden, aber keinen, der sie je bestätigt hat«, sagte Rieke. »Erzähl!«

Die Geschichte vom Mann und den Friedhöfen der Elefanten

»Wartet's ab«, antwortete ich. »Doc und ich trafen uns eines Tages mehr oder weniger zufällig im Grenzgebiet zwischen Botswana und Simbabwe. Ihr wisst schon – hinter Hwange auf der Horrorpiste nach Khazuma. Weit und breit die einzigen Weißen, waren wir aufeinander zugefahren in klapprigen Range Rovern auf dieser einen Sandspur mit ihrer puschelig grünen Bürste in der Mitte. Die Gegend sah aus wie ein typisches Afrika-Gemälde von John Myburgh, dessen Werke jeder haben muss und hat, der Heimweh nach diesem Kontinent verspürt. Ihr kennt ihn ja. Wir hatten angehalten, einen Schluck Wasser und die Neuigkeiten über die hinter uns liegenden Strecken ausgetauscht, am Ende waren wir ratlos, ob wir unserer Wege fahren oder uns zum Lagern zusammentun sollten. ›Dann komm schon mit‹, meinte Doc Hans schließlich. Was ein großes Kompliment war, wie ihr wisst, denn im Busch war der Doc lieber Trappist und Einzelgänger. Zu meiner Überraschung lagerten wir auch gar nicht, sondern er stieg in seinen Jeep und fuhr los. Ich wendete, folgte ihm – ohne zu wissen, wohin – und die Fahrt dauerte Stunden.

Dann passierte, was in jedes afrikanische Bilderbuch gehört: Auf der Piste stand ein einsamer Elefantenbulle mit gewaltigen Stoßzähnen, ein böser alter Herr, ein Rogue, wedelte beunruhigt mit seinen Ohren und versuchte, uns daran zu hindern, den Friedhof zu finden, den er selbst gerade aufsuchen wollte, um in Frieden zu sterben. Denn er war alt, uralt, und in Gedanken bereits halb im Jenseits und wahrscheinlich litt er auch Schmerzen. Aber er hatte eine Bestimmung, ein konkretes Ziel. Nein, eigentlich zwei: einsam zu bleiben und einsam zu sterben. Nur konnte er nicht sterben, solange wir uns in der Nähe des Friedhofes befanden. Angst hatte er nicht mehr. Er hatte wohl mehr Mündungsfeuer gesehen als wir, wusste also mit Sicherheit, was ihm von zwei Menschen in dunkelgrünen Autos drohen konnte, aber er war ja sowieso zum Sterben hierher gekommen. Da konnte er ruhig versuchen, das Geheimnis der Elefantenfriedhöfe mit seinem Leben zu verteidigen oder uns in den Tod mitzunehmen.«

»Wozu entschied er sich?«, fragte Karame, der auch gern ab und zu ein Scherzchen einschob. So sind Botswaner. Humor ist für sie das Motoröl der Lebensmaschine.

»Als wir ihn sahen, wussten wir beide, dass wir am Ziel waren. Wir mussten den alten Elefantenherren nur weiträumig umfahren und dann gleich eine Spirale nach innen immer kleiner werdender Kreise drehen, bis wir wieder auf ihn und das Tal oder die Lichtung mit dem Elefantenfriedhof stießen. Endlich fanden wir ihn, einen der mystischsten Orte, die Doc Hans und ich je zu Gesicht bekommen haben. Es hätte wenig gefehlt, dann hätten wir uns vor Ehrfurcht an den Händen gefasst.«

»Hätte ich getan!«, sagte Andy. »Davon habe ich mein ganzes Leben lang geträumt – ein Friedhof der Elefanten!«

»Hättest du ihn Hemingway angeboten, er hätte seinen Nobelpreis dafür weggeschmissen«, lachte Rieke.
»Ich denke, ich halte deine Geschichte für Tatataka«, meldete sich X'Oli. Takataka ist der Unsinn des Buschmannes.
»Nein, ich hab ihn doch mit eigenen Augen gesehen. Glaubt jenen nicht, die bestreiten, dass es diese Friedhöfe gibt. Glaubt vor allem den Zoologen nicht, die erzählen, es läge nicht in der Natur der Elefanten, zum Sterben immer dieselben einsamen Orte zu suchen, und das seit Jahrtausenden. Die, die die Existenz der Friedhöfe bestreiten, wissen es nicht besser und verschleiern die Realität mit der falschen Weisheit: Gibt's das Problem nicht, hab' ich kein Problem damit. Es gibt vielleicht nur ein Dutzend lebende Menschen, die die Friedhöfe gesehen haben und aus Ehrfurcht nie darüber sprechen, aber es gibt Zehntausende von Elefanten, die ihre Lage genau kennen.
Elefantenfriedhöfe sind die stillsten Orte Afrikas. Die Kathedralen dieses uralten Kontinents. Die Stille ist das Erste, was man hört – ein plötzliches Verstummen der Töne eines Erdteils: keine Zikaden, keine Vögel, keine Affen. Die Ehrfurcht gebietet ihnen zu schweigen. Sie sind da, aber sie geben keinen Pieps von sich. Doch woher wissen sie, dass sie ehrfürchtig zu sein haben? Weil ihre Art viele Elefanten sterben sah. Weil sie den Hauch des Todes spürt, das Verhauchen des Lebens. Sie besitzen ein genetisch verankertes Trauerverhalten. Ebenso wie wir Menschen im Angesicht des Todes. Oder wenigstens die meisten von uns. Es sind auch keine Aasfresser da, weder Schakale noch Hyänen, noch Geier. Man fleddert keine toten Elefanten an diesem Ort. Draußen in der Steppe jederzeit, auf dem Friedhof nicht. Nur die schweigsamen Ameisen tun es, die Straßenkehrer Afrikas, die nur Knochen übrig lassen. Über die machen sich dann die stummen Maden her. Sie dürfen das, ihnen scheint man es nicht übel zu nehmen. Vielleicht damit der nächste Todgeweihte nicht die sterbliche Hülle seines Vorgängers sieht. Wer stirbt schon gern zwischen verwesenden Leichen? Seltsam auch dies.
Dabei bleiben die Todeskandidaten nicht unberührt. Wann immer ein Elefant einen verstorbenen Artgenossen sieht, schnüffelt er an ihm. Versucht ihn sogar aufzurichten, zerrt an seinem toten Rest.

Als wollte er sagen: ›Komm, mach' keinen Unsinn, du lebst doch noch, steh' auf!‹ Und sind nur noch gebleichte, blitzblank gefressene Knochen übrig, wenden die noch lebenden Elefanten sie, wühlen darin und wiegen sie mit ihrem Rüssel. Man glaubt, Erstaunen zu spüren in dieser Reverenz gegenüber denen, die mal Artgenossen waren. Man glaubt, die Gedanken der Elefanten lesen zu können: ›Ach, das ist alles, was von uns übrig bleibt?‹ Aber das ist wahrscheinlich nur eine menschliche Interpretation. Andererseits: Warum sollten so kluge Tiere nicht so denken?
Freunde, der Friedhof, zu dem mich Doc Hans führte, weil er ihn auch ohne das Drohgebaren des alten Elefantenherrn schon kannte, wie ich später erfuhr, war ein weitgehend offenes Tal, mehr eine lang gestreckte Lichtung oder Senke zwischen zwei steilen Felsrücken. An den Schmalseiten konnte man nur mit Schwierigkeiten in den Friedhof gelangen, an den Längsseiten war es ebenfalls schwierig. Nicht nur wegen der Felsrücken, in ihrem Schatten standen zudem dichte Bäume, deren Unterholz mit undurchdringlichem Dornengebüsch gefüttert war. Das Gebüsch verbarg auch die Öffnungen der Schmalseiten, aber man vermochte es zu überwinden, wenn man wusste, dass es sich lohnte, weil dahinter ein Elefantenfriedhof lag. Und das wusste keiner außer Doc Hans und den Elefanten. Diese Senke war knöchel- bis knietief mit weißem Gebein bedeckt. Es lag wild durcheinander, wie – zumindest sah es aus der Ferne so aus – ein riesiger Teller Spaghetti ohne Beilage. Das ist kein gutes Bild, aber es gibt kaum ein besseres. Einzelne Skelette konnte man nicht mehr unterscheiden, nach dem Tod waren die Elefanten über- und durcheinander gestürzt, und manchmal vermochte man ein Tier nur daran auszumachen, dass die Kniescheiben exakt an ihrem Platz lagen.«
»Komisch, diese Kniescheiben, nicht?«, erinnerte sich Rieke. »Weiße, raue Halbkugeln wie halbe Bowling-Kugeln. Als ich die zum ersten Mal sah, hätte ich nie gedacht, dass das Kniescheiben von Elefanten sind. Vor allem weil sie auf der anderen, der Innenseite so flach sind. Aber entschuldige, erzähl' weiter …«
Ich fuhr fort: »Eigentlich lagen wenige Knochen herum, man hätte unter der Elefantenhaut mehr Konkretes vermutet. Irgendwie sind

Elefanten eine Menge Luft und, verglichen mit Walen, ziemliche Ballons. Es roch auch nicht anders als draußen in der Savanne, denn es war kein Fetzen Fleisch und kein Stück Haut übrig geblieben. Die Sonne, der Regen, der Wind und die Zeit hatten gute Arbeit geleistet. Und die Ameisen mit den Maden, die nur vierzehn Tage benötigen, um den steinharten Stoßzahn eines gestürzten Elefanten unbrauchbar zu machen, weil sie sich durchs Elfenbein bohren wie Holzwürmer durch Barockstühle aus Lindenholz. Bei manchen Schädeln klaffte dort, wo die Zähne im Kopf fixiert waren, zwei schwarze Löcher und daneben lagen keine Stoßzähne. Also wussten doch noch ein paar Menschen mehr von der Existenz des Friedhofes. Sie mussten nur schneller sein als die Maden. Aber das war ja in Ordnung. Lieber einen toten Elefanten berauben als einen lebenden töten.«
Andy fragte: »Was schätzt du, wie viele Elefanten lagen da?«
»250 bis 300. Später entdeckte ich auch noch mindestens 100 Stoßzähne, für die die Grabräuber zu spät gekommen waren. Die Maden hatten sie perforiert. Es klirrte wie Glas oder Keramik, wenn man über die Skelette stieg, wie Knochen eben klingen, die an der Luft getrocknet sind. Und es herrschte eine so geisterhafte Atmosphäre, dass man sich ständig umblickte und auf die Gebüsche starrte, wann der nächste Elefant zum Sterben kam. Aber sie nähern sich dem Friedhof nur, wenn sie wissen, dass er menschenfrei ist. Elefanten besitzen ja die Fähigkeit, ›sich hinter einer Zaunlatte zu verstecken‹, wie mein Freund Patrick aus Harare immer sagt. Ihr kennt ihn, den alten Haudegen von den ›Selous Scouts‹, der auf seine alten Tage Elfenbeinschnitzer wurde. Dutzende Male ist es uns passiert, dass ein Elefant mucksmäuschenstill fünf Meter entfernt im Unterholz stand und uns beobachtete, während wir unsere Zelte aufbauten und keine Ahnung hatten von seiner Existenz. Elefanten sind trotz ihrer Größe und Masse die Meister des Unsichtbarmachens. Und nun standen Doc Hans und ich auf einem ihrer Friedhöfe, und da lagen Hunderte von Elefanten, die keine Chance mehr hatten, sich unsichtbar zu machen.«
»Konntest du dir den Platz merken?«, fragte Andy. »Könntest du uns, die wir nie einen Elefantenfriedhof gesehen haben, hinführen?«

Ein Kompass ist nützlich, aber wenn ich Doc traf, war die Richtung klar ...

Ich schüttelte den Kopf: »Glaubt es mir oder haltet mich für einen Takataka-Bwana – ich war überzeugt davon, mir genau gemerkt zu haben, wo der Friedhof liegt. Ich habe auffallende Bäume im Geiste markiert, habe immer wieder auf den Kilometerzähler geblickt, den Verlauf der Sandpiste verstohlen aufgezeichnet und mir die optischen Koordinaten der Hügel am Horizont eingeprägt. Doc Hans sollte und durfte nicht mitbekommen, dass ich zum Elefantenfriedhof zurückkehren wollte. Doch trotz meiner Bemühungen ist es mir nie mehr gelungen, obwohl ich es mehrfach versucht habe. Der Friedhof hat sich in Luft aufgelöst. Nur Doc Hans, der weiße Buschmann, war in der Lage, ihn wiederzufinden. Ein paar Wilderer vermochten es und natürlich die Elefanten. Aber sonst niemand.

Elefantenfriedhöfe bleiben auch für mich Legende, trotzdem ich einen gesehen habe, und manchmal, wenn ich nachts wach liege, glaube ich, dass ich damals geträumt habe. Das ist einfacher als zuzugeben, dass man nicht in der Lage ist, einen so großen, so wichtigen Ort aufzuspüren, der sich versteckt. Obwohl man doch ganz genau wissen müsste, wo er liegt, weil man dort war. Und manchmal, wenn ich aus einem besonders tiefen Schlaf in die Dämmerung eintrete, kann ich mir auch denken, dass einer die Elefantenfriedhöfe wegzaubern kann, eine Decke darüber breitet oder mit geografischem Zubehör verstellt – indem er einen Hügel mehr nach links verrückt oder einen Wald mehr nach rechts. Damit man in die Irre geht, solange man sucht. Danach rückt der große Unbekannte das Zubehör wieder an den angestammten Platz.«

»Ein Vermögen liegt dort«, knurrte der kleine Buschmann von seinem Schlafplatz. »Ich müsste nie mehr Spuren lesen für euch, ich hätte Mittel und Wege, das Elfenbein zu verkaufen, und Geschichten von Buschmännern, die weiße Missionare töten, müsste ich mir auch nicht mehr anhören.«

»Solche sündhaften Gedanken hatte auch der Doc. Aber wem sollte er sein Wissen über die genaue Lage der Elefantenfriedhöfe anvertrauen? Asiatischen Geschäftsleuten, die ihn betrogen hätten? Der Regierung, von der er mit einem ›Thank you‹ abgespeist worden wäre? Wem sollte er das Elfenbein verkaufen? Dem Elfenbeinschnitzer Patrick, der ihn hasste? So erzählte er nur ganz wenigen von diesen Friedhöfen, und auch nur, wenn sein Selbstbewusstsein mal wieder Ebbe hatte und er angeben musste. Aber er hat nie jemanden vorsätzlich hingeführt. Auch ich war ihm ja nur durch Zufall begegnet.

Einmal war er ja reich und warf das Geld weg, weil er Schiss hatte«, fügte ich hinzu.

»Glaub ich nicht«, entgegnete Karame. »Nicht einen Pula hätte er losgelassen, wenn er ihn in der Hand gehabt hätte. Ich kenne ihn doch, und ihr auch.«

»Es war aber so«, beharrte ich. »Der Doc hat mir die Geschichte erzählt und ich glaube sie ihm, weil er am Ende der Trottel war und es zugab. Oder vielleicht nicht. Ich weiß nicht, wie wir reagiert hätten.«

»Wobei?«, fragte Andy.

Die Geschichte vom Mann und der weggeworfenen Million

»Ich erzähle euch die Geschichte genau so, wie Doc Hans sie mir erzählt hat, und soweit ich mich erinnern kann«, begann ich. »Es war auf dem Flughafen von Bujumbura. So im Jahr 1978. Ihr kennt sicher den kleinen Flughafen nahe der zairischen Grenze: oben am Tanganjika-See und gerade noch in Burundi, wo der Fluss aus dem See tritt und dieses große Schilfdelta bildet. Dahinter liegt der Flughafen. Dort kam der Doc einmal aus Brüssel an – fragt mich nicht, was er dort gemacht hat und wer ihm das Ticket bezahlt hat.«

»Er sicher nicht«, schätzte X'Oli.

»Der Doc holte seine Reisetasche von dem klapprigen Karren, mit dem sie damals noch das Gepäck auslieferten …«

»In Maun ist das noch so«, warf Karame ein, »das geht schneller als mit dem Band.«

»Mehr hatte er nicht dabei als die Reisetasche, der Zoll ließ ihn passieren, er nahm sich ein Taxi und fuhr die paar Kilometer nach Bujumbura – das heißt, er wollte fahren. Aber auf der Fahrt öffnete er seine Tasche – und es war gar nicht seine, sondern nur eine, die seiner sehr ähnlich war! In der Tasche steckten lauter in Plastiktüten und mit Gummibändern verschnürte Geldbündel. Dicke, fette Banknoten-Pakete in vielen Währungen: US-Dollar, Schweizer Franken, Deutsche Mark, französische und belgische Francs, britische Pfunde, holländische Gulden. Ein Schatz. Da schert es einen nicht mehr, dass man die eigene Reisetasche verloren hat. Die paar Hemden! Sofort schloss der Doc die Tasche, damit der Taxifahrer nichts sah, ließ sich ins ›Source de Nile‹ bringen – das schöne Hotel am Golfplatz, checkte ein, verriegelte sein Zimmer und begann mithilfe seines Taschenrechners zu zählen: Es waren nach heutiger Währung etwa 500 000 Euro!«

»Steuerfrei, schwarz, besitzlos, vom Himmel gefallen«, freute sich Rieke. »Und dann?«, fragte Andy.

»Und dann überlegte der Doc: Der Mann, dem die Tasche gehörte, würde nicht so leicht auf sie verzichten. Er würde sie suchen. Wer war der Mann? Sicher kein Tourist. Ein Geschäftsmann? Nicht sehr wahrscheinlich, dazu war die Gefahr zu groß, dass der Zoll seine Tasche öffnen würde, und dann wäre er sie los samt dem Geld und seiner Freiheit. Niemand, der bei Sinnen ist, reist in Burundi oder sonst irgendwo in Afrika mit 500 000 Euro in baren Bündeln ein. Und gibt sie auch noch auf! Die Zollbeamten würden sie ihm nicht gleich wegnehmen, aber Fragen stellen. Nicht am Flughafen, sondern irgendwo in der Stadt – und das Irgendwo konnte sehr unangenehm sein. Dem Doc dämmerte, dass die Tasche einem aus der Regierung gehört haben musste. Vielleicht sogar einem Minister. Einem Mann mit Macht, der das Unterste zuoberst kehren konnte und Soldaten hatte, den Dieb zu jagen.«

»Jetzt wird's gefährlich«, sagte Karame.

»Genau das befürchtete auch der Doc. Wenn es tatsächlich ein Regierungsbeamter war, dann hatte er die Möglichkeit, alle Mitpassagiere durchsuchen zu lassen. Er konnte sie einzeln aus Häusern und Hotels rauspicken und nicht mehr über die Grenze lassen. Das würde er tun – und Gnade dem, der das Geld hatte.«

»Hätte der Doc die Tasche nicht irgendwo verstecken können?«, fragte X'Oli.

»Nein, denn zuerst würden sie natürlich die Taxifahrer fragen: ›Habt ihr einen Mann befördert, der eine Tasche bei sich hatte, die so und so aussah?‹ Und: ›Ja‹, würde der sagen, der den Doc gefahren hatte, ›den habe ich ins Source de Nile gebracht.‹ Und dann hätten sie den Doc. Und wenn er die Tasche mit

dem Geld nicht mehr bei sich hätte, würden sie aus ihm rausprügeln, wo er sie versteckt hatte. Auch ich wüsste nicht, wo ich als Fremder in Bujumbura auf die Schnelle 500 000 Euro verstecken sollte.«
»Im See«, schlug X'Oli vor.
»Du vergisst den Taxifahrer, den Mann an der Rezeption und den Typen, der Doc Hans auf sein Zimmer gebracht hatte! Sie alle hatten die Tasche gesehen, zumindest musste der Doc das vermuten.«
»Und was hat er gemacht?«, drängte Andy.
»Er hat die Bündel wieder in die Tasche gepackt, ist runter in die Halle, hat ein Taxi gerufen und ist zum Flughafen gefahren.«
»Was auch nicht gerade ungefährlich ist, da hatten sie doch sicher bereits jeden Papierkorb ausgeleert«, warf Rieke ein.
»So weit kam der Doc gar nicht. Schon vor dem Flughafen war eine Polizeisperre. Quer gestellte Fahrzeuge, blinkende Lichter, plärrende Sirenen, Ameisengewimmel. Der Doc sah das von weitem und bat den Taxifahrer anzuhalten. Was dem ganz recht war, kein Afrikaner fährt sehenden Auges in eine Polizeisperre. Da befällt sie sofort ein automatisch schlechtes Gewissen.«
»Mich übrigens auch«, meinte Andy.
»Der Doc ließ den Taxifahrer also rund 100 Meter vor der Polizeisperre von der Straße in den Grünstreifen neben dem Schilf des Flussdeltas fahren, stieg mit der Tasche unterm Arm auf der Beifahrerseite aus – aber so, dass er ziemlich sicher sein konnte, dass der Fahrer und die Polizisten das nicht mitbekamen, tat so, als ob er pinkeln müsste, und schubste die Tasche so tief ins Schilf, dass sie im Wasser versank. Dann stieg er wieder ein und tat etwas sehr Kluges. Er sagte zum Fahrer: ›Die haben sicher gesehen, dass wir angehalten haben, es wird ihnen verdächtig vorkommen. Lass uns zu ihnen hinfahren und fragen, was los ist.‹ Das leuchtete dem Taxifahrer nach einigen Sekunden ein, sie fuhren hin, wurden gestoppt und der Doc fragte scheinheilig: ›Ein Unfall?‹ Der Polizist, der feststellen musste, dass die Taxi-Insassen nicht wirklich verdächtig aussahen, erklärte: ›Nein, ein Raub. Einem unserer Minister, der gerade von großen Verhandlungen in Brüssel zurückgekehrt ist, wurde sein Aktenkoffer mit wichtigen Dokumenten gestohlen.‹«

»Genau wie der Doc vermutet hatte!«, sagte Rieke.
»Hätten sie ihn erwischt, hätte es ihn sein Leben kosten können«, wusste Karame.
»Ein krummer Hund, dieser Minister«, sagte X'Oli. »Lässt sich in Brüssel mit Hunderttausenden schmieren, bescheißt wahrscheinlich seine eigene Regierung, kommt als reicher Mann nach Hause und wird ausgerechnet in seinem eigenen Land ausgeraubt. Ich finde das sehr komisch – und sehr gerecht.«
»Und das Ende der Geschichte?«, fragte Rieke.
»Der Doc ist durch die Polizeisperre zum Flughafen gefahren und mit der nächsten Maschine abgehauen. Weil man die Tasche ja doch bei ihm gesehen haben könnte. Blöderweise ging die nächste Maschine nach Bukavu, nur 30 Minuten Flugzeit von dem Flughafen in Burundi entfernt. Aber er war in Zaire und in Sicherheit. Netter Ort übrigens, altes Kolonialstädtchen, aber kein Ort, wenn man dort nichts zu tun hat. Aber wem erzähle ich das.«
»Und die Tasche?«, fragte X'Oli.
»Keine Ahnung. Liegt wahrscheinlich heute noch im Schilf des jungen Nil. Aber auf diese Weise wurde der Doc beinahe mal zum Millionär – viel hatte nicht gefehlt.«
»Ich wette, das hat ihn fast umgebracht«, vermutete Andy.
»Ja, Freunde, aber das Geld zu behalten, hätte ihn mit einiger Sicherheit auch umgebracht«, schloss ich.

»Lasst uns Schluss machen, Leute«, schlug Rieke vor. Recht hatte sie. Der Moment war gekommen, wo die tropische Nacht kalt wird. Trotz des Lagerfeuers und der immer noch 30 Grad Temperatur um zwei Uhr nachts. Der Löwe hatte sich beruhigt, aber wieder sang eine Hyäne ihr »Wuuuiiit«. Leichter Wind war aufgekommen (die nächtliche Savannen-Brise) und wirbelte Asche aus unserem Feuer – so tief war es heruntergebrannt. Wir wickelten uns in unsere

Decken neben X'Oli und versuchten wie er, mit leichten Körperdrehungen ein Bett in den Kalahari-Sand zu graben.
»Morgen Abend geht's weiter«, forderte Andy.
»Bleiben wir hier?«, fragte Rieke.
»Weißt du einen besseren Platz für eine Herrenrunde mit einer Dame in der Savanne?«, fragte ich – aber mir antwortete nur noch eine Uganda-Taube mit ihrem »Puuppuuppuuppuup«, das so klingt, als wenn ein Basketball eine Treppe runterhüpft. Auf dunkelblauem Samt lagen die Sterne am Himmel, und ich erinnerte mich, dass X'Oli mir erzählt hatte, das seien die Lagerfeuer der Seelen auf dem Weg in die Ewigkeit. Dieses Bild haben sich seine Leute im Laufe der Jahrtausende so überlegt. Ich finde, es gibt keinen schöneren Gedanken zum Einschlafen.

Karame hatte am nächsten Morgen ein Topi geschossen, er durfte das, er besaß die Lizenz. Botswana war sein Land. Topis sind die einzigen Säugetiere, die ich kenne, die blau sind, zumindest an einigen Stellen. Merkwürdig schräge Antilopen, vom lieben Gott zusammengesetzt aus übrig gebliebenen Teilen der Schöpfung: zu kurze Beine, zu großer Körper, nutzlos krumme Hakelhörner, vorne hoch, hinten tief, aber in der Pfanne köstlich. Und leicht zu schießen, denn sie sind neugierig wie Passagiere der Air India. Jetzt brutzelte ein Topi-Schenkel über dem Lagerfeuer, unsere letzten »Tusker«-Biere kühlten in nassen Socken, aus dem Fluss unter der *Dritten Brücke* gewässert, nicht aus Rieke, am nächsten Kameldorn. Den nennen sie hier »Wart een bejtche«, das ist Afrikaans und bedeutet: Wart ein bisschen. Weil seine Dornen so lästig sind, dass man nur in ihre Nähe zu kommen braucht und schon hängt man fest und muss warten, bis man sich befreit hat.
Andy begann die neue Doc-Gescichte: »Der Doc konnte schon auch ein Arschloch sein. Er hat zum Beispiel nicht an Aids geglaubt. Dass

ganze Landstriche Afrikas entvölkert sind und bis zu 60 Prozent der Leute in Städten daran zugrundegehen. ›Blödsinn‹, meinte er nur, ›Aids ist eine Legende, eine Erfindung der Postkolonialisten.‹ Ich habe angeboten, ihm drei Jahre alte Mädchen zu zeigen, die von Männern vergewaltigt wurden, bis sie anstelle ihrer Vagina und ihres Anus nur noch ein klaffendes Loch im Körper hatten, weil auch der Damm gerissen war, und die nun Aids haben. Weil diese Männer irrsinnigerweise glauben, der Sex mit einer Jungfrau heile sie von Aids, und um sicherzugehen, nehmen sie Mädchenkinder. Sogar vergewaltigte Säuglinge habe ich gesehen. Nicht aus Lust vergewaltigt, sondern aus medizinischen Gründen. Der Doc hat das bestritten. Und dass Kondome der unpopulärste Import in Afrika sind, weil man sie für das Werkzeug des weißen Mannes hält, der verhindern will, dass Afrikaner sich vermehren, fand Doc Hans auch logisch. Es gibt sogar Regierungen, die diesen Unsinn verbreiten.«

»Wir nicht«, knurrte Karame. »So etwas kommt bei uns nicht vor.«

»Und wie unsinnig penibel der Doc mit Besuchern umging, die sich höflich bemühten, die Klicklaute der Buschleute nicht als k, sondern mit jenem Kehlenschnalzen auszusprechen, zu dem ein normaler Mensch fähig ist und das dem korrekten Buschmann-Klicken sehr ähnlich ist«, merkte Rieke an. »Genervt korrigierte der Doc jedes Mal eine falsche Aussprache – bis man eben nicht nicht mehr von Gruxa sprach (»Gruklicka«), sondern ihn ›ihr Schwiegervater‹ nannte.

Worauf Doc Hans dennoch meist mit der Erklärung anhob, den Buschleuten sei es gelungen, sechs verschiedene Klicklaute zu entwickeln. Dies käme den ausdrucksstärksten Buchstaben einer sehr komplizierten Schrift gleich. Die

Sprache der Buschleute sei – sozusagen – die Schrift der Buschleute und stehe kulturell sehr viel höher als viele Schriften der so genannten Zivilisation. Wobei er immer die Keilschrift von Ninive als negatives und armseliges Beispiel zitierte. Übrigens knüpfte er daran eine interessante Theorie: Wenn es noch nicht gelungen sei, bestimmte Schriften zu entziffern, so liege das daran, dass wir zu viel in sie hineininterpretierten. Das seien nicht Schriften in dem Sinne, wie wir sie kennen, sondern Lautmalereien. Also eher eine Art Ausdrucks-Alphabet, wie wir es ja auch benützten: A als erstaunter Ausruf, U als Angstlaut und I als Ausdruck von Ekel. Bei ihrer hochentwickelten Sprache hätten die Buschleute, behauptete Doc Hans, es nicht nötig gehabt, eine Schrift zu erfinden, zumal sie mit ihren Zeichnungen ja auch noch die Bildsprache des Cartoon erfunden hätten. Eine spöttische Betrachtungsweise ihrer Mitmenschen und Umwelt, die ihnen durch ihr Talent vom eigentlichen Sinn entglitten sei, nämlich zu unsagbar schönen Kunstwerken, den ersten Gemälden der Welt, beginnend vor 30 000 Jahren. Was sagst du dazu, X'Oli?«

»Gar nichts«, erwiderte der. »Ich bin Buschmann, ihr glaubt mir sowieso nicht.«

»Da hat er Recht«, ärgerte ihn Karame.

»Und Humor hat er auch«, fügte Rieke hinzu.

»Dennoch«, sagte ich, »der Doc war ein Rechthaber. Doch ich habe etwas sehr Wichtiges von ihm gelernt: Wie man auf Partys bescheiden wirkt und doch zu einem vollen Glas kommt.«

»Wie geht das?«, fragte X'Oli.

»Besonders in Gegenden, in denen der Whisky teuer ist, muss man sich benehmen. Kommt da die Gastgeberin zum Nachschenken auf einen zu, muss man sagen: ›Ja, aber nur ein bisschen.‹ Jeder tut das. Auch der Doc hat das getan. Aber er hat dabei sein Glas abrupt gesenkt …«

»Wie – abrupt gesenkt?«, wunderte sich Andy.

»Er hat der Gastgeberin das Glas hingestreckt und ist dann ganz plötzlich mit seiner Hand und dem Glas tiefer gegangen. Die Gastgeberin folgte dem Glas mit der Whiskyflasche ganz automatisch, und das bewirkte, dass sie es ziemlich voll schüttete. ›Oh, sorry!‹,

ruft man dann, aber der Whisky ist im Glas. Ohne dass man darum gebeten hat, die Gastgeberin hat's freiwillig getan.«

»Genial«, sagte X'Oli, für den Whisky eine Flüssigkeit war, die den Horizont um rund 500 Kilometer nach hinten versetzte und ihn selbst drei Meter groß machte.

»Ja, so war der Doc«, sagte Rieke.

»Manchmal ging er zu weit«, sagte Andy.

Ich stand auf, denn aus dem Holz war Glut geworden und ich musste Nachschlag holen. Die Gemütlichkeit sollte anhalten – und die Möglichkeit, noch mal den Kaffeepott anzuheizen. Nun ist es so, dass die *Dritte Brücke* eine Form von praktiziertem Sozialismus ist. Ein Ort der Fürsorglichkeit, um das Überleben zu erleichtern. Wer hier Holz verbraucht, muss es zum Abschied wieder aufstapeln. Oder man lässt den Stapel, den der letzte Besucher hinterlegt hat, in Ruhe und geht raus in die Savanne, in den Schatten, in den dunklen Kontinent und sammelt neues Holz. Ich tat das und benahm mich dumm: Jeder weiß, dass das Ungeziefer ein Hobby hat, und je näher das Holz beim Lagerfeuer liegt, desto mehr Ungeziefer betreibt das Hobby – bequem Rumsitzen auf der Rückseite des Holzes, außerhalb des Feuerscheins auf Beute wartend, die von ihm angelockt wird. Das ist nun mal so, das ist ein Naturgesetz in Afrika. Deshalb darf man nur mit Handschuhen auf die finstere Rückseite des Holzes greifen. Das Gleiche kann einem passieren, wenn man einer Felsenpython mit bloßen Fingern entgegentritt und keine Handschuhe trägt, wenn man den Busch aushaut mit dem Panga, kann man was erleben. Aber der Mensch ist faul und der Mann will männlich sein, also erwischte mich der kleine Skorpion, als ich um den trockenen Ast fasste.

»Au!«, schrie ich.

»Idiot!«, erwiderte Andy, der den Schrei kannte, denn er hat Hunderte von Touristen in den Busch geführt.
Recht hatte er. Ich war ein Idiot. Meine Hand schwoll binnen Minuten an wie nach einem Hornissenstich. Was lästig war und wehtat, aber nicht schlimm war. Dummheit muss bestraft werden – und es hätte ja auch eine Viper sein können.
Als ich mit dem Arm voller Holz beim Feuer eintraf, hatte sich Andy das lederne Säckchen – weiß, schmeichelweiß, bepelzt und gegerbt aus dem Hoden eines Kudus –, das er immer auf der Brust trug, über den Kopf gezogen und packte ein Stück Kohle aus. Zumindest sah es so aus.
»Du hast doch nicht etwa einen der berühmten ›Schwarzen Steine der Weißen Väter‹?«, fragte ich ihn erstaunt. »Diesen Stein gibt's doch gar nicht mehr. Den klau ich dir, wenn du nicht höllisch aufpasst.«
»Du wirst jetzt die Finger davon lassen, mein Lieber!«, entgegnete mir der Trapper. »Es ist das Einzige, was mir Doc Hans je geschenkt hat.«

Die Geschichte vom Stein, der alles heilt

»Viele glauben daran, die Schulmedizin natürlich nicht, aber ich behaupte, im Busch gibt es nichts Besseres, um zu heilen«, begann Andy. »Der legendäre Gründer der ›Flying Doctors‹, Michael Wood, hat einmal zu mir gesagt: ›Es sterben mehr Menschen an Schlangenserum, weil sie es nicht vertragen oder weil es falsch angewendet wird, als an Schlangenbissen selbst.‹ Die Wirkung eines Schwarzen Steins der Weißen Väter ist wie Lourdes: Glaubst du daran, wirst du geheilt, wenn nicht, ist es eh egal. Ich

glaub daran, weil ich den Stein mehrmals ausprobiert habe. An mir und an anderen, die gebissen oder gestochen wurden. Hier, so sieht er aus …
Der Schwarze Stein der Weißen Väter ist kohlrabenschwarz, ziemlich flach, eckig und kein Stein. Er ist so weich wie Lindenholz oder Holzkohle, der er sehr ähnelt, ein bisschen glänzend und geruchlos. Schlägt man ihn gegen einen härteren Gegenstand, klingt er hell wie Glas: »ping, ping«. Aber Vorsicht, er bricht auch so leicht wie Glas. In eine Streichholzschachtel würden etwa vier Steine passen, so klein sind sie, aber ich habe noch nie einen gesehen, der vier Steine besitzt. Dazu sind sie viel zu kostbar, mittlerweile werden sie fast in Gold aufgewogen, denn es gibt sie kaum noch. Weil die Weißen Väter, eine alte katholische Missionsbruderschaft aus Belgien, die 17 Kräuter nicht mehr finden können, aus denen sie die Steine brauten. Zu sehr wurden die kleinen Pflanzen ausgerottet, weil sie in Afrika für nutzlos gehalten werden. Dabei könnten Pharmazeuten Wundermittel aus ihnen machen. Wie die Weißen Väter. Sie kochten die 17 Kräuter so lange, bis das Wasser verdampft war und nur noch eine schwarze Masse im Topf blieb, die aussah wie Schlacke. Diese backten oder pressten sie nach einem geheimen Verfahren zu den Schwarzen Steinen. Sie saugen das Gift aus dem Körper wie ein Korkenzieher den Pfropfen aus einer Flasche: vollständig!«

»Wie geht das?«, fragte Rieke, die die Chance ihres Lebens witterte, denn es ist ihr Beruf, aus Afrika Heilkräuter an Pharmafirmen zu liefern.

Andy erklärte es: »Du legst den Stein auf den Schlangenbiss, bindest ihn ganz fest und lässt ihn arbeiten – vielleicht vier Stunden, vielleicht eine Nacht – bis er weiß wird.«

»Der Schwarze Stein wird weiß?«, fragte X'Oli ungläubig.

»Ja, er wird milchweiß, obwohl er, wenn du ihn auf den Biss bindest, tiefschwarz ist. Wie deine Seele, X'Oli.«

»Die leider auch weiß wird, je länger ich mit euch zusammen bin«, scherzte der Buschmann.

»Jedenfalls ist der Stein am Ende weiß, weil er das Gift in sich aufgenommen hat. Fragt mich nicht, wie das geht, aber es ist so.«

»Und dann?«, fragte X'Oli.
»Und dann bist du geheilt«, sagte Andy. »Keine Schmerzen, keine Nachwirkungen, du bist wie vorher.«
»Und der Stein?«, fragte X'Oli. »Muss man ihn dann wegwerfen?«
»Nein, und das ist das nächste Wunder. Du wickelst ihn in ein Stück Tuch oder Papier, denn er ist jetzt giftig, nimmst ihn mit, so weiß wie er ist, und bei nächster Gelegenheit kochst du ihn in Wasser oder Milch, und er wird wieder schwarz. Dann kannst du ihn wieder verwenden, er ist wie neu und hat nichts von seiner Wirkung verloren.«
Wir ließen Andys Stein von Hand zu Hand gehen. Ein kleines Wunderding, ein Pharma-Geheimnis Afrikas. Von Missionaren erdacht aus den Kräutern des Schwarzen Kontinents. Als der Stein bei mir landete, schnitt ich meine Wunde vom Stachel des Skorpions etwas auf, bis sie leicht blutete, legte den Stein darauf und wand mein Halstuch als Verband darum. Am nächsten Morgen war der Stein tatsächlich weiß und mein Schmerz war weg. Aber wir hatten nur den Kaffeepott und unsere Blechbecher, um ihn auszukochen, damit er wieder schwarz wird, und die Brühe ist giftig. Das wollten wir nicht riskieren, daher schob ihn Andy in seinen Brustbeutel, so weiß wie er war.

Wir hörten Elefanten, die leisesten Tiere der Welt, abgesehen vom Tiger. Nur ihre Verdauung verrät sie, die Tonnen von Gras, die vom Maul bis zum Gegenteil durch ihre Körper wandern. Das grummelt wie Steinschlag. Oder wie drei Sack Kartoffeln, die die Kellertreppe runterkullern: Rummpummrummpummpumm. Es ist auch ein menschliches Geräusch, wenn man ein Kilo unreife Pflaumen gegessen hat. Es beginnt kurz bevor man Durchfall bekommt. Es tönt horizontal, bevor es vertikal losgeht.
Bei Elefanten ist das ein sehr tiefer Ton. Bassisten singen so, wenn sie den Kopf senken. Das ist aus größerer Entfernung nicht leicht zu hö-

ren, aber unsere Ohren waren an der *Dritten Brücke* auf akustisches Radar gestellt. Es hätte auch ferner Donner sein können, aber es war die Verdauung der Elefanten. Ein beruhigender Ton im Busch: zufriedene Elefanten durch genügend Nahrung. Und anschließend lieben sie es, das Grummeln auszuscheißen. In kreisrunden Bollen so groß wie Bowlingkugeln mit einer helleren Schnittstelle da, wo der Analmuskel die Wurst zur Kugel abgeschnitten hat. Kaum ein Tier genießt sein Scheißen so wie Elefanten. Als ob sie der Welt Geschenke machen würden – was Mistkäfer und Schmeißfliegen tatsächlich so empfinden. Wildhüter und Buschleute auch, denn wenn man seinen Zeigefinger in die Bollen steckt, kann man erkennen, vor wie vielen Stunden die Elefanten vorbeigekommen sind. Das erkennt das Finger-Thermometer an der Temperatur und der Trockenheit der Bollen. Sind sie heiß und nass, ist es gerade passiert. Sind sie kalt und trocken, sind die Elefanten vor Tagen durch. So eine Information kann sehr nützlich sein.

»Ich war mal in Kenia auf Safari mit dem Doc«, sagte ich. »Na ja, Safari – er suchte einen Job. Da habe ich etwas erlebt, das uns wieder mal gezeigt hat, dass dieses Afrika seine ganz eigenen Gesetze hat, und die zu verstehen fällt uns Wasungus schwer.«

»Weil ihr keine Afrikaner seid«, ließ sich X'Oli vernehmen.

»Ihr Buschleute habt doch ganz ähnliche Schwierigkeiten! Jedenfalls wurden wir am Ende unserer Reise ins Amt für Stammesangelegenheiten zitiert und von einem Beamten 30 Minuten lang mit Gebrüll runtergeputzt. Der Vorwurf, den er uns machte, manifestierte sich in einem einzigen Satz: ›Fraternising with the natives‹ – Verbrüderung mit den Eingeborenen. Das sagte nicht etwa ein weißer Kolonialherr, sondern ein Kikuyu aus der kenianischen Regierung. Eine schwarze Regierung warf also zwei Weißen vor, mit Schwarzen, in dem Fall Angehörigen des Stammes der Rendille, zu fraternisieren. Oben am Ostufer des Lake Turkana.«

»Was hattet ihr getan?«, fragte Karame.

»Der Doc hatte den Rendille, deren ganzer Stolz ihre Kamele sind, beigebracht, wie sie die Tiere selbst impfen können. Dazu hatte er in Lodwar bei unserem alten Freund Hans-Joachim, ihr kennt ihn ja, ein

Lizenzen, der Zeichenblock, ein Hyänenschädel, die Weite der Lavawüste und der Autor im Diensthut

paar Liter Serum besorgt. Ich hatte ihm dabei geholfen und beide hatten wir dazu keine Legitimation der Regierung, was uns der brüllende Herr auch mehrmals vorwarf.«

»Aber wieso denn?«, rätselte Rieke.

»Weil diese Rendille halb wilde, unaufhaltsam herumziehende Nomaden sind, die nur ein loses über einer Schulter geknotetes Tuch tragen, keine Steuern zahlen, sich jeder Volkszählung verweigern und aufsässig sind wie Tsetse-Fliegen. Sie zu unterstützen, das ging der Regierung zu weit. Was für ein verrückter Kontinent ...«

»Und ihr werdet ihn nie ganz verstehen«, sagte X'Oli. »Das finde ich wunderbar. Wir erzählen uns seit langem, wie ihr aneinander vorbeiredet.«

»Wer ist ›wir‹?«, fragte ich.

»Wir San«, erwiderte X'Oli.

»Und wer sind ›ihr‹?«

»Die Weißen und die Schwarzen.«

Die Geschichte vom weißen Mann, der einen schwarzen Fürsten traf

Man muss nie ganz ernst nehmen, was sich die San erzählen. Sie lachen zu gerne. Um zu lachen, verformen sie oft die Wahrheit. Weil ihnen die Heiterkeit wichtiger ist als die Realität. Denn in die Heiterkeit kann man sich flüchten, aus der Realität muss man fliehen. Wahrheit haben die San genug, die Heiterkeit müssen sie suchen. Das ist der Grund, warum eine Geschichte wie die von X'Oli entstehen kann. Weil Lachen für die San Sonnenschein ist, auch wenn es regnet. X'Oli lachte sogar, als er sie erzählte. Was selten war, denn X'Oli lachte fast nie. Warum auch? Seine Geschichte ging so ...

Einst zog ein weißer Mann mit seiner Familie auf einem Ochsenwagen in den Norden. Er hatte Angst. Man hatte ihm erzählt, dass dort, wo er hinfuhr, ein Stamm lebte, der nicht mochte, dass Weiße in sein Gebiet eindrangen. Aber der Stamm hatte auch Angst, weil er wusste, dass es nichts nützte, einen Weißen zu töten, weil es unheimlich viele Weiße gibt und sie besonders dann gerne kommen, wenn einige von ihnen getötet wurden. Und eines Tages standen sich der Mann mit seinem Ochsenwagen und der Fürst des Stammes gegenüber und sie wussten nicht, wie sie sich verhalten sollten. Aber der weiße Mann hatte größere Angst, also klopfte er dem Häuptling auf die Schulter, machte ein freundliches Gesicht und sagte etwas, was der schwarze Fürst natürlich nicht verstand.

Da streckte der Fürst seinen rechten Arm aus und spreizte dem weißen Mann den gestreckten Zeigefinger und den gestreckten Mittelfinger entgegen.

Der weiße Mann stutzte und formte dann mit seinen flachen Händen ein Dach über seinem Scheitel wie einen spitzen Hut.

Der Fürst blickte den weißen Mann lange an, streckte seinen rechten Arm aus und machte mit der flachen Hand eine weit ausladende Bewegung um sich herum.

Mehr wussten sich die beiden nicht zu zeigen. Sie starrten sich lange an und kehrten zurück – der weiße Mann zu seinem Ochsenwagen, der Fürst zu seinem Stamm.
Was hatten sie sich mitgeteilt?
Der weiße Mann erzählte seiner Familie, sie seien nicht in Gefahr. Denn als er den schwarzen Fürst gefragt habe, wie er heiße, habe dieser ihm mit zwei Fingern bedeutet, dass er Zebra genannt werde. Denn die Finger habe er als Ohren gedeutet. Daraufhin habe er vom Fürsten wissen wollen, indem er mit den Händen einen Gipfel auf seinem Kopf bildete: Bergzebra? Nein, habe der Fürst widersprochen, indem er mit seinem Arm eine weite Ebene darstellte: Steppenzebra. Da war die Familie beruhigt und beschloss weiterzuziehen.
Auch der schwarze Fürst berichtete seinen Leuten, aber seine Version klang ganz anders: Zuerst habe ihn der weiße Mann angegriffen und er habe ihm mit zwei Fingern gedroht – für jeden von uns, den du tötest, bringen wir zwei von deinen Leuten um. Da habe der weiße Mann ein Dach auf seinem Kopf gebildet mit seinen Händen, was nur heißen konnte: Wenn das so ist, zünden wir euch eure Hütten an. Was hätte er da anderes tun können, als dem weißen Mann klarzumachen: Tu das und wir machen euch alle platt.
Der Stamm war empört über die Aggressivität des weißen Mannes, klatschte dem Fürsten Beifall für seine mutige Haltung und beschloss, den weißen Mann und seine Familie zu töten, wenn sie weiterzögen, und zur Feier des Sieges seine Ochsen zu braten.
Wie die Geschichte ausgegangen war, wusste X'Oli nicht, es war ihm egal.

Draußen herrscht Afrika-Stille: Stille mit Leben. Dezente Stille. Wer schreit, will etwas Wichtiges: ein Weibchen beeindrucken, vor einem Feind warnen, einen Gegner einschüchtern. Eine Stille, in der stets jemand wartet – auf Beute oder auf Bestätigung. Nach den ur-

Wasser! Mal nett, mal gefährlich, fast immer bewohnt

alten Gesetzen der Natur. Hier frisst niemand, der nicht hungrig ist. Und wenn der Kontinent ausgetrocknet ist und nur noch ein paar Tümpel Wasser übrig sind, dann trinkt man gemeinsam, ohne sich zu fressen. So ist das in der Wildnis. Das Böse wohnt immer in den Städten.

Der schönste Ort der Erde liegt deshalb in Afrika. Wo? Überall, aber besonders in der Selous, am Zusammenfluss von Mbarangandu und Luwegu. Da sitzt man auf einem kleinen Hügel, blickt hinunter in den Garten Eden vor der Erschaffung des Menschen und hört nur das Rascheln der Borassus-Palmblätter und das Summen der wilden Bienen.

»Die Einzigen neben eurem Jesus, die Tote zum Laufen bringen können«, scherzte wieder mal X'Oli, der Buschmann.

»Wisst ihr eigentlich, warum die Flusspferde, wenn sie scheißen, ihren Schwanz wie einen Propeller vor ihrem Arschloch kreisen lassen?«, fragte Andy, der Südafrikaner.

»Weil sie fliegen wollen«, scherzte Karame, der Botswaner.

»Nein, weil sie eine Nähnadel suchen. Denn als Gott die Tiere schuf, nähte er sie in ihre Häute. Als das Flusspferd an die Reihe kam, war Gott so müde, dass er das Tier bat, es selbst zu tun. Das Flusspferd versuchte es, brachte aber nichts Richtiges zustande, und daher hat

es heute noch so viele Falten. Aber was noch schlimmer war – beim Einfädeln verschluckte es die Nähnadel und Gott befahl ihm, sie zu suchen. Deshalb verteilt das Flusspferd seinen Dung so sorgfältig, hat die Nadel aber bis heute nicht gefunden«, sagte ich, der Namibier.
»Gute Geschichte für einen Weißen«, lobte X'Oli.
»Fast so gut wie die Geschichte vom menschenfressenden Löwen«, sagte Rieke, die Deutsche.
»Ach die«, sagte X'Oli. »Ja, die ist auch gut.«

Die Geschichte vom Mann, der Löwe werden konnte

Rieke begann: »Eines Nachts hörten Doc Hans und ich Trommelwirbel. Das war drüben in Sambia, aber auf dem Sambesi. Am anderen Ufer gegenüber von Mana-Pool, das ihr ja alle kennt. Wir waren in zwei Kanus unterhalb des Kariba-Staudammes gestartet, hatten die ersten Stromschnellen hinter uns gebracht und lernten gerade, wie man sich verhält, wenn sich links Krokodile herumtreiben und rechts Flusspferde.«
»Wie verhält man sich denn?«, fragte Karame.
»Rudere lieber zu den Krokodilen und meide die Flusspferde! Die bringen die Boote zum Kentern, und dann bist du dran. Krokodile tun das nicht. Du darfst nur nicht in den Sambesi fallen, dann sind die Krokodile schneller als die Flusspferde und als Fleischfresser mehr an dir interessiert und deshalb tödlicher.«
»Am besten ist, man steigt gar nicht erst ins Kanu«, ließ sich X'Oli vernehmen.
»Nun saßen wir aber schon drin, und als wir die Trommelwirbel hörten, dachte ich zuerst an Gewitter. Aber der Doc schüttelte den

Kopf, hörte genau zu und sagte: ›Mgalumtwe.‹ Er konnte die Trommelwirbel verstehen wie eine Fremdsprache, dieses Megaphon Afrikas, diese Morsezeichen, die leider nur noch wenige Stämme beherrschen, egal in welcher Sprache sie sonst reden. Für den Doc hatten die Wirbel Buchstaben und er übersetzte: ›Ein männliches Kind wurde von einem Löwen gefressen.‹ Es werden fast immer nur Frauen und Kinder gefressen, ganz selten, nur in Notfällen, ausgewachsene Männer. Löwen sind feiges Gesindel. Hyänen sind viel tapferer, gelten aber als feige, aber das ist ein Irrtum.

Die Trommeln klangen ziemlich nahe und das war nicht gut, denn ein Löwe kann in einer Nacht 50 und mehr Kilometer zurücklegen. Der Löwe, der da gemeldet wurde durch die Trommel, konnte uns auf die Pelle rücken, und ein Löwe, der einen Menschen geschlagen hat, wird kaum je wieder eine vierbeinige Beute jagen. Weil es so mühelos ist, einen Zweibeiner zu erlegen. Er schmeckt auch noch gut, viel salziger als Wild. Hat ein Löwe einmal einen Menschen angefallen, wird er es also immer tun, und man muss ihn umbringen, ehe er zum Massenmörder wird. Meist sind es alte, verkrüppelte, zahnlose oder angeschossene Löwen, die so etwas tun, weil ihnen nichts anderes übrig bleibt. Denn sie sind Einzelgänger, denen der Jagdverband einer Herde fehlt und vor allem die Löwin, die ja für die Männchen jagt. Die Eingeborenen scheuen sich, so einen Killer zu töten. Angreifen und vertreiben – ja, aber bloß nicht mehr.

Das hat einen guten Grund und den lieferte ein veränderter Trommelwirbel. Wieder übersetzte Doc Hans: ›Mtuanageukasimba‹ – ein Mensch ist zum Löwen geworden. Das hatten wir uns schon gedacht, weil wir Afrika kannten, und anders können es sich Afrikaner nicht erklären, dass ein Löwe Menschen frisst. Besonders nicht am Tage. Bei Nacht mag das vorkommen, aber am Tag kann das nur ein Mensch sein, der sich in einen Löwen verwandelt hat. Und das können nur Medizinmänner. Löwen trauen sich bei Tage nicht an Menschen. Der Löwe, der das Kind gefressen hatte, war also nur scheinbar ein Löwe. Das machte ihn so gefährlich. Viel gefährlicher als das echte Raubtier. Medizinmänner verwandeln sich in Löwen, wenn man ihnen dafür einen hohen Preis zahlt – eine schöne Tochter, ein paar Kühe, ein Säckchen Goldstaub. Dann werden sie Löwen und erfüllen einen Fluch. Weil der, der den Medizinmann bezahlt, eine Rechnung mit jemandem offen hat, an den er anders nicht so leicht rankommt. Also bezahlt er den Medizinmann, diese Rechnung als Löwe zu begleichen.

So ist das immer wieder dargestellt worden in den alten Felszeichnungen, und dein Volk, X'Oli, hat es so seit Jahrtausenden gemalt: aufrecht gehende Löwen auf Menschenbeinen, damit man als Betrachter begriff, dass der Löwe eigentlich ein Mensch war. Der Medizinmann, der zum Löwen wird, übernimmt, solange er einer ist, auch die Seele des Löwen. Er kann brüllen wie er, ist so stark wie er, kann sich genauso lautlos anschleichen, aber er ist auch so feige und hinterhältig. Er bleibt aber ein Medizinmann mit dem klugen Hirn des Medizinmanns. Und erfüllt seinen Auftrag: Er tötet in Löwengestalt und keiner weiß, wer ihn dafür bezahlt hat. Wie ein anonymer Auftragskiller. Der, der sein Kind verloren hat, wie der Trommelwirbel meldete, weiß das natürlich, aber er kann es nicht beweisen. Und die anderen, die den Wirbel hören, wissen es auch, aber wollen die Details nicht kennen. Nun ja, es könnte ja auch ein echter Löwe gewesen sein, auch wenn das unwahrscheinlich ist aus den genannten Gründen.

Aber weil der Löwe ein Medizinmann ist, kann man den Löwen nicht töten, denn dann würde man einen Medizinmann töten. Und tötet man einen Medizinmann, wird man seines Lebens nicht mehr froh. Dann ist man verflucht, sein ganzes Leben lang und das von den nächsten drei Generationen auch. Der Nachfolger des toten Medizinmannes erhält von der Seele des toten Medizinmannes den Befehl, den Fluch zu vollziehen.

Dies hat zur Folge, dass der Auftraggeber nie bestraft wird. Denn es wäre zu schwierig und langwierig, wenn auch nicht unmöglich, den Urheber, den Betroffenen und den Grund des Fluches zu eruieren. Dann könnte zwar die Familie des toten Kindes ihrerseits einen Medizinmann dafür bezahlen, in den Körper eines Löwen zu schlüpfen und das Kind zu rächen. Aber das passiert nicht, weil ein Medizinmann nichts rächt, was ein anderer Medizinmann vollzogen hat. Also vertreibt man den Löwen, der ein Medizinmann ist, mit Schüssen mehrere Kilometer weit aus dem Dorf und ruft ihm zu, der Zauber sei entdeckt und dass er es nicht wagen solle, zurückzukehren. Der Löwe war ja ein Medizinmann und verstand die Menschensprache. War er klug, und das sind Medizinmänner, würde er das tun und das Dorf war gerettet, und niemand hatte die Rache der Seele eines toten, weil als Löwen erschossenen Medizinmannes zu fürchten.

Die Annahme, nun würde der Löwe Menschen in anderen Dörfern reißen, ist demnach irsinnig – gegen die hatte er ja nichts. Es konnte allerdings sein, dass er die Rufe akustisch nicht verstanden hatte und doch zurückkehrte. ›Im Zweifelsfall müssen wir warten, bis der Löwe alle bis auf einen gerissen hat. Dieser eine ist dann der Schuldige, den können wir uns dann greifen und vor Gericht bringen‹, sagte Doc Hans in seiner unnachahmlichen Art.«

»In Botswana geht das«, sagte Karame. »Wir sind ein Rechtsstaat, auch bei Legenden, meine Lieben.«

»Der Medizinmann allerdings, auch wenn er sich inzwischen an seinem Opfer kugelig gefressen hätte, würde in jedem Fall straffrei ausgehen. Denn in Botswana glaubt selbst der härteste Richter, sogar wenn er Jura in Oxford studiert hat, an die Geschichte und hätte Angst vor der Rache des Medizinmannes«, sagte Andy.

»Ich glaube den ganzen Unsinn nicht, dass sich ein Medizinmann in einen Löwen verwandeln kann«, warf X'Oli ein.

»Du nicht, du bist ja auch Buschmann. Andere Afrikaner denken aber so«, erwiderte Rieke. »Würde man den Löwen töten, würde man den Zauberer töten, und das brächte Unglück. Da akzeptiert man lieber das tote Kind.«

»Man muss den Mann töten, der den Mord in Auftrag gegeben hat! Den zu finden, kann doch nicht so schwer sein«, sagte Andy.

»Ah, Andy«, kicherte X'Oli, »Du glaubst die Geschichte also.«

»Aber wer kann wissen, wer der Auftraggeber ist?«, gab Rieke zu bedenken. »Natürlich findet man ab und zu den Schuldigen, aber da werden oft Leute umgebracht, die völlig unschuldig sind. Mit denen einer aber noch eine Rechnung offen hat. Diese Legenden öffnen Tür und Tor für Denunziationen.«

»Was habt ihr damals getan, Rieke?«, wollte Karame wissen.

»Wir sind den Trommelwirbeln noch in der Nacht gefolgt«, sagte Rieke, »aber sie erstarben. Wir wussten nicht mehr, wo sie herkamen. Den Löwen haben wir nie zu Gesicht bekommen. Es wurde auch kein Mensch mehr angegriffen. Der Löwe und unser nächtliches Erlebnis verschwanden einfach.«

»Oder der Löwe wurde wieder Medizinmann«, sagte X'Oli und grinste mit allen 216 Falten seines Gesichts.

Das war die wahrscheinlichste Lösung. Dieser Sinn für Realität ist typisch für Buschmänner.

Eigentlich redeten wir um den heißen Brei. Jeder wartete darauf, dass ein anderer begann mit der wahren, der spannendsten Episode im Leben des Doc Hans. Eine Jahrhundertgeschichte, nie erzählt jenseits der Lagerfeuer. Jeder kennt sie südlich des afrikanischen Äquators, aber nur dort. Eine deutsche Biografie ohnegleichen: Wie der 1,88 Meter große, blonde Riese Doc Hans aus Leipzig ein 1.40 Meter winziges Buschmädchen namens Namkwa heiratete, mit ihr und ihrem Clan jahrelang durch die Kalahari streifte und der größte Buschmann aller Zeiten wurde – und der einzige, der weiß war. Sagengestalt, Insektologe, Anthropologe, Ethnologe, damals 44 Jahre alt und zweimal geschieden von zwei Krankenschwestern – für die hatte er ein Faible. Und Namkwa war ein 18 Jahre altes Mädchen, das weder lesen noch schreiben konnte. Namkwa lebte so, weil die Steinzeit in der Kalahari die Evolution überdauert hat. Diese Ehe war viel ungewöhlicher, als wenn ein Russe eine Sioux-Indianerin oder ein Thai eine Frau aus Lappland heiraten würde. Denn in der Beziehung von Doc und Namkwa steckte der Quantensprung durch die Jahrtausende. Buschleute sind – verglichen mit einem Deutschen des 20. Jahrhunderts – lebende Fossilien. Großartig, aber anders, unvergleichlich, fremdartig, schützenswert, jedoch nicht kompatibel. Umso faszinierender sind die Jahre, die Doc Hans mit Namkwa und ihrer Familie draußen in der Kalahari verbrachte. Aber bisher war immer nur ein aus Unwissenheit verkürztes und verbrämtes Stückwerk dieser Geschichte zu hören. Nun saßen Leute an diesem Lagerfeuer, die mehr wussten, die fast alle Details kannten.

Endlich fragte Rieke: »Freunde, kann mir irgendeiner von euch endlich mal richtig erzählen, wie das war mit Doc Hans und Namkwa?«

Die Blicke richteten sich auf Karame und mich. Wir hatten den Doc vermutlich am besten gekannt. Ich als Wildhüter und zeitweiliger Weggefährte ein bisschen vertrauter, er als botswanischer Beamter ein bisschen offizieller.

»Es ist nicht leicht, bei diesem Thema fair zu bleiben«, warnte ich. »Wir alle schätzten Doc Hans, wenn wir mit ihm im Busch waren. Wenn wir auf ihn angewiesen waren. Privat jedoch war er kein Mann, den man immer hätte um sich haben wollen.«

»Für mich ist das noch schwieriger«, meinte Karame. »Doc Hans hatte am Ende seines Lebens zwar einen botswanischen Pass, aber blieb uns immer fremd. Er war eine großartige Gestalt, aber er störte. Er war immer der böse Einzelgänger-Elefant, der es darauf anlegte, von der Herde ausgestoßen zu werden. Es war so typisch für ihn, dass er unseren Präsidenten zwar von früher kannte, als dieser noch Bauer war. Aber er ließ es sich nicht nehmen, unseren Präsidenten jedes Mal, wenn er ihn traf, damit aufzuziehen, dass unser Präsident in der Regenzeit mal mit seinem Traktor im Schlamm stecken geblieben war und Doc Hans ihn mit seinem Lastwagen rausziehen musste. Er hätte sagen können: ›Ich habe unserem Präsidenten mal einen Gefallen getan.‹ Das wäre gut angekommen, weil alle gedacht hätten: ›Mit dem Doc muss man sich gut stellen, unser Präsident schuldet ihm etwas!‹ Aber nein, wenn Doc Hans von unserem Präsidenten sprach, sagte er immer: ›Das ist der Typ, der zu dumm ist, in der Regenzeit Traktor zu fahren.‹ Mir wäre es deshalb lieber, du fängst an, Axel.«

»Ich versuche es mal«, sagte ich, »und ihr unterbrecht mich einfach, wenn ihr etwas beizutragen habt. Und du, X'Oli, musst starke Nerven haben, wenn ein Musungu über eine Frau aus deinem Volk spricht.«

X'Oli erwiderte: »Wir Buschleute haben keine Nerven. Die habt ihr, ihr Weißen, nur ihr. Mit Nerven wären wir nie so alt geworden, wie wir es geworden sind. Das haben wir nur geschafft, weil die Leute um uns herum ihre Nerven verloren haben und wir nicht. Was sind eigentlich Nerven? Nerven sind doch reiner Luxus. Man kann sie weder essen noch trinken. Man kann sie nicht mal sehen, noch nie hat sie einer angefasst. Nerven haben die Schwachen erfunden, um die Starken zu schädigen. Wer braucht sie denn wirklich?«

Die Geschichte vom Riesen und seiner Zwergenfrau

Ich begann: »Namkwa, das kleine Buschmann-Mädchen, verzeiht den dummen Ausdruck, war für Doc Hans die ›fundamental woman in simple splendor‹ – die Ur-Frau in schlichter Großartigkeit. So hat er das ausgedrückt. Das klingt wie Tarzan und Jane mit vertauschten Rollen. Wobei er durchaus die Perversität dieser Beziehung empfunden hat, so klagte er einmal: ›Ich weiß, dass man mir in meiner Arbeit die rücksichtslosen Methoden eines Macchiavelli unterstellt hat, und das durchaus zu Recht. Ich muss mit dem Vorwurf leben, die Buschleute zu meinem Vorteil missbraucht zu haben. Ja, sogar sexuelle Neugier hat man mir und wird man mir immer wieder unterstellen – wie sonst könnte einer wie ich Lust haben auf eine Buschfrau?‹

Dennoch, wie kam dieser Mann darauf, sich in so eine Frau zu verlieben – gegen alle Vernunft? Aus dem einfachen Grund, weil Namkwa keine typische Buschfrau war. ›Es war ihr Gesicht, das mich faszinierte‹, sagte der Doc einmal. ›Es war so anders als das anderer Buschfrauen, die ich bisher getroffen hatte und in Zukunft sehen würde. So klar geschnitten und so voller Charakter.‹ Doc Hans verliebte sich also in eine Buschfrau, die zufällig aussah wie eine Weiße. Ihre Haut war auch nicht schwarz oder ockerfarben, runzelig oder schmutzig, sondern sehr hell und sauber.

Er hat Namkwa übrigens in all den gemeinsamen Jahren immer große Dosen mit Nivea-Creme mitgebracht, damit sie das typische frühe, überaus runzelige Altern der Buschfrauen ein wenig aufhalten konnte, sie zumindest glaubte daran. Und am Duft hat er sie nachts und von weitem erkannt, schrieb er mir mal.«

»Babyduft«, mokierte sich X'Oli, der Buschmann. »Er hat ihr das Aroma Afrikas genommen. Er hat sie zu einer Weißen gemacht.«

»Das hat er wohl, aber sie wollte das auch, weil sie merkte, dass Nivea-Creme ihr nützte. Allerdings bleibt die Frage: Warum entschloss er sich zu einem so harten Schritt, seine Zivilisation abzulegen, um als Buschmann zu leben? Ein Grund ist: Doc Hans wusste scheinbar alles über Afrika – keiner hatte mehr Geschichten des Schwarzen Kontinents auf Lager als Doc Hans. Er sammelte sie geradezu, schrieb sie zwar nie auf und erzählte sie selten, aber die, die ihn kannten, wussten, dass er das lebende Lexikon afrikanischer Weisheit und der skurrilsten Anekdoten war. Nun bekam er durch die Liebe die Chance, die einmalige Chance, als Weißer Afrikaner zu werden. Und auf diese Weise Wissen anzuhäufen, das noch nie jemand vor ihm besessen hatte.

Als der Doc mir zum Beispiel die Geschichte mit Namkwa und der Nivea-Creme erzählte und ich ihn daraufhin etwas verwundert anstarrte, begann er, eine raffinierte Episode aus Malawi zu erzählen, dem alten Njassaland. Eine Geschichte, in der auch ein Duft eine Rolle spielt, die tragende Rolle sogar. Sie geht so ...«

Die Geschichte vom Duell um ein kluges Mädchen

»Ein Mädchen verließ ihren Verlobten, weil sie sich in dessen Freund verliebt hatte. Das Problem war, dass der Verlobte bereits den Brautpreis gezahlt hatte, der neue Freund jedoch der Sohn des Häuptlings war. Der Verlobte bestand dennoch auf dem Vollzug der Hochzeit, und das Mädchen wollte keinen anderen als den neuen Freund haben. Ein auf friedliche Weise unlösbarer Konflikt, also wurde ein Duell der traditionellen Art angesetzt: Der Verlobte und der neue Freund wurden mit zwei kurzen Speeren eine Nacht lang in ein absolut lichtloses Verlies eingemauert. Wer am nächsten Morgen noch lebte, bekam das Mädchen. Als das Duell gerade beginnen sollte, geschah etwas Merkwürdiges: Das Mädchen umarmte ihren Verlobten, den es nicht mehr liebte, aufs Zärtlichste und hielt deutlich Abstand zu ihrem Freund. Der konnte das nicht begreifen, war wütend und gekränkt. Bis zu dem Moment, da er mit seinem Gegner im finsteren Verlies steckte, denn nun hier in der Dunkelheit konnte er den Verlobten jederzeit lokalisieren, weil dieser stark nach einem süßlichen Duft roch und er dadurch in der Lage war, ihn ziemlich leicht töten zu können. Da begriff der Freund: Das Mädchen hatte seinen Gegner ›markiert‹, indem es sich stark parfümiert und den ungeliebten Mann umarmt, aber um ihn, den geliebten Mann, einen weiten Bogen gemacht hatte. Es war ein intensives Parfüm, selbst gebraut aus Frangipani-Blüten und den blutroten Kelchen des ›Flaming Forest‹. Aber es hätte auch Nivea-Creme sein können ...«

Wir hörten ein Auto durch den Sand mahlen und waren froh, dass es nicht zu uns kam. Ein Auto in der afrikanischen Nacht, dessen Fahrer nicht dem Feuerschein eines Lagerfeuers folgt, bedeutet nichts Gutes.

»Vielleicht war es Frau Meier?«, scherzte Karame und entschuldigte sich sofort.

Frau Meier ist berühmt im Okavango-Delta, obwohl sie keiner persönlich kennt. Mehr noch – sie ist längst tot. Aber gerade deshalb kennt jeder ihre Geschichte. Frau Maier war rund 60 Jahre alt und sehr mutig, denn sie reiste alleine durch den Busch und zeltete im Okavango-Delta an einem der vielen Fluss-Seen. Eines Nachts wurde sie im Schlaf von einem Krokodil gepackt, aus ihrem Zelt ins Wasser gezerrt und nie mehr gesehen. Erst nach Tagen fiel den Wildhütern auf, dass die deutsche Touristin verschwunden war, und als Brian, der Chef, ihr Auto, das Zelt und die Schleifspuren zum See gefunden hatte, war ihm klar, dass er nicht weiter nach Frau Meier suchen musste. Nur nach Dokumenten, um die deutsche Botschaft

informieren zu können. Er fand ihre Papiere in der Reisetasche, die unversehrt im Zelt lag, und darin einen Zettel, auf dem stand: »Im Falle meines Todes informieren Sie bitte Prof. Bernhard Grzimek in Frankfurt ...«
»Wer ist das?«, fragte X'Oli.
»Ein ehemals berühmter Afrikaforscher und ein Fernsehstar, der bedeutendste deutsche Tier- und Naturschützer des 20. Jahrhunderts, der erfolgreichste Spendensammler zum Wohle der Wildnis Afrikas«, sagte ich.
»War er Frau Meiers Vater?«, fragte X'Oli. So praktisch und geradeaus denken nur Buschmänner.
»Nein, er war ihr Guru. Ihm und seiner Zoologischen Gesellschaft hatte sie ihr gesamtes Vermögen vermacht. Ich sprach damals mit ihm. Er war betroffen über den grausigen Tod seiner Verehrerin, aber er sagte auch: ›Es war ein stattliches Erbe, ich werde viel Gutes tun können damit.‹«
»Ein Pragmatiker«, fand Karame.
»Entschuldigt die Abschweifung, aber Frau Meier starb keine zwei Stunden von hier«, sagte ich. »Nun zurück zum Doc und seiner Beziehung zu Namkwa.

Immer wieder und trotz der Nivea-Kosmetik machte er sich Gedanken über das schnelle Altern von Namkwa: Schon jetzt könne er fühlen, dass seine Haut viel straffer sei als ihre, sagte er mir mal. Dabei könnte er doch ihr Vater sein. Es sei durchaus möglich, klagte er, dass sie schon bald sehr viel älter aussehe als er. Viel zu früh, aber das sei nun mal so bei Buschleuten. Wie würde sie aussehen als junge alte Frau?

Die interessantere Frage lautet aber eigentlich: Was dachten die Buschleute und Docs junge Frau über ihn, den Gulliver im Land der Lilliputaner? Ein Riese, der mit einer Zwergin in einer Reisighütte wohnte, die ihnen sein Schwiegervater gebaut hatte. Aber nur einmal, von da an musste er sie selbst bauen. Man erfuhr nur, was Doc Hans mochte, dass sie über ihn dachten: ›Mit meinen 1,88 Metern war ich natürlich eine Kuriosität für die Buschleute. Ich muss ihnen vorgekommen sein wie ein Baobab-Baum‹ – der Riese unter den Bäumen Afrikas.

Ursprünglich war der Doc nur als Besucher zu Namkwas Familie gestoßen. Er wollte ein Lexikon ihrer Sprache schreiben, hatte den Häuptling, seinen späteren Schwiegervater Gruxa, um Erlaubnis gebeten, ein paar Wochen bleiben zu dürfen. Aber plötzlich kam ihm die Idee, bei den Buschleuten zu leben – als erster Weißer. Sie nicht nur von außen zu erforschen, sondern von innen zu erleben.

Ein Meilenstein der Anthropologie: Forscher wechselt in eine andere Kultur und versucht, seine eigene zu vergessen. Assimiliert sich, so weit das nur geht. In seinem Fall ging es nicht sehr weit: Doc Hans machte aus seinen Buschleuten kleine Weiße und brach damit jede Regel seriöser Forschung. Deshalb konnte er sich nie durchsetzen in akademischen Kreisen, und bei den Buschleuten übrigens auch nicht. Doc Hans hatte die Grenze in beide Richtungen überschritten. Er wusste zwar mehr als jeder andere über die Buschleute, aber er hatte ihnen die Unschuld geraubt. Seine ständige Anwesenheit hatte diesem Volk die Originalität genommen und dem Forscher die Objektivität. Doc Hans war als Evolutionsschub aufgetreten, als außerirdischer Besserwisser. Was er als wissenschaftliche Erkenntnisse registrierte, war die Reaktion der Buschleute auf ihn, nicht der aktuelle Zustand plus überlieferter Tradition. Nicht umsonst warf man dem Doc später vor, sich zum Häuptling emporgeschwungen zu haben, nachdem er die Buschleute mit seinen Weisheiten korrumpiert, aus der Wüste geholt und eine eigene kleine Stadt gegründet hatte, in der er Buschleute um sich versammelte und den König spielte.«

»Bere«, sagte X'Oli.

»Heute Ruinenstadt«, ergänzte Karame.

»Ja, Bere. Heute Ruine, einst Labor der Anthropologie. Eine Versuchsstation der Menschheit. Mit ihr hatte sich Doc Hans akademisch verbrannt, er wurde nicht mehr ernst genommen, sein Forschungsmaterial, die Buschleute, galt als kontaminiert und deshalb ruiniert. Es gab sogar Kollegen, die die Buschmann-Forschung insgesamt für erledigt hielten, nachdem der Doc als Terminator durch die Kalahari gestapft war. Buschleute waren danach für Anthropologen so interessant wie Tibeter, die in die Schweiz umgesiedelt wurden.

Natürlich gibt es andere Forscher, die sich den Objekten ihrer Begierde ähnlich genähert haben. Einige bewusst, einige fast gezwungen. Der Grafiker Piet aus München zum Beispiel fand sich plötzlich in der aufregenden Situation, von einem Stamm in Papua-Neuguinea als vollwertiges Mitglied adoptiert zu werden, weil er zufällig einem ermordeten Krieger sehr ähnlich sah und die Highländer Piet für die Inkarnation hielten. Er stellte sich der Situation, indem er sein bisheriges Leben aufgab und zu seinen neuen ›Verwandten‹ zog. Piet schrieb wunderbare Bücher über seine Erlebnisse als weißer Neuguineer. Doch er scheiterte, obwohl er guten Willens war: Der Kultursprung war zu hoch und zu weit für ihn, was absolut verständlich ist. Piet hielt es nicht aus als Eingeborener, er musste nach Hause in seine eigene Welt und war nur noch bereit, als Gast zurückzukehren. Nicht zuletzt deshalb, weil ›sein‹ Stamm ihn nicht voll und fair akzeptiert hatte – als einen Mann, der früher Weißer war und nun Eingeborener wurde. Die Highländer stellten die gleichen unverschämten und unerfüllbaren Forderungen an Piet wie Gruxa, der Buschmann, an seinen Schwiegersohn Doc Hans: Er hatte eine Quelle des Reichtums zu sein.

Heinrich Harrer dagegen wäre nie mehr zurückgekehrt aus Tibet, hätten die Chinesen 1952 nicht den Dalai Lama und ihn vertrieben. Die Hochkultur auf dem Dach der Welt war ihm vom Wesen her vertraut, sie lag ihm, und daher war der Prozess der Assimilation bei ihm mit weniger Mühe verbunden als bei Piet – und Doc Hans. Harrer fühlte sich glücklich in Tibet, zumindest so glücklich, um seine Ehefrau und sein einziges Kind zu Hause in Österreich zu-

So wohnte man (l.), so wehrte man sich (u.) und diese Pfeilspitzen (u. l.) findet man noch.

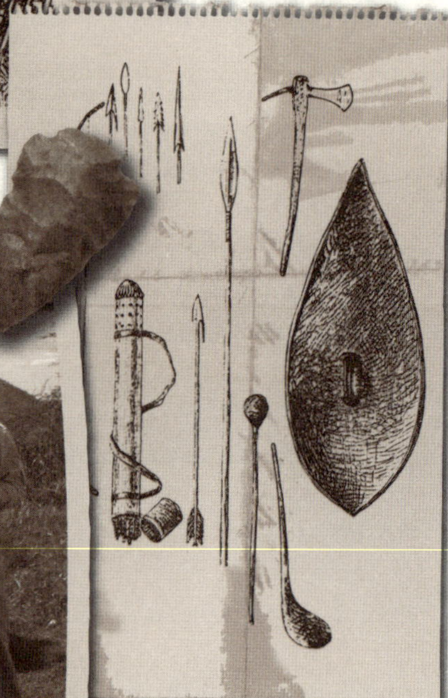

Der Autor mit Prof. Heinrich Harrer im Busch

rückzulassen. Egal mit welchen Gefühlen, das ist sein Problem, aber er hätte es getan.

Beide, Piet und Harrer, waren in ihrer neuen Welt keine Partnerschaften eingegangen. Das ist wichtig. Sie hatten keine Zweisamkeit benutzt, um die höheren Weihen der Anthropologie zu erreichen: die totale Einsicht in eine fremde Kultur. Sie hatten sich gegenüber den Kollegen keinen Vorteil verschafft, und das ganz bewusst. Piet hat sogar versucht, seine deutsche Lebensgefährtin in die schöne

neue Welt auf dem Hochland von Neuguinea mitzunehmen, aber die Umstellung war für eine Frau noch härter als für einen Mann. Sie schaffte es nicht: Dieses Wohnen mit allen anderen Frauen in einem gemeinsamen Langhaus, die harte Feldarbeit, die ungewohnte, oft abstoßende Nahrung, die seltsamen Riten und Bräuche, die fremde Sprache, der Verlust der Schamgrenze, das Ausgestoßenwerden, wenn sie ihre Periode bekam, dieses Klima, das nur zwei Jahreszeiten kennt – Regen und starken Regen, und die Erkenntnis, dass sie den ›Brüdern‹ ihres Lebensgefährten gehören würde, wenn ihm etwas passiert wäre. Sie kehrte nach München zurück.
Harrer, der klügste aller modernen Abenteurer, wusste, dass es nur Schwierigkeiten geben würde, wenn er eine tibetische Partnerschaft einginge. Weil er möglicherweise einem eifersüchtigen Tibeter in die Quere gekommen und in eine Familie aufgenommen worden wäre, die am Ende doch nicht die seine war. Weil er ziemlich schnell seine Objektivität als staunender, alle Merkwürdigkeiten niederschreibender Besucher aus einer fremden Welt verloren hätte und hätte verlieren müssen, um nicht zu stören. Und weil er sich mit der Tibeterin einen Klotz ans Bein gebunden hätte, wo er sich doch als Forscher bei der ›Feldarbeit‹ verstand. Die Integration durch eine Partnerschaft wäre genau das Gegenteil von dem gewesen, was er wollte: Harrer wollte an der Manege sitzen und staunen, nicht in einen Wohnwagen der Artisten einziehen.
Harrer kannte wahrscheinlich den Film ›First Contact‹, den australische Forscher Anfang der 20er Jahre in Neuguinea gedreht hatten. Darin wird in wunderbar verhuschten, grobkörnigen Schwarz-Weiß-Bildern gezeigt, wie die weißen Fremden allmählich ihren Götterstatus verlieren, als die Kontakte zu den Eingeborenen zu eng werden. Die Schlüsselszene verläuft so: Die Eingeborenen, die den Weißen heimlich und verborgen im Urwald auf Schritt und Tritt folgen, weil sie zu ängstlich sind, ihnen offen entgegenzutreten, entdecken, dass diese Götter, die durch ihr Land trecken, sich wie sie selbst hinter einem Busch verstecken, um zu scheißen. Sie untersuchen die Haufen, die genauso aussehen wie die ihren, sie schnuppern daran – und stellen fest, dass sie sogar ähnlich stinken. Das bringt die Eingebore-

nen zu einer Erkenntnis: Wenn der Kot der Götter so stinkt wie der der Menschen, können sie keine Götter sein und verdienen keinen besonderen Respekt. Um das zu prüfen, legt einer der Eingeborenen einen Pfeil auf seine Bogensehne und schießt ihn ab, um zu sehen, ob man die Götter töten kann. Es gelingt tatsächlich. Die weitere Story des Films ist unschwer vorstellbar.

Piet und Harrer kann man den Vorwurf nicht machen, durch ihre bloße Anwesenheit den Zustand X so verfremdet zu haben, dass es eines weiteren Wissenschaftlers bedurft hätte, um zu beschreiben, wie die Anwesenheit des Forschers den Stamm verändert hatte. Piet scherte nahtlos ein und assimilierte sich bis zur Unkenntlichkeit der Person, die er vorher war, und Harrer blieb draußen wie ein Sezierer, der sich über sein Mikroskop beugt und durch das Objektiv schaut. Das war bei der amerikanischen Anthropologin Wyn Sargent nicht der Fall, sie begann genauso wie Doc Hans: Sie heiratete 1972 den Häuptling Obaharok vom Stamm der Dani in West-Irian, dem indonesischen Teil von Neuguinea, vollzog die Ehe in jeder Beziehung und begann bei dem Stamm zu leben, um ihn unter allen Aspekten zu erforschen. Wobei es ihr natürlich zugute kam, die Frau des Chefs zu sein, damit besaß sie nicht nur Macht über die Frauen, sondern auch über die Männer. Nach rund zwei Jahren verließ sie ihren Mann und sein Volk, kehrte in die USA zurück und schrieb das ebenso amüsante wie faire und hochinteressante Buch ›People of the Valley‹ als Erlebnisbericht und Psychogramm des Volkes, dem sie durch Einheirat angehört hatte. Es ist das beste Werk eines modernen Anthropologen, löste aber anfangs Entsetzen und Unverständnis aus: Wie konnte eine weiße Wissenschaftlerin so tief sinken, die Hütte mit einem ›schwarzen Wilden‹ zu teilen? Und zwar nicht aus Liebe, das wäre ja noch romantisch gewesen, sondern aus Notwendigkeit? Wyn Sargent wurde in Talkshows hingerichtet, in Leitartikeln zur akademischen Hure erklärt – und in Kollegenkreisen zur Persona non grata. Die indonesische Regierung verhängte ein Einreiseverbot über sie, und ihre Universität entzog ihr die Sponsorengelder, mit deren Hilfe sie nach West-Irian zurückkehren wollte, sollte Djakarta das Einreiseverbot je aufheben.

Wyn Sargent war in einer ähnlichen Situation wie Doc Hans mit seiner Namkwa, aber die Reaktion auf ihre ›Ehe‹ war schärfer, weil sie eine Frau war, die ihren Körper der Wissenschaft vermacht hatte; weil ihr Buch so erfolgreich war und weil sie das Interesse eines Millionenpublikums stärker erregte als jeder Anthropologe vor ihr. Man verzieh ihr viele Jahre nicht – bis man erkannte, dass der Zweck in diesem Fall jedes Mittel heiligte: Sie hat großartige Arbeit geleistet, es war wichtig, durch Heirat in eine geschlossene, geheimnisvolle und männlich dominierte Gesellschaft einzudringen, ihre Rätsel für die Wissenschaft zu entschlüsseln und die Riten und Rituale einer verlöschenden Kultur für die Nachwelt zu dokumentieren.
Darüber hinaus hat Wyn Sargent während ihres Aufenthalts bei den Dani erstmals beweisen können, oft unter Gefahr für Leib und Leben, dass und auf welche Weise die indonesische Regierung nicht vor dem Genozid der Neuguineer zurückschreckt, um auf ihrer Insel Menschen aus dem übervölkerten Java ansiedeln zu können. Plötzlich kippte die Meinung über Wyn Sargent, und da sie eine optisch und intellektuell höchst beeindruckende, dazu sehr ernsthafte und total emanzipierte Frau war (und ist), begann ihr Buch zur Standardliteratur zu werden und sie heimste einen akademischen, humanitären und literarischen Preis nach dem anderen ein. Auch weil man endlich einsah, dass die Kritik an ihrem Vorgehen Rassismus in Reinkultur war.«
X'Oli, der Buschmann, schüttelte sein kleines Haupt: »Rassismus ist ein Haus. Oben wohnen die, die auf andere herabschauen, aber unter ihnen wohnen andere, auf die jene, auf die herabgeschaut wird, selbst herabschauen – und im Keller wohnen wir, die Buschmänner. Was sie mit uns tun, ist nicht mal mehr Rassismus, denn dafür müssten sie uns als Menschen anerkennen. Wir sind jedoch Tiere für sie. Oder Fossilien aus der Steinzeit.«
Karame schüttelte sein Haupt, blieb aber stumm.
Immerhin: Man nennt sie nicht mehr Buschmänner wie einst – eine Reverenz gegenüber den weiblichen Stammesmitgliedern. Deshalb haben sich Begriffe wie »Buschfrau« und »Buschmädchen« mittlerweile eingebürgert. Die Normannen haben diesen Status noch nicht

erreicht. Und so wie man Zigeuner nicht mehr Zigeuner nennen darf, weil der Begriff diskriminierend sein soll, so hat der Philosoph, Schriftsteller und Forscher Laurens van der Post aus Südafrika um 1980 den Begriff »San« für die Buschleute eingeführt. Beim Überleben hat das diesem Volk kaum geholfen, aber immerhin: Wenigstens hat sich ihr wissenschaftlicher Status verbessert und mittlerweile sind sie so etwas wie ein »Trend-Volk«, bewundert für die paradiesische Reinheit ihrer Lebensweise und die brutale Klarheit ihrer Gedanken. Dazu hat die Menschheit weit über 100 Jahre gebraucht, denn in seinem Buch »Sittengalerie der Nationen«, das 1836 beim Verlag Heinrich Hoff in Mannheim erschien, hatte ein gewisser Dr. Le Petit geschrieben:

„Auf der anderen Seite begegnen wir dem breitschultrigen Buschmann, mit flacher Nase, breiten Backenknochen, hohlen Wangen und aufgeworfenen Lippen - Menschen, die sich mit Tabak, Hanfkraut oder gar mit Branntwein übermäßig berauschen, Menschen, deren größte Wollust es ist, neben einem tüchtigen Feuer so tief in der glühenden Asche zu liegen, dass ihre fettigen Kleider durch theilweises Versengen schneller als durch anderweitige Benutzung unbrauchbar werden. Die eigentliche Heimath dieser Thiermenschen ist die unfruchtbare Westgegend auf der dies- und jenseitigen Landschaft des letzten Drittheils vom Oranjefluss, bis zu seiner im Meer versandenden Mündung. Man weiß, dass die wilden Buschmänner auf den Bergen und in den Wüsten Südafrikas ihre Waffen in ein starkes Gift tauchen, zu dessen Haupt-Ingredienzien die gefährlichsten Schlangenarten beitragen. Erstaunenswerth ist besonders die Kühnheit, womit der Buschmann seine Jagd auf die Cobracapello und Puffadder betreibt. Aber einen schrecklicheren Anblick gewährt der zauberhafte Schlangenjäger, wie er, als Abkömmling und Musterbild des lernäischen Herkules, seinen nackten Fuß auf den Kopf einer lebendigen Cobra stützt, aus ihrem Rachen sodann den kleinen Sack ausnimmt, der das Gift enthält, und den Inhalt wohlbehaglich einschlürft - wie es bei uns die muthwilligen Kinder mit dem Honigbläschen einer gefangenen Biene machen. Durch das Verschlingen dieses Giftes glauben sie sich vor tödtlichen Folgen derselben Substanz, wenn sie ins Blut kommt, zu sichern."

Koloniale Impertinenz als Postkarte

Das war die typische Ansicht in der ersten Hälfte des 19. Jahrhunderts. 57 Jahre später, die großen Entdecker haben die Europäer inzwischen mit Afrika etwas vertrauter gemacht, schildert Meyers Konversations-Lexikon von 1893 die Buschmänner in einer Mischung aus Verachtung und Mitleid:

„Volk im südwestlichen Afrika, wohnen stammesweise in den traurigsten und ödesten Landstrichen, fast in beständiger feindlicher Berührung mit ihren Nachbarn, von denen sie gehetzt und vernichtet werden. Sie sind hager und klein (Maximum 144 cm), dabei von großer Hässlichkeit der Gesichtszüge, sonst aber wohlgebildet, äußerst gewandt und der unglaublichsten Anstrengungen fähig. Ihre Farbe wechselt zwischen Hellgelb und Dunkelbraun. Sie sind träge, roh, grausam, rauf- und raubsüchtig; doch zeichnen sich die Frauen durch Keuschheit aus. Alle Bemühungen, die Buschmänner zu zivilisieren, sind an ihrem unüberwindlichen Hang zum vagabundierenden Leben gescheitert. Nur jung gefangen, sind einzelne treue und nützliche Hirten der Bauern geworden und haben sich für gute Behandlung dankbar gezeigt. Gegenwärtig hat sich ihre Zahl infolge der Vernichtungskriege holländischer und englischer Kolonisten gegen sie sehr verringert, und die fortschreitende Kultur in Südafrika arbeitet emsig an ihrem gänzlichen Untergang."

Bei einigen der Formulierungen nimmt man verwundert zur Kenntnis, dass das Papier sich nicht sträubte, die Säure in der Druckerschwärze aufzunehmen.
Wie sehr sich unsere Einstellung zu Naturvölkern seitdem geändert hat und wie besonders die San eine Aura des Bewundernswerten und Edlen bekommen haben, ähnlich der Prärie-Indianer bei und durch Karl May, zeigt das Stichwort »Buschmänner« in der 20-bändigen Brockhaus-Enzyklopädie von 1967 – also 74 Jahre später als die Darstellung in Meyers Konversations-Lexikon:

„Jäger- und Sammlervolk, das in der späten Steinzeit in Südafrika eingewandert ist. Die Nachfahren fristen heute als kleine Restgruppen ein kümmerliches Leben in der Kalahari und ihren Randgebieten. Hinzu kommen noch einige Restgruppen in der Wüste Namib. Man rechnet sie zu den Kleinwüchsigen; das Mittel der Körpergröße beträgt 144 cm. Feiner und zierlicher Knochenbau sowie hell- bis bräunlich gelbe Hautfarbe unterscheidet sie grundlegend von den Negern. Gesicht und Körper sind haarlos, Hände und Füße sind zierlich. Fettsteiß bei den Frauen und Überentwicklung der kleinen

Schamlippen (‚Hottentottenschürze') sowie eine waagerechte oder diagonale Stellung des Penis sind weitere Merkmale. Heute sind sie mehr Sammler als Jäger, da die zunehmende Wildarmut die Bedeutung der Feldkost für die Ernährung erhöht."

Das klingt schon anständiger, außerdem scheinen die Buschleute mit den Jahren ein paar Zentimeter größer geworden zu sein.

»In diese Welt war Doc Hans eingetaucht«, fuhr ich fort. »Er hatte also beschlossen in der Kalahari bei einem Buschmann-Clan zu leben, und, so sagt er selbst, kam auf die Idee, einen Buschmann zu bitten, ihm eine Tochter zur Verfügung zu stellen, deren einzige Aufgabe es sein sollte, ihm das Leben zu erleichtern, während er seine Feldforschung betreibe, weil das Leben in der Kalahari ganz allein kaum möglich ist. Er habe anfangs sogar mit dem Gedanken gespielt, mit einer Buschfrau oder ihren Eltern einen ›Nutzungsvertrag‹ abzuschließen: Versorgung und Betreuung gegen Geld und Waren. Aber da habe er zu simpel gedacht. Der Anthropologe Doc Hans benötigte im Busch eine Haushälterin, und wenn sie sich selbst einbringen würde – auch nicht schlecht. Da sah er Namkwa und über die Begegnung sagte er später: ›Sie war eine Frau, die anders war. Eine Abweichung von meiner zivilisierten Norm.‹«

»Kannte sie jemand von uns?«, fragte Andy.

Alle schüttelten den Kopf. Nur X'Oli sagte: »Ich habe mir später überlegt, dass ich sie getroffen haben könnte. Aber ich weiß es nicht genau.«

»Ich habe ein Foto von ihr gesehen. Eine schöne Frau – auch nach unserem Standard«, bemerkte Rieke.

»Ich kannte sie flüchtig«, sagte ich. »Namkwa war ein Wesen zwischen Mädchen und Frau, hatte gerade ihre erste Periode erlebt und bestand zeit ihres Lebens darauf, Jungfrau gewesen zu sein, als ihr

der Doc begegnete. Was bei der schon in früher Jugend offen ausgelebten Sexualität der San eher selten ist. Die in einem Lexikon geäußerte Vermutung, die Frauen der Buschmänner seien keusch, ist wohl eher ein Irrtum. Aber bei Namkwa war es wohl so, das sollten wir ihr glauben. Sie trug das winzige Fell einer Duiker-Gazelle über ihren Schultern, eine Kette aus bunten Glasperlen um den Hals und einen Lendenschurz, der mit winzigen Scheibchen aus Straußeneierschalen besetzt war. Doc Hans fielen ihre Brüste auf, wie er später erzählte: ›Fest und spitz, und die Höfe standen deutlich ab.‹«

»Und etwas viel Wichtigeres lobte er mir gegenüber«, warf Andy ein. »Sie habe sich aufrechter und stolzer gehalten, und so jung sie auch war, sie muss eine wunderbare Selbstsicherheit besessen haben.«

»Namkwa war kein Kind mehr, sondern etwa 18 Jahre alt«, fuhr ich fort, »aber dafür war sie nur rund 1,40 Meter groß, so groß wie ein Kind, und ging Doc Hans kaum bis zum Nabel, hatte aber einen üppigen Busen und Brustwarzen wie überreife Himbeeren, eine auffallend schlanke Taille, einen für eine Buschfrau erstaunlich zierlichen Po und kurze, aber sehr wohlgeformte, schlanke Beine.

Docs Charakterisierung von Namkwa war durchaus zutreffend: Sie war etwas Besonderes, das zeigt sie auch auf den alten Schwarz Weiß-Fotos, die von ihr noch existieren, und das hat ihr zu einer bemerkenswerten Karriere verholfen. Namkwa war die erste Buschfrau, die das Dachdecken mit Stroh erlernte, mit Geld umgehen konnte und wusste, was eine

Bank ist; die eigenes Vieh besaß, es züchtete und damit handelte, Land bebaute, es einzäunte, was evolutionär ein gewaltiger Schritt ist – und ihre Agrarprodukte auf den lokalen Markt brachte; zum Häuptling gewählt wurde, einen Airstrip bauen ließ und mit einem Flugzeug reiste; in den USA war, eine Schule gründete, sich Lesen und Schreiben beibrachte, einen Erste-Hilfe-Kurs machte und andere dazu überredete. Natürlich tat sie all dies unter dem Einfluss von Doc Hans, aber sie sprang schneller und problemloser aus ihrer Welt ins 20. Jahrhundert als viele, die das San-Volk für primitiv hielten. Irgendwann fing sie an, durch ihre Klugheit und durch das, was sie gelernt hatte, ihre Situation erkennen und sich vor allem über Doc Hans zu beschweren: dass sie nie richtig verheiratet war mit ihm, nicht die ›Brautzeit‹ durchmachen konnte, die bei den Buschleuten obligatorisch und Anlass zu vielen Festen ist, obwohl die Brautleute sich in dieser Zeit nicht sehen dürfen. Namkwa beklagte auch, dass die Eltern von Doc Hans nie ihre Eltern besuchten, ›mit ihnen aßen und Geschenke austauschten‹, wie es der Brauch ist. Die Unterhaltung von Namkwa und Doc Hans nahm in diesen Momenten folgenden Verlauf (ich habe in langen, mühseligen Gesprächen mit ihm versucht, sie zu rekonstruieren):
›Mit dir‹, sagte sie zu ihm, ›war alles anders. Und ich bin nie gefragt worden, ob ich dich haben wollte.‹
›Wolltest du mich denn nicht?‹, fragte Doc Hans.
›Nein‹, entgegnete sie, ›ich habe dich nur genommen, weil ich Angst vor dir hatte. Man hat mir einfach gesagt, ich müsse von jetzt an mit dir schlafen.‹
Als Hochzeitsgeschenk hatte Namkwa von Doc Hans übrigens ein rotes Kopftuch bekommen.
Der Riese und die Zwergin, der alternde Mann und die junge Frau, der Weiße und das Buschmädchen. Natürlich gibt es da die Fragen, wie das sexuell funktionieren kann, aber Doc Hans ist auf diese Details mit keinem Wort eingegangen. Aus der ›wissenschaftlichen‹ Schamhaftigkeit des Doc muss man sich zum Beispiel die Informationen mühsam zusammenklauben, dass sich Buschleute nicht an die Genitalien fassen und die Begattung von hinten stattfindet, auf

Löffelchen-Art. Weshalb Namkwa heftig reagierte, als er beim ersten Mal versuchte, ihr den Lendenschurz, den sie nur vorne trug, auszuziehen. So viel erfährt man immerhin. In den ersten Nächten passierte nichts, weil er das Entgegenrecken ihres Hinterns nicht richtig interpretieren konnte. Es signalisierte Bereitschaft, aber auf ihre Art, während es auf unsere Art eher ›Hau ab!‹ bedeutet. Später gestand sie ihm, sie habe nicht gewusst, was sie beim Sex mit einem Weißen erwartete, habe es sich aber schlimmer vorgestellt. Dass die Versuche scheiterten, seine junge Frau zu küssen, erscheint nicht verwunderlich – das Bussi hat Doc Hans erst mit den Jahren bei den Buschleuten eingeführt. Er musste dafür lernen, dass eine Buschfrau am Morgen danach als Erstes gerne ein Pfeifchen Tabak raucht.«

»Bussi«, schnaubte X'Oli, »So weit kommt's noch ...!«

»Wobei man eines nicht vergessen darf: die Sprachlosigkeit. Die beiden konnten kein Wort miteinander wechseln, daher verstanden sie sich eher noch am Tag, weniger in der Nacht. Sexualität ist vor allem eine Gebärdensprache. Namkwa und Doc Hans waren sich also herzlich fremd und konnten diese Fremdheit nicht durch Sprache überbrücken.

Für wen wäre das wichtiger gewesen? Für den Doc, der in eine fremde Welt eingedrungen war, einen anderen Planeten betreten hatte? Nein, denn er hatte dies freiwillig getan und war bewusst das Risiko dieser Paarung eingegangen. Also für Namkwa, über die Doc Hans hereingebrochen war wie ein Naturereignis. Sicher half ihr die Unterwürfigkeit gegenüber den Männern, wie man sie ihr als San-Frau beigebracht hatte. Aber das wären Männer gewesen, vor denen sie sich nicht hätte fürchten müssen: Vater, Onkel, Vettern, Jugendfreunde, Stammesbrüder. Doc Hans sah anders aus, roch anders, benahm sich anders, und sie konnte nicht wissen, was er vorhatte, was er dachte, was er brauchte – und schon gar nicht, was er sagen wollte. Man merkt dies am besten an seiner Schilderung der Hochzeitsnacht:

›Ein verständiger Buschmann half mir, einen Schlafplatz vorzubereiten, ich breitete eine Decke aus und legte meinen Schlafsack darauf. Namkwa saß mit dem Rücken zu mir, außerhalb der Decke, und als

ich leise mit ihr sprach, legte sie sich zusammengerollt in den Sand, beide Hände als Kissen unter ihrem Kopf. Sanft versuchte ich sie zu bewegen, zu mir auf die Decke zu kommen, und Zentimeter für Zentimeter gab sie meiner zarten, aber eindringlichen Überredung nach, bis ihr Körper nicht mehr im kalten Sand lag, sondern auf meiner Decke. Mehr konnte ich nicht tun. Ich streichelte ihren Kopf, und so schliefen wir ein.‹
Mehr passierte nicht in der ersten Nacht, und die Zärtlichkeit ist entzückend. Mehr wäre einer Vergewaltigung gleichgekommen. Anders konnte ein Mann in dieser Situation nicht mit einem Mädchen umgehen, von dem er nichts wusste. Man hätte gerne mehr erfahren von den Gefühlen der beiden, aber das ist einem Doc Hans schuldig geblieben. Und warum hat er es nicht für nötig gehalten, das größte Phänomen der Buschleute zu beschreiben, das durch alle Sittengeschichten und Ethnografien geistert wie ein sexueller Mythos, über den in der Theorie geredet wird, den aber noch nie einer wirklich gesehen, angefasst, gespürt und erlebt hat: die ›Hottentottenschürze‹. Hier gab es erstmals eine Person, die als Ehemann und Forscher hätte berichten können, was denn ihre Funktion ist, ob sie stört oder ob sie – ganz im Gegenteil – ein prachtvolles sekundäres Geschlechtsmerkmal ist, vielleicht sogar nützlich und erregend. Wie man mit ihr umgeht und ob das stimmt, was man über sie liest, vor allem über ihre Größe. Nur die Frauen der Hottentotten und die Buschfrauen besitzen sie, und keiner weiß warum, und so schnell wird es auch keiner herausfinden, es sei denn, es kommt wieder ein Doc Hans, der eine Namkwa heiratet.«
»Ich habe davon gehört«, sagte Rieke, »aber was das genau ist, weiß ich nicht.«
»Von mir erfährst du es nicht«, verweigerte sich X'Oli und ging Holz holen.
»Die ›Hottentottenschürze‹ sind die über zwölf Zentimeter langen kleinen oder inneren Schamlippen. So steht's im Lexikon. Wenn man das weiß, empfindet man den Begriff ›Hottentottenschürze‹ als unfairen, überheblichen Scherzbegriff, geprägt von weißen Forschern«, schimpfte Andy.

»Wisst ihr's jetzt?«, fragte X'Oli, als er mit dem neuen Holz zum Feuer kam.
»Ich habe einmal gehört«, berichtete Karame, »wie Doc Hans sogar ein bisschen schwärmte von seiner ungewöhnlichen Frau. Er sagte mir nämlich an einem ähnlichen Lagerfeuer oben im Chobe-Park: ›Namkwa lag in meinen Armen, ihren Kopf an meiner Schulter, und ich sah, wie die Sonne aufging und durch unseren Eingang zu strahlen begann. Ich blickte durch die groben Zweige, mit denen unsere Hütte zusammengebaut war, und sah ein Wespennest über mir und eine Eidechse, die mich rund um einen Zweig anstarrte. Ich konnte in unserer Hütte nicht aufrecht stehen, aber sie war mein Heim gewesen, gemütlich und komfortabel.‹«
»So spricht einer, der immer nur ungeliebter Gast war in seinem eigenen Leben«, mokierte sich Rieke.
»Nun muss man zugeben«, warf ich ein, »dass der Doc es auch nicht leicht gehabt hat in der Kalahari. Er musste lernen, die einfachen, aber oft seltsamen Lebensmittel der Buschleute zu goutieren: die T'samma zum Beispiel, dieses dunkelgrüne Kürbisgewächs, das Speise und Getränk zugleich ist, zu Crackers im Feuer geröstet und als Gemüse mit Wildfleisch gekocht wird …«
»Köstlich!«, rief X'Oli.

»… und dessen Samenkörner die Frauen zwischen zwei Steinen zu Mehl zerreiben. Dann die kleinen, wilden, harten, scheußlich schmeckenden Buschmann-Gurken, die man nur isst, wenn es wirklich nichts anderes gibt, wogegen die größeren Gemsbok-Gurken angenehm süßlich sind. Dazu kommen die Hauptgerichte wie Heuschrecken, Termiten und Maden.«
»Ganz was Feines, wenn du Hunger hast«, teilte X'Oli nun mit.
»Aber das war ja noch nicht alles. Noch vor der Hochzeit teilte ihm sein Schwiegervater Gruxa mit, dass er die Schwester von Namkwa zu heiraten habe, falls sein Schwager sterben sollte. Er musste die extrem schwere Sprache der Buschleute meistern, die allein sechs Klicklaute kennt, die etwa so klingen, als würden wir mit der Zunge schnalzen – und die wir Weißen nicht unterscheiden können.«

X'Oli gab sie von sich und spielte damit auf seinem Gaumensegel wie ein Drummer auf seinem Schlagzeug.

»Und der Doc wurde vom Schwiegervater ausgeplündert, weil der der Meinung war, der weiße Riese habe für ihn aufzukommen und ihn reich zu machen«, erzählte ich weiter. »Doc Hans war deshalb permanenten Drohungen ausgesetzt, einmal schrie er Gruxa sogar an: ›Was fällt dir ein, immer noch Rechte an deiner Tochter zu reklamieren, da sie doch bereits seit acht Jahren mit mir verheiratet ist!‹ Immer wieder hatte Gruxa gedroht, mit seiner Familie – plus Namkwa – in die Kalahari zu ziehen und Doc Hans zurückzulassen. Was Gruxa mindestens einmal tatsächlich getan hat, als er sich von seinem Schwiegersohn betrogen fühlte. Diese Erpressungen endeten erst nach Jahren, als Namkwa durch die Ehe mit ihrem weißen Mann so emanzipiert war, dass sie sich nicht mehr herumschubsen ließ und es als erste Frau der San-Kultur wagte, dem Vater zu widersprechen. Da versuchte Gruxa etwas anderes: Immer wenn Doc Hans alleine im Busch war oder sonstwo, wollte er Namkwa noch einmal verheiraten oder zumindest als Ehefrau auf Zeit ausleihen, um weitere Brautgeschenke zu kassieren.

Hätte Namkwa sich dem Wunsch des Vaters gebeugt, eine sehr seltsame, aus der Kolonialzeit stammende und trotz der Unabhängigkeit der afrikanischen Staaten nicht ausgestorbene Eigenart wäre zum Tragen gekommen: Eine Eingeborene ist für die Männer ihres Stammes besonders attraktiv, wenn ein Weißer sie besessen hat. Mehr noch: Es ist geradezu ein Zeichen von gesteigerter Qualität, wenn eine Schwarze von einem Weißen ein Kind bekommt – auch wenn sie mit einem Schwarzen verheiratet ist. Das klingt abartig und rassistisch, ist aber Realität. Namkwa war folglich für jeden Buschmann begehrenswerter als ihre Geschlechtsgenossinnen, und nicht nur, weil sie von Geburt schöner war. Ihr Vater wusste das natürlich und versuchte diese Attraktion zu Geld zu machen. Doc wurde wütend, wenn er davon erfuhr, konnte aber nichts tun – außer Namkwa zu vertrauen.«

»Ist das so? Und ist das fairerweise umgekehrt auch so?«, dachte Rieke laut nach.

»Unsere Polizei hat nach Docs gewaltsamem Tod natürlich sein Haus durchsucht«, sagte Karame. »In seinen wenigen Unterlagen fanden sie eine Erzählung. Das ist vielleicht das falsche Wort – einen Fetzen Biografie. Ein paar Seiten mit den erotischen Abenteuern eines weißen Mannes in Afrika. Ich hab' sie bei mir.«
»Du hast sie?«, fragte ich erstaunt.
»Ja«, erwiderte Karame. »Hätte ich sie nicht, gäbe es sie wahrscheinlich nicht mehr. Man hätte sie weggeworfen oder verbrannt oder ins ›Outhouse‹ mitgenommen und rücklings benützt. Das wäre schade gewesen, denn ich als Afrikaner halte diese Seiten für eine der provokantesten Afrika-Geschichten unserer Tage. Soll ich sie euch vorlesen?«
Es gab keinen in der Runde, der nicht zustimmte. Da erhob sich Karame, ging zu seinem Seesack in seinem Regierungs-Land-Rover, kramte ein Dutzend vergilbter Blätter hervor, setzte sich wieder zu uns und begann ...

Die Geschichte vom Mann und den wilden Weibern von Afrika

von Doc Hans

Mein Freund, der Missionar Sebastian aus Wolfenbüttel in Niedersachsen, trägt unter seinem einst aprikosenfarbenen Schultertuch, das inzwischen den Ton trockener afrikanischer Erde angenommen hat, nichts als blanke Haut. »Aber hier, wo ich lebe und arbeite«, sagte er, »hat ein schöner Körper nur zweitrangige Bedeutung.« Zumal er seine Lüste bei der Priesterweihe vor 21 Jahren sozusagen an den päpstlichen Nagel des Zölibats gehängt habe. So drückte er das aus. Dem in 15 Jahren Zentralafrika innerlich und äußerlich gegerbten Pater geht es dennoch »ganz erheblich auf den Zentralnerv unterm Bauch«, dass die jungen Frauen unter seinen Schäfchen in ihm nicht nur den Seelsorger, sondern auch eine Art Wunderdoktor sehen, den sie bemühen, wenn zum Beispiel ihre Brustwarzen entzündet sind. Dazu muss man wissen, dass diese Brustwarzen bis zu acht Zentimeter lang werden und sehr aufreizend sein können.

Ich verzettle mich. Nicht die Versuchungen des Paters Sebastian habe ich schildern wollen, sondern seine Rolle als kirchlich konzessionierter Mädchenhändler. Das ist in den puren Eingeborenen-Gegenden nichts Ungesetzliches, sondern eine sozialpolitische Notwendigkeit. Man kann sie mit Zahlen belegen: Der Nomaden-Clan, mit dem Pater Sebastian durch die Turkana-Ebene im Norden Kenias zieht, besteht aus 23 Menschen – 15 Männern, fünf Kindern und drei Frauen. Eine von ihnen ist ledig, hat aber schon zweimal Kinder in die Welt gesetzt. Die Väter? »Drei«, sagte sie, als ich sie fragte, und reckte vier Finger in die Luft. Man muss nicht Anthropologie studiert haben, damit man das Grinsen der 15 aufmerksam zuhörenden Männer richtig deuten konnte.
Sebastian sagt, die Statistik sei traurig, aber nicht zu ändern. Er drohe den Herren zwar immer: »Wehe, wenn ich einen von euch auf ihr erwische!« Nur sei das albern, wo sonst sollten sie sich denn austoben? Missionare kennen das Leben, Sebastian kennt es mehr als seine Kollegen. Deshalb plant er seit Jahren, um die schlimmsten Nöte zu lindern, mit den Spenden seiner Kirchengemeinde in Wolfenbüttel Vieh zu kaufen und gegen die Esel, Kühe, Kamele und Ziegen ab und zu ein Mädchen aus der Nachbarschaft einzutauschen und es mit

einem der Kerle, die bei ihm auf der Warteliste stehen, zu verheiraten – aber nur für eine Gegenleistung. Zum Beispiel, wenn er bereit ist, sich taufen zu lassen. Das ist jedoch ein saures Geschäft, denn die Spenden aus dem Klingelbeutel sind mager. Seine Gemeinde sollte tunlichst nichts mitbekommen von dem unkeuschen Zweck der Verwendung, Räuber haben seine Herde dezimiert, das mörderisch heiße und trockene Klima fordert seinen Tribut und die Brautväter haben die Brautpreise explodieren lassen, seit sie – etwas überrascht – zur Kenntnis nahmen, dass der Bwana Pater Frauen kaufen will. Deshalb hat es bisher nur für zwei Bräute gereicht.

Ein weiblicher Teenager kostet in dieser Gegend übrigens 100 Ziegen, 50 Kühe und zehn Kamele. Oder umgerechnet 2500 Mark. Viel Geld und ein Knopf im Klingelbeutel erhöht also die sexuelle Not der Dritten Welt rund um Pater Sebastian.

Die Ledige mit den beiden Kindern tut's gerne umsonst. Ihre Strauchhütte steht immer offen und nicht nur deshalb, weil sie keine Tür besitzt. Aber die Konkubine wird nächstes Jahr 42 Jahre alt – afrikanische 42 Jahre!

Schwere Zeiten im Dunklen Erdteil. Das meint auch mein Freund Richard Balondo, der Ex-Mau-Mau-Mann vom Stamme der Kikuyu, der an der Straße von Nairobi nach Kisumu eine kleine Rubin-Mine betreibt. Zum zweiten Mal hat ausgerechnet er, der die Unabhängigkeit seines Landes von der weißen Herrschaft erfochten hat, einen Touristen auf seiner Mimbi erwischt. »Das Schlimme daran war«, sagte er mir, »dass sie es ihnen gemacht hat, wie wir das in Afrika nicht kennen.«

»Du irrst«, sagte ich, »du warst noch nicht in den ehemals französischen Kolonien.«

Im Dezember letzten Jahres habe ich ein paar Tage in der Eliye-Springs-Lodge verbracht. Vor dem Tor überboten sich die Frauen der umliegenden Dörfer beim Unterbieten. Eine rundliche Schöne zog dabei wie zufällig ihr Schultertuch herunter und entblößte zwei pralle Brüste mit Höfen wie Cremehütchen und Warzen wie schwarze Würmer. Eine zweite hob ihr Schultertuch von unten, sodass ich ihre Scham sehen musste. Verschämt drehte sie den Kopf zur Seite und flüsterte: »Sucki Sucki.« Das muss ich meinem Freund Richard von den Mau-Mau erzählen. Ein fremdartiges Wort. Ein Porno-Laut. Schade. Ich verbot ihr, es weiterhin zu benützen. Eine dritte Schöne, groß, schlank und mit einem Gesicht wie eine Schnitzerei, eine Somali also, ging mich direkt an: »Heute Nacht in deinem Zimmer, ich weiß, dass du in Nummer 7 wohnst.«

Wir trafen uns nicht dort, sondern unten am Ufer des Lake Turkana, blickten hinüber zur mittleren der drei Inseln und redeten die ganze Nacht. Sie war eine kluge Frau und ich wollte nicht, dass sie sich mit mir prostituiert. Sie ging schließlich, weil sie ihr Baby säugen musste.

In Malawi war es nicht anders, da wollte die Dame am Ticket-Counter der Air Malawi erst ein paar Dollar schwarz tauschen, dann Zärtlichkeiten. Im Frachtraum der Air Malawi, während die Stimme ihres Mannes, des Station-Managers, aus dem Lautsprecher drang. Zwischen Käfigen glucksender Hühner, die auf den Abflug warteten.

»Alles, was wir dem weißen Mann in den Unabhängigkeitskriegen abgerungen haben«, schimpfte mein Freund Richard, als ich ihm das später berichtete, »geben ihnen unsere Frauen jetzt freiwillig zurück – im Bett. Sie zerstören die Ehre des schwarzen Mannes.«

Aber warum tun sie das?

»Weil schwarze Männer in der Ekstase verblühen wie Jacaranda-Bäume im Regensturm«, klärte mich Anais, die Frau eines Geologieprofessors der Universität Nairobi, auf. Und: Aus den schwarzen Mädchen, die jahrhundertelang nur passive Objekte waren und sein durften, sind emanzipierte Frauen geworden. Sie tun, was sie wollen. Sie wählen, wen sie wollen. Sie wollen nicht länger genommen werden, sie wollen nehmen. Schwarz-weiße Nächte sind die Fortsetzung des Kolonialismus unter veränderten Vorzeichen.

Weil ein nie genau identifiziertes Insekt die Innenseite meines linken Hosenbeins emporkroch und ich deshalb gezwungen war, kurzzeitig in der Unterhose auf der Straße vor dem Hotel »Imperial« in Kampala zu stehen, lernte ich die schöne Prinzessin Josephine von Toro kennen. Sie war die Schwester der noch schöneren Ex-Außenministerin Ugandas, arbeitete bei einer schwedischen Telefonfirma, trug ihre Haare mit bunten Glasperlen zu Marsmenschen-Antennen verknotet und sagte, als sie sah, wie ich das Insekt in meiner auf der Straße liegenden Hose zerquetschte: »Ich hoffe, Sie haben da kein wichtiges Teil zerstört!« Da ich verneinte, klopfte es eine halbe Stunde später an meiner Zimmertür, Josephine trat ein, verschwand im Badezimmer, das Wasser rauschte und sie kam in einem hellblauen Slip wieder. Eine prachtvolle Gestalt: über 1,80 Meter groß und höchstens 50 Kilo schwer. Eine Angehörige des Königsgeschlechts, das seit Jahrhunderten die Landschaft Toro in West-Uganda regiert. Sie bat mich, auf ihre Frisur zu achten, die müsse noch einen Monat halten, und sagte, als sie sich auf mich stürzte, ein Gedicht auf, das sich nicht genau übersetzen lässt:

»Over the teeth,
over the gums,
look out, man,
here she comes.«

Nun kann man nicht behaupten, dass Afrikanerinnen im Bett sehr einfallsreich wären. Kunststücke sind nicht ihre Art. Aber sie sind warm und weich, innen vielleicht sogar ein bis zwei Grad wärmer, und sie lernen schnell. Hat man dann noch das Glück, auf eine zu treffen, die lange mit einem Weißen verheiratet ist, sind auch Kunststücke drin. »Bitte« konnte viele Kunststücke, aber sie war auch eine Himba. Eigentlich hieß sie »Biethä«, aber natürlich nannte ich sie »Bitte«, und als ich ihr erklärte, was das auf Deutsch heißt, musste sie furchtbar lachen und nannte mich dann nur noch »Thank you«. Ich bin viel gereist mit »Bitte«, habe sie in die Städte, an die Küste und in den Busch mitgenommen. Die Himba sind ein seltsames Volk, das in Kenia lebt: Sie erziehen ihre Frauen seit Jahr-

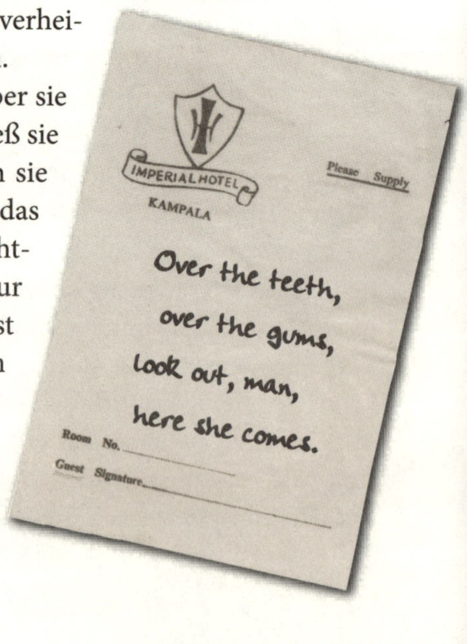

hunderten und von frühester Jugend an zu erotischer Perfektion. Schamlosigkeit ist ihr Kainszeichen, Fremdgehen normal. Der Wert einer Himba-Frau richtet sich danach, ob sie mit möglichst vielen Männern geschlafen hat. Orgasmus ist das tägliche Brot der Frauen, er macht sie satt, und es heißt, viele Orgasmen am Tag machten sie auch noch fett, und das ist erwünscht. Bei »Bitte« war es so, dass sie immer wollte, dass ich es mit einer anderen Frau treibe und sie zuschaut. »Oh, it makes me so sexy«, sagte sie dann. Den Versuch, ihr den Unterschied zwischen sexy und geil zu erklären, gab ich auf. Sie verstand ihn nicht, weil es ihn für die Himba nicht gibt.

Nördlich der Stadt Goma in Zaire überholte mich mal ein klappriger Peugeot 504, die Fahrerin stoppte, stieg aus und stellte sich mitten auf die Sandpiste. »Yvonne«, sagte sie. Ehefrau von Louis Esseline, belgischer Plantagenverwalter. Später erfuhr ich, dass er die Plantage vor der Unabhängigkeit besessen hatte und unter der Bedingung als Verwalter zurückkehren durfte, dass er die Nichte des neuen Besitzers, eines kongolesischen Regierungsbeamten, heiratete – Yvonne. »Mein Mann ist im Krankenhaus«, sagte sie und fragte schelmisch, ob ich der »Samaritain« sei, auf den sie so lange gewartet habe, und ob ich das neue »Hotel Au Lac« kenne und seine Zimmer mit Blick auf den Kivu-See, und ob ich wisse, wie schwer es für eine Frau wie sie sei, wenn der Mann so lange krank ist …

»So geht das stundenlang weiter in diesem Manuskript von Doc Hans«, sagte Karame. »Seitenweise immer neue Abenteuer mit Afrikanerinnen. Weiter hinten wird die Sprache noch deftiger.«

»Hätte er doch nur genauso über seine Abenteuer mit Namkwa geschrieben! Dann wäre die Wissenschaft jetzt klüger«, bedauerte ich.

»Das Tollste ist, wie er in einer Strohhütte am Stadtrand von Dakar im Senegal landet, drei Schwestern beglücken muss, und die zwischendurch auf den Lehmboden vor dem Bett pinkeln«, kicherte Karame.

»Ich finde das sehr interessant«, sagte X'Oli.
»Ich nicht«, sagte Andy.
»Vielleicht wollte er auf diese seltsame Weise geistigen Urlaub von Namkwa, der Buschfrau, nehmen«, schlug Rieke vor.
»Ach was«, sagte ich, »der Doc war einfach ein Hinterstübchen-Erotiker. Ein Moralist im Leben, ein Ferkel auf dem Papier. Soll es ja geben. Und das passt zu seiner verlogenen Biografie.«
»Vielleicht wollte er auch beweisen, dass er sich nicht nur Namkwa genommen hatte, um über sie der größte Buschmann-Experte der Welt zu werden«, sagte Karame. »Er wollte zeigen, dass er auch andere Afrikanerinnen mochte und dass er ein Weißer war, der keine rassischen Vorurteile kennt. Dass ihm seine Anthropologen-Kollegen immer wieder vorwarfen, er sei diese Ehe mit Namkwa nur eingegangen, um sich Platzvorteile zu verschaffen, war wohl sein größtes Problem.«
»Das glaube ich nicht«, sagte Andy. »Der Verlust an Privatleben da draußen bei den San war vielleicht noch schlimmer. Denn jeder Laut, den Doc Hans von sich gab, war in dieser eng gestrickten Überlebensgemeinschaft Allgemeingut. Wenn er hinter einem Gebüsch verschwand, war das ein Ereignis öffentlichen Interesses. Essen, Waschen, Traurig- oder Kranksein, Nachdenken, Zeugen – nichts konnte unbeachtet stattfinden. Die San leben enger zusammen als jedes andere Familienmodell, das wir kennen. Geheimnisse gab es nicht. Auch das war Teil der traditionellen Überlebensstrategie. Stimmt doch, X'Oli?«
Der Buschmann nickte: »Dafür konnte er jeden Tag Trüffel essen.«
»Trüffel?«, wunderte ich mich.
»Ihr habt Trüffel?«, fragte auch Rieke.
»Dann seid ihr ja reich!«, meinte Andy.
»Na ja«, sagte Karame, »was die so Trüffel nennen.«
»Der weiße Mann weiß nichts, aber er weiß alles besser, und der schwarze Mann pflichtet ihm gerne bei, um ein bisschen weiß zu werden und um zu Geld zu kommen«, erwiderte X'Oli.

Die Geschichte vom Mann und der Kartoffel, die zur Trüffel wurde

Bei den San heißt sie Nabba, bei den Weißen Kalahari-Kartoffel, ein wenig erinnert sie tatsächlich an Trüffel und grundsätzlich ist sie ein nahrhaftes Gemüse. Die Kalahari-Kartoffel hat in den letzten Jahren eine erstaunliche Karriere gemacht – als die Trüffeln aus dem Piemont und dem Perigord nahezu unerschwinglich wurden. Da erinnerte man sich der Trüffel aus anderen Gegenden, aus Slowenien zum Beispiel, von wo sie von cleveren Italienern importiert und als eigene Pilze verkauft werden. Man versuchte es, nicht besonders erfolgreich, mit der im Geschmack doch etwas blassen Mallorca-Trüffel – und eben jenen Nabba der Buschleute, die wie die Piemont- und Perigord-Trüffel gern in der Nähe bestimmter Schattenbäume 10 bis 60 Zentimeter tief in der Erde wachsen, genauso aussehen und die gleiche Konsistenz haben.
Doc Hans hat die hühnereigroßen Delikatessen zu seiner bargeldlosen Währung gemacht. Immer hatte er ein paar dieser Knollen, auf die er seine Buschmann-Freunde ganz gezielt ansetzte, in der Tasche gehabt. Nun ist der Geschmack der Kalahari-Trüffel so vergänglich, dass sie nur im ersten Moment nach Trüffeln schmecken, dann verfliegt das Aroma wie ein Windhauch. Und es verfliegt umso schneller, je länger ein Buschmann die Knollen in seinem Fellsack mit sich herumträgt. Das kann Wochen sein – und dann schmeckt die Nabba überhaupt nicht mehr nach Trüffel, sondern nach Buschmann. Aber das störte Doc Hans nicht, der die Kalahari-Trüffel selbst gar nicht so besonders mochte, aber genau wusste, dass sie eine Gourmet-Preziose war, die nur durch ihn zu beschaffen war. Meist verkaufte er seine Knollen an Restaurants, einheimische Feinschmecker und neugierige Touristen, denen die Kuriosität fast mehr wert war als das Aroma. An manchen Tagen verdiente Doc Hans zehn US-Dollar

damit. Aber es konnte auch geschehen, dass jemand Spaghetti zur Safari mitgebracht hatte, dann kramte Doc Hans eine Trüffelknolle aus seiner Jackentasche und schnipselte sie über die Nudeln. Das war dann sein Beitrag zum Festessen. Die Trüffel schmeckte fast immer wie erst feucht und dann hart gewordenes Löschpapier. Aber es waren unbestreitbar echte Trüffel – mühsam beschafft von einem Buschmann in der Kalahari, oft 100 bis 200 Kilometern entfernt. Und auf einmal bekamen die Kalahari-Trüffel doch Trüffelaroma – durch Einbildung.

In letzter Zeit ist das anders geworden, Südafrika führt viele Zentner Kalahari-Trüffel aus Botswana ein, weil die Feinschmecker danach gieren. Selbst in Deutschland bekommt man sie. Sie schmecken immer noch nach nichts, wenn man sie nicht vorher in Trüffelöl aus Italien tunkt. Was heftigst getan wird. Denn die Gewinnspanne ist auch bei Kalahari-Trüffeln gewaltig. Vor allem weil die Buschleute, die sie aus der Kalahari buddeln, nur ein paar Pfennige für ihre Mühen erhalten.

Damals hätte es nur der Doc mit seinen Beziehungen schaffen können, das ganz große Trüffel-Business aufzuziehen. Aber er konnte sich nicht vorstellen, dass man mit ein paar Kilo pro Jahr reich werden kann. »Selbst wenn mir alle Buschleute, die ich kenne, alle Trüffel bringen, die sie finden, sind das doch nicht mehr als ein Zentner«, sagte er einmal. Doch schon zu dieser Zeit hätte einer, der es geschickt anstellte, für 50 Kilo umgerechnet satte 25 000 Euro erhalten. So viel Geld hatte Doc Hans zu keinem Zeitpunkt seines Lebens mit eigenen Augen gesehen, geschweige denn auf dem Konto gehabt. Außer während seinem Erlebnis, als ihm die Reisetasche des burundischen Diplomaten in die Hände fiel. Hätte er auch nur geahnt, wie viel sich mit den Pilzen verdienen ließe – er hätte ein Trüffel-Business gegründet. Tausende von Buschleuten hätten nichts anderes mehr getan, als die Kalahari umzugraben.

»Erzähl' weiter von Namkwa«, bat mich Rieke. »Nun gut, ich probiere es: Auch wenn Doc Hans mal wieder für ein paar Wochen oder sogar Monate in Johannesburg gewesen war und mit einem Jeep voller Geschenke zu Namkwa heimkehrte, machte ihn das nicht glücklich, denn er musste erkennen: ›Namkwa war nie wirklich erfreut, mich als Person zu sehen.‹ Namkwa ging stets an ihm vorbei, ohne ihn zu begrüßen, und blickte in den Jeep, um zu sehen, was er mitgebracht hatte. Erst dann wandte sie sich ihm zu. Das kränkte ihn – bis er wieder den Forscher herauskehrte, das half ihm über die Enttäuschung hinweg: Gehörte Namkwa nicht einer Kultur an, deren Leben seit Urzeiten von ökonomischen Diktaten bestimmt sein musste, um zu überleben? War das, was auf der Transportfläche des Jeeps lag, deshalb wichtiger als der Transporteur?
Aber auch er als Forscher hatte Bedürfnisse: Er wollte das Wissen einsammeln, das ihm fehlte und das Namkwa ebenso besaß wie alle anderen Buschleute; das sie aber dank ihrer Intelligenz und der Kenntnis um die Arbeitsweise von Doc Hans besser an ihn weitergeben konnte als ihre Verwandten. Er ist, als er Namkwas Sprache erlernt hatte, oft tagelang mit ihr durch den Busch gewandert und hat sie erzählen lassen, und es stellte sich heraus, dass sie ein wandelndes Lexikon der Botanik war. Namkwa kannte über 300 Pflanzen, ihren Nutzen und Schaden, und sie war in der Lage, kleinste Pflanzenteile in jedem Zustand zu identifizieren und zuzuordnen.
Sie vermochte auch die Weisheiten und Legenden zu erzählen, auf die Entdecker wie David Livingstone genauso begierig gewesen waren wie Schriftsteller. Es waren diese Geschichten, die die Seele Afrikas ausmachten, die Quintessenz einer einmaligen Mischung aus Eingeborenen, Wildlife und einer Natur, die das Bindeglied ist zwischen Urzeit und Neuzeit, Jenseits und

Diesseits, Mensch und Kosmos, Gut und Böse, Leben und Tod.«

»Alles ist Afrika, überall«, sagte X'Oli.

»Das Problem war nur, dass der Doc meinte, diese märchenhaften Überlieferungen als ernsthafter Wissenschaftler nicht verwenden zu können. Ja, wenn er prominent oder anerkannt gewesen wäre, dann hätte er sich das erlauben können. Glaubte er. Andere, die sich als Wissenschaftler nicht weniger ernst nahmen als er, die Schimpansen-Forscherin Jane Goodall, der Wildhüter Mark Ross oder der Philosoph Laurens van der Post zum Beispiel, haben ganze Bücher mit den Legenden der Eingeborenen gefüllt und damit ihre eigenen Erkenntnisse unterfüttert. Sie leisteten sich diese Größe, Doc Hans scheute sie. Er arbeitete, man muss es leider so sehen, als humorloser Pauker und phantasieloser Buchhalter. Er wusste, dass er eine weit größere Chance hatte als alle seine Kollegen, das Thema Buschmann zu beackern, und da meinte er, bedeutend sein zu müssen, und wurde in dem, was er schrieb, entsetzlich langweilig. Kennt ihr seine Arbeiten?«

»Furztrocken«, erwiderte Andy.

»Vor lauter Details sieht er das Gesamtbild nicht«, sagte Karame. »Dabei hat er mehr als 20 wissenschaftliche Arbeiten über die San veröffentlicht. Aber nur Spezialisten finden sie spannend.«

»Richtig. Doc Hans hätte nie die Schönheit eines Schmetterlings erkannt, er hätte ihn aufgespießt und seziert. Und hätte man ihn gefragt, ob die Zeichnung auf den Flügeln nicht ausgesehen habe wie ein glühend roter Sonnenuntergang in der Savanne, Doc Hans hätte es nicht gewusst, weil er es nicht wissen wollte: Ein Sonnenuntergang in der Savanne auf den Flügeln

von Schmetterlingen? Das war ihm zu unakademisch. Dabei saß der Doc doch wirklich an der Quelle und es ist ein Jammer: Hätte er all die Geschichten, die er an Lagerfeuern hörte, doch wenigstens notiert, damit sie anderen nicht verloren gehen.«

»Erzählt hat er ja manchmal was«, erinnerte sich Rieke. »Wie die Geschichte, die jedes Buschkind kennt: Wenn Löwen eine Beute geschlagen haben und hungrige Schakale gerne am Mahl teilnehmen würden, ärgern sie die Löwen so lange, bis sie von ihnen in die Flucht getrieben werden. Dabei haben die Schakale vorher genau beobachtet, wo sich Hyänen befinden, führen die Hetzjagd an ihnen vorbei, die Löwen lassen von den kleinen Schakalen ab und schwenken zu den größeren Räubern um – inzwischen holen sich die Schakale, wie von Anfang an geplant, Fleischfetzen aus der Beute der Löwen.«

»Namkwa brachte ihrem Ehemann auch bei, drohendes Unwetter am Verhalten der Tiere zu erkennen. Denn wenn ihr Körper-Barometer fällt, verlassen Käfer, Skorpione, Spinnen, Schlangen und Mäuse die Erdspalten und Steinverstecke, in denen sie leben, und beginnen eine seltsame Wanderung, auf der kein Getier keinem anderen etwas tut – hinauf auf höhere Ebenen, wo sie sicher sind vor Hochwasser. ›Es gibt keinen Fehlalarm in diesem Kosmos‹, dozierte Doc Hans gerne, wenn man ihn darauf ansprach.

Er hatte auch die simple Geschichtsschreibung der Buschleute begriffen. ›Wir leben aus der Erinnerung an Regen‹, hatte Namkwa eines Tages gesagt. Ein Satz wie in Erz gemeißelt. Regen ist das Manna der Buschleute. Fällt er, geht es ihnen gut; bleibt er aus, trifft sie die Dürre fast noch schlimmer als das Land. Deshalb merken sie sich, wann es mal viel und mal überhaupt nicht regnete. Das drücken sie dann so aus: ›Das war das Jahr, als der Elefant in der Ebene ertrank.‹ Oder: ›Das Jahr, als wir den Staub von den Blättern schlürften.‹ Eine wunderbare Weise, sich Daten zu merken.«

X'Oli mischte sich ein: »Einmal hörte ich, wie einer meiner Leute sagte: ›Das war damals, als die Paviane warteten, bis wir pinkeln gingen.‹«

»Das muss ja wirklich ein grausig dürres Jahr gewesen sein«, sagte Karame. »War das nicht 1998?«

X'Oli zeigte ihm den Vogel, wie er es gelernt hatte von den Weißen.
»Es wäre schön, wenn auch wir so eine Geschichtsschreibung hätten«, sagte Andy. »Wenigstens ab und zu. Denn es ist eine Historie der Bedürfnisse, des Gefühls, der Instinkte, der Individualität. Nicht der Schlachten, der Tode und der Staatstermine.«
»Es gibt noch etwas im Leben da draußen bei den San, das Doc Hans erst nur auffiel, dann verwunderte und schließlich ärgerte: Die Buschleute nahmen ihn als Mann nicht wirklich ernst. Ihn, den Riesen, den Wissenschaftler, den Weißen, den Vater, den Kriegsveteranen, der mehr als sein halbes Leben hinter sich hatte. Weil sie davon ausgehen und es sehen, wenn sein Lendenschurz hochflog, aber vielleicht hatte es ihnen auch Namkwa gepetzt, dass es in seiner Kultur keine Mannbarkeitsriten gibt wie bei ihnen, zumindest keine, die sie als solche erkennen oder anerkennen würden. Doc Hans war in ihren Augen nicht initiiert – er war kein vollwertiger Mann, sondern nur ein männliches Wesen. Irgendwann fragte der Doc Gruxa, seinen Schwiegervater, warum er, aber kein anderer Mann, bei einer weiblichen Initiationsfeier dabei sein durfte. Gruxa antwortete, dass er ein ›Mannkind‹ sei, kein richtiger Mann, und dass deshalb seine Anwesenheit nicht zähle. Darauf bat Doc Hans, auch ihn dieser teilweise sehr schmerzhaften Prozedur zu unterziehen. Schließlich taten sie es, sie initiierten ihn, aber was dabei geschah, darüber hat der Doc eisern geschwiegen. Wie es das Gesetz verlangt.«
»Du weißt es doch, X'Oli«, sagte Karame.
»Wenn es euch euer eigener Mann nicht erzählt hat, warum sollte ich es tun?«, erwiderte der Buschmann.
»Bei Namkwa ersetzte Doc Hans das Wort Liebe durch das Wort Zärtlichkeit. Was auch nicht schlecht ist, aber weniger erwachsen, weniger in die Tiefe der Gefühle geht und eher nach Bevormundung klingt. Wenn er zum Beispiel sagte: ›Ich fühlte nichts als Zärtlichkeit für dieses kleine Wesen, das mein Bett teilte.‹«
»Warum floh der Doc am Ende aus der Kalahari?«, fragte Rieke.
»Er hat darüber nur einen Satz geschrieben«, antwortete ich, »in einem Brief, den er mir schickte, um mir zu sagen, dass er nun wieder in Johannesburg lebe. Der Satz lautete: ›Ich lebte glücklich und

zufrieden mit einer wunderbaren Frau in einer Reisighütte, aber ich wollte endlich mal wieder aufrecht in einem Zimmer stehen.‹ Das ist der seltsamste Scheidungsgrund, von dem ich je gehört habe.«

»Aber was hat Namkwa dazu gesagt?«, wollte Andy wissen.

»Ihre Begründung war sehr weiblich und sehr simpel: Er schäme sich ihrer und lasse sie deshalb in kritischen Situationen ihres Lebens alleine.«

»Meinte sie damit die mysteriöse USA-Reise der beiden, von der jeder gehört hat, aber keiner etwas weiß?«, fragte Karame.

»Ja, sie war der Höhepunkt und der Endpunkt ihrer Ehe. Und sie ist eine der spannendsten Geschichten des Jahrhunderts – ein Hollywood-Stoff. Aber auch dort sitzen relativ viele Idioten, sonst wäre das längst verfilmt worden.«

»Wie kam es überhaupt zu dieser Reise«, fragte Rieke.

»Sie waren eingeladen worden, um – wie es Doc Hans ausdrückte – der Welt die intellektuellen Fähigkeiten der Kalahari-Buschleute zu beweisen. Ein an sich ehrenwertes Vorhaben, aber das bedeutete: Namkwa musste erstmals die Wüste verlassen, ungewohnte Kleidung und Schuhe tragen, sich fotografieren lassen, Dokumente ausfüllen, einen Pass erhalten, ein Flugzeug besteigen, mit Messer und Gabel an gedeckten Tischen essen, kaltes Klima, Asphalt, Städte, Hochhäuser und Menschenmengen ertragen – und bei Pressekonferenzen Rede und Antwort stehen. Sie verhielt sich fabelhaft, absolvierte das Programm mit Bravour; konnte aber nicht begreifen, warum sie im Jeep von Doc Hans unter einer Decke auf dem Rücksitz liegen musste, als er sie aus Botswana holte und die Grenze zu Südafrika überschritten war.«

»Warum?«, fragte X'Oli.

»Aus dem gleichen Grund, warum Namkwa in den Straßen von Johannesburg, der ersten Stadt, die sie in ihrem Leben sah, immer mindestens zehn Meter hinter ihm gehen musste. Und warum sie getrennt vom Ehemann bei einem seiner Bekannten wohnen musste, während er im Hotel schlief. Und warum mussten sie in zwei Taxis fahren, sogar zum Flughafen hinaus, dieser Fabelwelt für jeden Buschmann? Und warum verbot er ihr sogar, ihn zu kennen, solange sie nicht in der Luft waren? Erst an Bord der Maschine in die USA durfte sie sich neben ihn setzen und von ihren Verwunderungen und Ängsten berichten. Feige hatte Doc Hans dringende Termine vorgeschoben, wenn er sie alleine ließ, und tat dabei so, als habe er alles wunderbar arrangiert. Doch Namkwa durchschaute ihn: In der weißen Welt schämte er sich ihrer. Zumindest in Südafrika, dem Apartheid-Staat. Da hatte er Angst vor dem Wort Freak-Sex und der Verachtung der Rassisten, wenn er, der weiße Riese, mit seiner Frau, dem afrikanischen Zwerg, über die Straße lief.«

»Was für eine schäbige Haltung!«, empörte sich Karame. »Da holt Doc Hans ein Mädchen aus der Steinzeitkultur der Kalahari unvorbereitet ins 20. Jahrhundert und führt es in den USA vor wie eine Zirkusnummer, um akademischen Ruhm, ein fettes Honorar und ein Stipendium für seine weitere Arbeit abzuholen,

Im Kreise seiner Buschmann-Freunde genehmigt sich der große Weiße einen Drink.

und lässt das Buschmädchen genau dann allein, als es über die Schwelle der Jahrtausende tritt und auf den Asphalt, der ihr Angst macht.«

»Namkwa hat damals erstaunt gefragt: ›Wo ist die Erde?‹«, fiel mir ein.

»Hast du ihn mal darauf angesprochen?«, fragte Andy.

»Ja, und der Doc gab eine für ihn typische Antwort«, sagte ich. »Er habe nur die bestehenden Gesetze seines Gastlandes, der Republik Südafrika, eingehalten, eines Landes, das sich ihm gegenüber immer sehr fair verhalten habe. Außerdem habe er gesehen, wie schnell Namkwa in der fremden Welt zurechtgekommen sei, sie habe zum Beispiel nicht eine Sekunde gezögert, zu Messer und Gabel zu greifen, als die Stewardess ihr im Flugzeug das Bordessen serviert habe. Doc Hans hatte Namkwa in jeder Beziehung unterschätzt. Sie fand sich tatsächlich sehr gut zurecht, und je mehr sie dies tat, desto weniger brauchte sie ihn. Er verlor ihren Respekt und nach dieser Reise hatte Namkwa keinerlei Scheu mehr, Doc Hans zu betrügen. Sie nahm eine Kinderfreundschaft mit einem jungen San auf, weil sie sagte, er gebe ihr das Gefühl der Zusammengehörigkeit, das sie bei ihm, dem Ehemann, vermisst habe. Die Ehe war am Ende. Namkwa fühlte sich missbraucht als sein Forschungsobjekt und als seine Einstiegsluke in die Welt der Buschleute, und so wie sich Doc Hans am Ende nicht wohl fühlte in seiner Reisighütte, so mochte Namkwa nicht weiter leben auf der Schnittstelle der Kulturen, hin- und hergerissen zwischen der Millionen Jahre alten Tradition und der nur einen Moment andauernden Evolution in Form von Doc Hans. Namkwa hatte begriffen, dass sie für ihn in ihrer Welt einen Wert darstellte, in seiner Welt jedoch nicht.«

»Aber nun erzähl' doch endlich die Geschichte, die der Doc mit Namkwa in Amerika erlebte«, bat Rieke.

»Morgen«, sagte X'Oli plötzlich. »Es sieht nach Regen aus. Lasst uns schlafen, solange wir trocken sind. Holz ist auch keins mehr da. Gibt es wenigstens noch Kaffee?«

Er nahm sich einen Becher voll, trank ihn mit einem Zug, wickelte sich in seine fadendünne Air-Namibia-Decke, durch die schon die

Sonne schien, und schnarchte wenig später in seiner Sandkuhle. Mit Buschmännern lässt sich schlecht diskutieren. Sie fassen einen Entschluss und sind nicht umzustimmen. So sind sie und so bleiben sie und das ist gut so. Solange es sie noch gibt ...

Die Geschichte von der Steinzeitfrau, die nach Amerika flog

»Eine Buschfrau wird im hohen Bogen aus der Steinzeit über den Ozean in das modernste Land der Welt geschleudert. Ein Erlebnis, das selbst Menschen aus dem deutschen Geesthacht, dem spanischen Gerona und dem botswanischen Gaborone in Erstaunen versetzt hätte; wie erst ein Buschmädchen aus der Kalahari? Es ist rührend, was Namkwa in einen Koffer packte, den Doc Hans ihr gekauft hatte: zwei geblümte Baumwollkleider, Geschenke von ihm, ein Holzkistchen, in der sie etwas Geld hortete, eine Knochennadel und mehrere dünne Sehnen, um die Glasperlen aufzuziehen, von denen sie einen ganzen Beutel dabei hatte, eine schöne, mit Glasperlen verzierte Handtasche, die sie – wem auch immer – als Gastgeschenk überreichen wollte, einige Röcke aus Tierhaut, mit Glasperlen verzierte Lendenschurze und ihr Dongo. Das ist ein hölzerner Resonanzboden unter mehreren elastischen Metallfedern, die an ihn geklammert sind. Hält man das Dongo zwischen den Handballen und zupft die Federn mit den Daumen, ertönen verschieden hohe Töne, und wegen seiner Form nennt man das Dongo auch Buschmann-Klavier.«

»Pling-pling« machte es aus der Richtung von X'Oli, er hatte sein Dongo dabei.

»Ihre erste Lektion in moderner Zivilisation bekam Namkwa noch in Johannesburg, als ein Freund von Doc Hans für die beiden ein Essen bei sich zu Hause gab und Kellner zum Servieren angeheuert hatte. Zum ersten Mal saß das Buschmädchen an einer gedeckten Tafel mit Damast-Tischtuch, Tellern aus Porzellan und silbrig glänzendem Besteck. Und die Speisen wurden ihr von zwei Männern eines mächtigen Stammes gereicht, die auch noch standen, während sie, die Buschmannfrau, auf einem Stuhl saß. Was passiert in einem solchen Moment im Kopf eines Menschen, der nackter Nomade ist in einer von Männern dominierten Welt? Wie schnell begriff Namkwa, was Tischmanieren sind? Unglaublich schnell. ›Wir hatten ihr lediglich gesagt, wozu die drei Besteckarten Messer, Gabel und Löffel dienen und dass man die außen liegenden Bestecke zuerst nimmt‹, sagte Doc Hans. Den Rest kopierte Namkwa: Sie saß da, schaute zu und machte es nach. Es war ein kleiner Beweis, dass kaum ein anderes Volk als die Buschleute in der Lage ist, sich so problemlos jeder Situation anzupassen.«

»Wohl wahr«, grunzte X'Oli.

»Doc Hans und Namkwa hatten lange überlegt, was sie zur Reise in die USA anziehen sollte. Bequem sollte es sein, um den Übergang von der Halb- oder Ganznacktheit zum Bekleidetsein erträglich zu machen. Gefallen sollten Namkwa die Sachen und sie wollte nicht herausgeputzt erscheinen, die Bekleidung musste zu ihr und der Welt, aus der sie kam, passen. Das war eine schwierige Entscheidung, und als sie in die Maschine nach New York einstieg, trug sie einen schwarzen Lederrock, einen Jersey-Pulli und ein Cape aus Schakalfell. Wegen dieses Pelzes kam es später zu einer niedlichen Begegnung, denn in Philadelphia sprach sie ein Mann auf der Straße an und fragte: ›Was ist denn das für ein Fell?‹ Doc Hans übersetzte Namkwa die Neugier und sie antwortete: ›Nichts Besonderes, das tragen alle, wo ich herkomme.‹ Das stimmte zwar nicht als Cape, aber sonst in allen Variationen. Doc Hans übersetzte auch Namkwas Antwort, und da sagte der Fragende: ›Dann ist diese junge Dame

sicher irgendein Würdenträger aus Afrika?‹ Doc bejahte die Schlussfolgerung.
In den USA angekommen, rief Namkwa immer wieder einen Satz aus: ›Was für eine Menge!‹ Es gab von allem mehr, als sie es sich je im Leben hatte vorstellen können: Häuser, und auch noch so hohe, Wasser, wo es doch bei ihr zu Hause auf jeden Tropfen ankam, Menschen, vor allem dicke, saftige Grünanlagen zwischen all den Steinen, Hunde so vieler Rassen und Größen, Autos, Straßen und – Nahrung. Die Läden quollen geradezu über, in Restaurants bekamen zwei Menschen Portionen serviert, die eine 20-köpfige Buschmann-Familie eine Woche lang ernährt hätten, und bei jedem Essen, das man ihr zu Ehren gab, wurde nur ein Zehntel von dem verzehrt, was aufgetragen wurde. ›Was für eine Menge!‹, rief Namkwa immer wieder. ›Ich hatte keine Ahnung, mit wie wenig die Buschleute leben müssen. Mir kam unser Leben reich vor – jetzt weiß ich, dass das ein Irrtum war.‹ Ein wunderbarer Satz, aber eine scheußliche, die Zukunft störende Erkenntnis. Und als sie wieder in der Kalahari war und Namkwa den anderen Buschleuten erklären wollte, was sie in den USA gesehen hatte, hörten sie ihr mit aufgerissenen Augen zu. Aber sie glaubten ihr nicht. Kein Wunder: ›Sie dachten, ich lüge, um mich wichtig zu machen. Sie vermochten sich einfach nicht vorzustellen, dass es so etwas geben konnte‹, schloss sie.
Was Namkwa in den USA am meisten beeindruckt hatte, war die fruchtbar grüne Landschaft hinter oder mitten in den Städten: ›Warum‹, fragte sie, ›wachsen hier alle Blumen und Früchte der Welt, und bei uns in Botswana nichts?‹ Und weiter: ›Warum wohnen die Menschen in den braunen Städten, wenn es nur wenige Kilometer weiter Wiesen und Wälder gibt. Für uns und unsere Dichter sind Städte grau, für Namkwa waren sie braun. Weil diese Farbe für sie das Synonym für Unfruchtbarkeit war, nicht Grau. Grau gab es in ihrer Welt nicht. Grau war keine Farbe für sie, weil sie in der Natur nicht vorkam, die sie kannte.
Immer wieder, wenn sie an einer Wiese oder einem Park vorbeikam, warf sie sich zu Boden und kullerte im Gras herum. Natürlich hatte sie auch Flugzeuge kennen gelernt, hatte Fernsehen geschaut,

war mit Aufzügen gefahren und hatte irgendwelche Maschinen in Betrieb gesehen; aber all das war für sie Staffage einer fremden Welt, dazu hatte sie keine Beziehung, sie konnte es sich nicht erklären, dafür fehlten ihr die Assoziationen. Sie reagierte etwa so, wie wir ja auch kein Zimmer danach beurteilen würden, wie die Zentralheizungskörper aussehen. Sie wunderte sich über die ungewohnten Dinge, aber akzeptierte sie problemlos als das, was sie waren. Nur wenn Namkwa etwas sah, das es bei ihr zu Hause gab, aber anders oder ähnlich oder viel seltener, dann geriet sie aus dem Häuschen. Sie brauchte den Vergleich zu ihrer Welt, begreifen konnte sie die neuen Eindrücke nur, wenn sie diese – wie Dias – gegen die Leinwand ihrer persönlichen Erfahrungen und ihres Wissens werfen konnte. Daher hatte Namkwa Mühe, Existenz und Sinn von üppigen Blumenläden und Blumen in Vasen zu begreifen. In der Kalahari sind Blumen Heilpflanzen, Tierfutter oder nach Regenfällen auftauchende, ganz und gar nutzlose Dinge. Blumen haben für Buschleute keinen ästhetischen, keinen dekorativen Wert. Einmal betrat sie mit Doc Hans den besonders reichlich bestückten Shop eines Floristen und fragte ihn verwundert, ob das eine Dispensary sei – so nennt man die Apotheken ihrer Heimat. Denn so viele verschiedene Blumen könnten doch nur Medizin sein. Aber, wie gesagt, sie lernte schnell, und es war ein Zeichen ihrer besonderen Weiblichkeit, dass sie begann, sich über Blumen zu freuen, die man ihr schenkte. Sie behielt sie, bis sie vertrocknet waren, sammelte sie dann in einer leeren Flasche und nahm sie schließlich mit nach Botswana.
Aber was macht eine Frau, die es gewohnt ist, außer einem Lendenschurz nichts zu tragen oder nur gelegentlich ein Tierfell über die Schultern, wenn sie mit Mode konfrontiert wird? Namkwa brauchte keine 48 Stunden, um die Faszination des schick Bekleidetseins zu entdecken. Kleider, Röcke, Pullis, Blusen, Hüte, Schuhe, Mäntel begann sie zu lieben. Spiegel – auch neu für sie – wurden zum Alter Ego für Namkwa. Plötzlich wollte sie nicht mehr anders aussehen als die Frauen um sie herum – möglichst noch schöner. Nur wenn sie fror, war ihr die Mode egal, dann hüllte sie sich in jedes greifbare Kleidungsstück, sogar in Wolldecken.

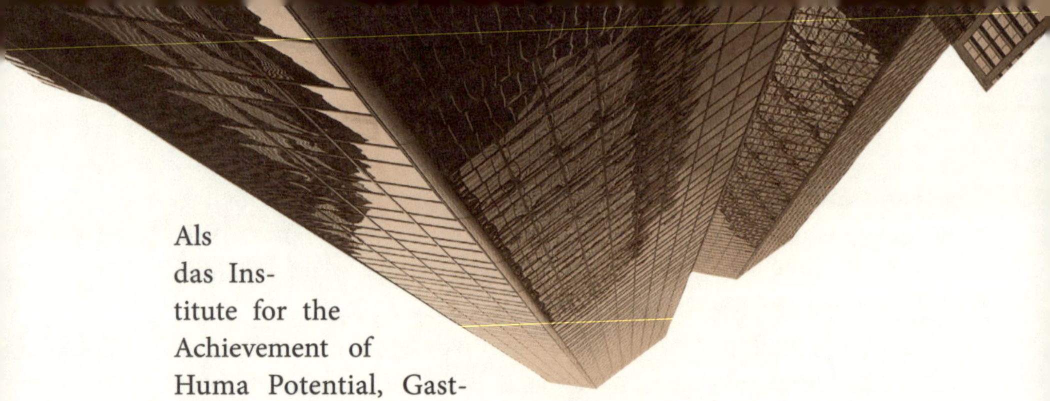

Als das Institute for the Achievement of Huma Potential, Gastgeber von Namkwa und Doc Hans, ein Bankett zu Ehren des Buschmädchens gab, durfte sie sich ein festliches Kleid nur für diesen Abend kaufen. Ihre Wahl fiel auf drei himmelbaue Minikleider, von denen ihr eines mit einem tiefen Rückenausschnitt besonders gut stand. Sie betrachtete sich im Spiegel, drehte sich um die eigene Achse und war entsetzt: ›Da laufe ich ja halbnackt herum‹, stellte sie fest. ›Was sollen denn die Leute von mir denken?‹ Sie entschied sich für ein Kleid mit hochgeschlossenem Kragen. Da war sie, die ihr ganzes Leben in der Unschuld wilder Nacktheit gelebt hatte, auf einmal nicht mehr die Eva aus dem Paradies. Der Sündenfall hatte sie in den USA ereilt, plötzlich empfand sie einen etwas tieferen Rückenausschnitt als schamlos. Als Doc Hans sich darüber wunderte, erwiderte Namkwa: ›Zu Hause gehört es zu meinem Leben, dass ich nur einen Lendenschurz trage, aber hier in Amerika bin ich Ehrengast, da ist so etwas unmöglich.‹ Was für ein feines Taktgefühl ...

Im Institut unterzog man Namkwa einigen Intelligenztests und sie meisterte sie großartig: Ein Dutzend englischer Wörter konnte sie auf Anhieb fehlerfrei kopieren, nachdem man sie ihr viermal auf einer Tafel vorgeschrieben hatte. Als man ihr zeigte, wie ihr Name aussieht, schrieb sie ihn sofort nach. Namkwa lernte zu zählen, erkannte binnen einer Woche alle Zahlen bis 100 und begann, einfache Additionen zu machen. Man war daraufhin der Meinung, Namkwa besitze eine überdurchnittliche Intelligenz, aber der Doc widersprach etwas ungalant: Sie sei guter Buschmann-Durchschnitt, könne sich aber wesentlich schneller und besser auf neue Verhältnisse einstellen und entwickle weit größere Initiative als ihre Stammesgenossen. Das mache sie zu einer Ausnahme und zu einer geborenen Häuptlingsfigur.

Nur zu Beginn der USA-Reise hatte Namkwa Schwierigkeiten gehabt, sich auf die fremden und vielen Menschen einzustellen. 24 Stunden lang hatte sie kaum einen Ton gesagt, war verschlossen gewesen und hatte den Blick gesenkt, wenn mehr als drei Personen um sie herumstanden. Wen wundert es. Das gab sich aber schnell nach dem Besuch einer Disco: Sie hörte die Musik und plötzlich machte ihr das Gedränge vieler fremder Menschen nichts mehr aus. Namkwa stürmte die Tanzfläche und begann, sich im Rhythmus zu drehen, reckte ihre Hände über dem Kopf, schloss die Augen und stampfte barfuß zur Musik auf. ›Diese Musik ist viel schöner als die Musik, die ich bisher kannte‹, sagte sie.

Als Doc Hans sie in eine Bar mitnahm, in der ein Pianist live spielte, setzte sie sich fasziniert neben ihn, konnte ihren Blick kaum von den Bewegungen seiner Finger auf den Tasten abwenden und vergaß die Welt um sich herum. Man konnte fast sehen, wie sie die einzelnen Töne durch die Luft verfolgte, bis sie verklungen waren. Als der Pianist pausierte, setzte sie sich ans Klavier und produzierte Töne, indem sie mit einem Finger, sanft wie ein Schmetterlingsflügel, die eine oder andere Taste bewegte und dabei ihr Ohr ganz nahe an das Elfenbein brachte.

›Who's this beautiful girl?‹, fragte der Pianist.

›Eine Wilde aus Afrika, direkt importiert aus dem Busch‹, sagte ein Anthropologe aus dem Institut. Der Pianist, ein Afro-Amerikaner, sah Namkwa ungläubig, aber hingerissen an. Er nahm ihre Finger, führte sie über das Schwarz-Weiß der Tasten, schlug eine kleine Melodie mit ihnen an, eine simple Sequenz, so als würde Namkwa selbst spielen, und sie löste ihre aus seinen Fingern und versuchte es selbst. Und als es ihr nicht genauso schön gelang, lachte sie und schlug dem Pianisten auf die Hand, im Spaß, im Spiel.

Noch beeindruckter war Namkwa von klassischer Musik. Mit Doc Hans besuchte sie ein Sinfoniekonzert in der New Yorker Carnegie Hall – und es war für sie das Größte, was sie je erlebt hatte. Mit offenem

Mund lauschte sie den Harmonien und flüsterte immer wieder: ›Das ist so schön, das ist so schön.‹ Sie flehte so lange, bis Doc Hans sie in ein zweites Konzert mitnahm. Mit der gleichen Wirkung: ›Sie saß da‹, erzählte er, ›als wäre sie erstarrt in einer Art Zauber.‹
Eigenartigerweise machte die Musik Namkwa nicht nur glücklich, sondern sie weckte auch Heimweh. Dann setzte sie sich im Hotelzimmer auf den Boden, zog das Wenige an, das sie in der Kalahari tragen würde, und spielte auf ihrem Dongo, dem kleinen Buschmann-Klavier. Einmal liefen ihr dabei Tränen über die Wangen, sie blickte Doc Hans aus traurigen Augen an und fragte: ›Wo geht es nach Ghanzi?‹ Er antwortete, indem er nach Südosten deutete: ›In diese Richtung liegt es, aber es ist sehr weit weg, und wenn du dorthin gehen müsstest, würden deine Füße nass werden.‹ Da war die Zeit gekommen, die Reise zu beenden. Das Buschmädchen begann unglücklich zu werden. Die Faszination des Unbekannten wich der Sehnsucht nach dem Vertrauten. Man muss sich nur vorstellen, dass es für viele Dinge, die Namkwa begegneten, in ihrer Sprache nicht mal einen Namen gab. Sie konnte also nicht sagen, was sie sah oder erlebte, aber sie konnte ihre Eindrücke schildern.
Die Huperei der Autos? Sie glaubte: Sie schreien vor Angst. Richtig. Schiffe, gerade die riesige ›Queen Elizabeth‹, die im Hafen von New York lag? Für sie waren es Häuser auf dem Wasser. Stimmt auch.
Denkmäler wie die Freiheitsstatue? Versteinerte Menschen. Ziemlich clever. Dass die Statue aus Metall ist, konnte sie nicht fassen: Warum versinkt dann die Insel nicht?
Jogger? Menschen, die es eilig haben. Die Information, dass diese Läufer kein Ziel hatten außer dem, in 20 Jahren immer noch so laufen zu können, war ihr seltsam vorgekommen.
Fernsehen? Das beeindruckte Namkwa wenig, sie wusste ja ungefähr, was Kino war, und Fernsehen war für sie Zimmerkino. Sie interpretierte nur einzelne Programme anders: Quizshows waren für sie Schulunterricht und Nachrichtensendungen die Verlautbarungen der Regierungen.
Hochinteressant war, dass Namkwa über Dinge nachdachte, an die wir keinen einzigen Gedanken verschwenden: Wieso war es Nacht

vor dem Fenster des Zimmers, in dem der Fernseher stand, und im Fernsehen wurde ein Zimmer gezeigt, vor dessen Fenster lichter Tag war? Und umgekehrt. Namkwa, das Buschmädchen, hatte eine neue Dimension des TV-Zeitalters entdeckt – die wahrhaft vierte, die virtuelle Dimension.

Für all diese Dinge, die sie nie vorher gesehen und gebraucht hatte, übernahm sie die englischen Namen oder formte Begriffe aus der Buschmann-Sprache zu Phantasieworten. So wurde aus der Minibar eine ›kalte Hütte‹, so wahnsinnig viel größer sind Behausungen in der Kalahari ja nicht. Aus einem Drachen, den ein Kind im Central Park steigen ließ, machte sie einen ›zahmen Papiervogel‹, denn er war ja angeleint. Oft benützte sie Begriffe, die uns vertraut sind, die wir aber als altmodisch empfinden: Das Telefon etwa war für sie ein Fernsprecher ...

Das war alles, was ich über den Aufenthalt in den USA erfahren konnte«, sagte ich. »Viele Erlebnisse hat Doc Hans verschwiegen: Wie Namkwa mit einem Badezimmer umging oder wie sie U-Bahn fuhr. Wie ging sie mit Afro-Amerikanern um, fragte sie nicht, wie sie nach Amerika gekommen waren? Auch verlor Doc Hans kein Wort darüber, ob Namkwa Defizite empfunden hatte, zum Beispiel weil sie Analphabetin war, oder weil sie so klein wirkte in diesen gigantischen amerikanischen Citys. Ist es nicht so, dass ein Mensch, der 1,40 Meter klein ist, das Empire State Building für mindestens 40 Meter höher hält als einer, der 1,80 Meter misst? Genauso wie ein 2,50 Meter hohes Zimmer jemandem, der eine Reisighütte von 1,20 Meter Höhe bewohnt, als Saal erscheinen muss. Ich glaube auch, dass ein so kleiner Mensch eine andere horizontale Dimension in Manhattan empfindet, weil er kleinere Schritte macht, wenn er sich vorwärts bewegt. Ein Block, wie die Amerikaner eine Häuserzeile zwischen zwei Straßen nennen, ist für ein Buschmädchen eigentlich zwei Blocks lang. «

Wir schwiegen und dachten lange nach über Namkwas Besuch in den USA. Warum war sie nicht stärker von dieser Welt beeindruckt? Was befähigte sie, nicht verrückt zu werden, als sie wieder in der Kalahari saß?

Eine Herde Perlhühner lief vorbei, die Masochisten der Savanne: Droht Gefahr, schreien sie, statt sich zu verstecken, und kommt ein Auto, warten sie, bis es da ist, und überqueren dann die Straße. Auf einer Strecke von 100 Kilometern in Afrika, schätzte Doc Hans, sterben mindestens fünf Perlhühner durch Selbstmord. Aber hübsch sind sie. Kaffeewärmer aus Pepitastoff auf Beinen. Mehrere Sternschnuppen fielen aus dem Firmament, erschienen wie Kreidestriche auf einer Schultafel, und es roch nach Aas. Ursprung des Gestanks war aber nicht ein totes Tier, sondern ein Ameisenbau; dessen Königin stinkt so, und das bringt die Männchen in Ekstase. Im See an der *Dritten Brücke* klatschte etwas auf – wahrscheinlich ein Tilapia, ein kapitaler Speisefisch, den es schon gab, als der Homo australopithecus beschloss, Ostafrika zu verlassen und sein Heil in Europa zu suchen. Es war fast windstill, nur ein leichter Wind brachte die getrockneten Blätter der Borassus-Palme zum Reden, nein, es war mehr ein Schwätzen, ein Wispern, und weil es so windstill war, hielt unser Feuerholz doppelt so lange. In der Ferne hörte man die wilden Bienen stöhnen, so klang es. Und diese beredte Stille ist es, die Menschen im Kopf herumgeht, die sie einmal erlebt haben. Das Ohr ist der Herr der Sinne hier draußen, wer nicht hören will, muss fühlen. Man begreift, warum die Sinne etwas zu tun haben mit ihrem Verwandten, dem Sinn.

Es ist eine Stille, in der man spürt, dass sie der Lebenslärm der wilden Tiere ist. Betroffen nimmt man wahr, dass auch die Stille ein Echo haben kann, das natürlich noch stiller ist als die Stille. Es ist die verdoppelte Stille. So empfindet man das, auch wenn ein Realist es so nie hören würde. Afrikas Stille ist eine Stille der Spannung, des Wartens, des Zuhörens. Es passiert nichts, aber wer nicht gut zuhört, dem passiert etwas. Das ist das Gesetz der Savanne.

Wir waren am Morgen auf Safari gefahren, um »Green's Tree« anzufassen, weil das Glück bringt. »Green's Tree« heißt so, weil

er in
1,60 Meter
Höhe über dem
Bodeneine Inschrift
trägt: »Green's Expedition
1859«. Der Brite war dabei, als David Livingstone 1858 nach Afrika zurückkehrte, und so stolz, dass er sich verewigte in der weichen, fast rosafarbenen Rinde dieses Baobab, der schon damals ein Riese war: Man braucht 100 Schritte, um ihn zu umkreisen, in zwei Meter Höhe teilt er sich in drei Stämme, an ihrem Ursprung bilden sie tiefe Spalten auf dem Hauptstamm, man kann frisches, klares Wasser darin finden, und er ist etwa 40 Meter hoch, eine Kathdedrale der Kalahari. Es ist der größte Baobab in allen 20 Ländern Afrikas, in denen diese Baumart vorkommt, und wenn man einen Gartenzwerg neben den Weihnachtsbaum vor dem Rathaus in Berlin stellt, dann bekommt man einen Begriff, wie winzig ein Mensch neben »Green's Tree« aussieht. Livingstones Schnitzzeichen fehlt in der Rinde, er wollte den Baum nicht verletzen, erzählt man, und das macht ihn noch sympathischer. Green hatte solche Bedenken nicht, aber er war damals auch nicht so berühmt wie Livingstone, wurde es später auch nie, und inzwischen hat man sogar seinen Vornamen vergessen.

Der Baobab wirft einen gewaltigen Schatten, aber nicht mit seinen spärlichen Blättern, sondern mit seinem gewaltigen Stamm. In den Schatten hauten wir und ins Gras, auch wenn es so vereinzelt wuchs wie die Haare auf der Glatze eines älteren Mannes, denn wenn man das tut, dann ist es so, als kauere man vor einem Wolkenkratzer wie ein Bettler in Manhattan.

»Könntest du uns nicht so etwas Ähnliches erzählen?«, forschte Andy und sah Rieke an. »Wenn du wolltest – oder kannst …? Ich weiß, da gab es etwas in deinem Leben, und vielleicht sind wir hier draußen ja …«
Rieke schwieg. Noch …

Die Geschichte von der weißen Frau und dem schwarzen Mann

Ezechiel, war ein Afrikaner, den sie alle »Zeck« nannten. Weil Ezechiel 1. biblisch ist, 2. zu lang und man 3. Ezechiel nicht vertraut aussprechen kann, es klingt immer katholisch. Zeck kann man freundschaftlich rufen und vertraut flüstern. Auf ihn spielte Andy an und auf eine Liebesgeschichte. Wie die von Doc Hans und Namkwa, nur mit umgekehrten Hautfarben. Rieke und Zeck hatten das riskiert. Aber nicht in der steppigen Einsamkeit der Kalahari, sondern in Johannesburg, Kapstadt, Durban und auf Safaris. Vor Zeugen. In der Apartheid von Südafrika. Was für Zeck ein Triumph war, den er nicht beabsichtigt hatte, und für Rieke der Absturz, zu dem sie das 20. Jahrhundert zwang, das unmoderner war, als es sich auf der Weltuhr zeigte. Rieke, die Pharmazeutin aus Deutschland, 45 Jahre alt, Single, und Zeck, der Zulu, 38 Jahre alt, auch Single, dessen Beruf es war, Touristen in den albernsten Autos der Welt durch die Wildnis zu chauffieren: den wie Zebras angestrichenen Safari-Cabrios. Die Gebildete und der Wilde. »Die Schöne und das Biest«, wie man sie nannte, was zwar der Titel eines Märchens ist, aber in der Realität eine Unverschämtheit.

Zehn Jahre hatten sie versucht, wie Mann und Frau zu sein, nicht zu leben – das dann doch nicht, damals in Südafrika –, aber glücklich in jeder Sekunde, bis man Zeck eines Tages tot aufgefunden hatte, oder das, was von ihm übrig war, und das war nicht viel. Sie müssen ihn aus dem Auto gezogen, irgendwie umgebracht – wie, war nicht mehr festzustellen, weil zu viel fehlte von seinem Körper – und in den Busch gelegt haben. Die mörderischen Spuren hatten Hyänen, Schakale, Geier, Ameisen und Maden beseitigt. In aller Unschuld, denn sie hatten Hunger gehabt. Am Tanzanit, den Rieke für Zeck in einen silbernen Ring hatte einarbeiten lassen, wurde er schließlich erkannt. Tanzanit ist in Afrika der Edelstein der Liebenden, die ohne Pomp auskommen und denen das innere dunkle Gleißen aus dieser zu Glas gewordenen Seele Afrikas geheimnisvoller erscheint als die Brechung des Lichts in Diamanten.
Es war wohl Neid gewesen. Oder Rache. Weil Zeck die unsichtbare Grenze überschritten hatte mit seiner Liebe. Neid, weil es ihm gelungen war, Liebe in einer weißen Frau zu wecken. Nicht nur Lust, denn dass schwarze Männer mit weißen Frauen schliefen, kam häufig vor. Weil viele Frauen nur aus diesem Grund Safaris buchten: um die Wildheit des Wilden zu spüren. Auf der Suche nach der »Busch-Ekstase« – nach dem Kick des immer noch Undenkbaren, nach jenem egoistischen Bewusstseinszustand, der da heißt: Ich kenne dich nicht, ich will dich auch nicht kennen, ich sehe dich nie wieder, aber dring' in mich ein, nimm mich, mach's mir gut, ich will schreien, spritzen und das Monster in mir spüren in einem Orgamus, dessen Erinnerung, dessen Bilder, dessen Schamlosigkeit und dessen Fremdartigkeit ich noch jahrelang verwenden kann, um es mir selbst zu machen. Als Spielmaterial nächtlicher Phantasien.
Bei Rieke und Zeck war es anders gewesen. Sie hatten sich geliebt mit der Innigkeit zweier Hälften, die bei der auseinander verlaufenen Entwicklung der Hautfarben vor Jahrmillionen getrennt worden waren. Sie vergaßen, dass sie schwarz und weiß waren, und hätten es nicht mehr gesehen, wenn sie nicht immer wieder darauf hingewiesen worden wären: mit Säure in den Augen, Stimmen und Zeigefingern.

»Ich kann eigentlich nicht darüber sprechen«, sagte Rieke.
»Das musst du auch nicht«, sagte X'Oli, der als Buschmann das härteste Leben von allen führte, aber der taktvollste war. Sein Volk hatte nur überlebt, weil es sich und seinen Nachbarn Taktlosigkeiten möglichst erspart hatte. Deshalb waren die San vor ihren Mördern sogar in die Wüste geflohen. Denn nichts ist taktloser als getötet zu werden oder selbst zu töten, um nicht getötet zu werden.
»Ist euch schon aufgefallen, dass wir die ganze Zeit über einen Toten und seine Buschfrau reden? Doc Hans kann sich nicht wehren, uns nichts erwidern«, warf ich ein. »Wir versuchen zu begreifen, was die beiden, die von zwei weit entfernten Gestirnen gekommen und mitten im Weltall zusammengeprallt waren, zueinander geführt hat. Wie sie zusammen lebten und was sie getrennt hat. Ob es eine Gefühlsebene gibt, die alles, was Rassen trennt, ad absurdum führt. Ob Vermischung die Lösung ist, um Fremdartigkeiten aufzulösen. Du könntest es uns sagen, Rieke.«
»Zeck war anders«, begann Rieke ganz leise, fast flüsternd. »Ihr kanntet ihn nicht. Niemand kannte ihn, vor allem nicht seine Mörder. Ich habe noch nie darüber geredet. Und ihr seid nur Männer. Woher weiß ich, ob ihr mich wenigstens im Ansatz verstehen könnt – so wie eine Frau mich vielleicht verstehen könnte.«
Rieke war schön, war es immer gewesen. Weil sie von jener Schönheit war, die mit 20 alterslos ist und es mit 45 ist und mit 60 auch noch. Weil Frauen ihres Typs mit 20 eigentlich zu alt aussehen, mit 45 passend und mit 60 zu jung. Das ist bei schönen Frauen immer der Fall, die man nur schwer beschreiben kann, weil sie nichts haben, was man mit einem »Aber« kritisieren und mit gewöhnlichem Aussehen vergleichen könnte. Es gibt Frauen, die Typen wie Rieke »langweilig« nennen. Männer tun das eher weniger. Sie sind mit solchen Aussagen vorsichtiger, sie wählen ja eine Frau, wie sie Häuser bauen – beide sollen Bestand haben. Wenn sie die Wahl haben. Dafür können sie nichts, das steckt in ihnen. Das hat die Evolution in Männern verankert. In all den Jahrhunderten, in denen sie die Wahl hatten. Wie Rieke sehen manche Adelige aus, bei denen man sofort erkennt, dass sie adelig sind. Das sind Gesichter, in die man

sich einen Pickel wünscht, um sich daran festhalten zu können, weil Perfektion, die man selbst nicht besitzt, unerträglich ist. Ungerechterweise sind es gerade diese Frauen, die im Alter weder das Mississippi-Delta mit seinen blauen Verästelungen in ihren Kniekehlen und auf den Oberschenkeln haben, noch die greisigen Hände. Es sind die Frauen, die jede noch so perfekte Kunst der Schönheitschirurgen und alle falschen Altersangaben Lügen strafen.
Rieke besaß dazu die schönsten Beine der Welt, weil sich unter ihrer Haut nicht die Spur einer Muskelballung abzeichnete und sie vom Knöchel bis zur Hüfte mit einer Ebenmäßigkeit verliefen. Auch der beste Maler hätte sie nicht darstellen können, weil in seiner Phantasie die Bilder solcher Beine fehlen – und kein Modell auf ihnen läuft.
Der liebe Gott hatte Rieke dazu einen Busen geschenkt, der ihr in der Jugend zu klein erschien, aber sich mit dem Alter kaum änderte, wenn große Busen zur optischen Last werden, weil das Newton'sche Gesetz sie dazu zwingt, ihre Lage zu verändern, selbst wenn die Konsistenz gleich geblieben ist. Bei ihr waren die Brustwarzen in der Mitte der Höfe und die Höfe in der Mitte der Brüste geblieben. Nackt wirkte das, als trage sie ein Oberteil aus zwei schwebenden Zielscheiben.
Rieke sah altmodisch aus mit ihrer langen schlanken Nase, die man gemeinhin »griechisch« nennt, und ihren großen Augen, denen man die Form der Mandel unterstellt und die immer ein bisschen feucht wirkten, als sei sie gerührt. Was sie unter Wimpern verbarg, die sonst nur Hirschkühe besitzen, oder Models, denen sie Visagisten verschaffen. Braunes Haar von der Farbe nachgedunkelten Mahagonis umrahmte ihr Gesicht, das mit Poren beschenkt worden war, die so winzig waren wie die eines prallen Pfirsichs. Sie ähnelte der französischen Schauspielerin Capucine, vor allem weil sie deren fast unmerklich rosafarbenen Nüstern besaß, durch die arabische Stuten atmen, und aus denen Männer auf besondere sexuelle Qualität schließen. Was wohl nicht ganz falsch ist.
Rieke war von einer Schönheit, die Frauen aggressiv machte und Männer interessiert. Da half es auch nichts, dass Rieke von ihrem

Wesen her die zweibeinige Form eines Onagers, des persischen Wildesels war. Der Onager ist das einzige Tier, das nie vom Menschen gezähmt werden konnte, weil es störrischer ist als Krokodile, Nilpferde und Adler zusammen. Sie tat nichts, was sie nicht selbst wollte. Ihre Freunde hielten sie sogar für resistent gegen Folter. Gegen Überredung sowieso. Für Partner war das schwierig und sie hatte auch nur wenige. Weil Männer Onager riechen. Dafür haben sie einen Instinkt – wie für Hysterikerinnen. Onager und Hysterikerinnen sind die Frauen, die im Alter am Wegesrand stehen und nicht begreifen, warum sie trotz all ihrer Schönheit allein sein müssen oder sich nur ab und zu für ein paar Tage oder Wochen paaren können. Zumal kein weiblicher Onager und keine Hysterikerin je zugeben würde, so oder so zu sein. Meist wissen sie es gar nicht, die einen halten sich für selbstbewusst, die anderen für sensibel. Aber beide sind großartig im Bett. Einen hysterischen Onager zu vögeln, ist der Zustand der Schwerelosigkeit in einem Hurrikan aus Moschus, Sandelholz und Honigdüften. Das ist das ganz große O, das jeder Mann, der je auf dem Erdball geboren wurde, sein Leben lang suchte, sucht und suchen wird. Das O, das dem Paarungszwang der katholischen Kirche widerspricht. Rieke bekam und verschaffte diese Os. Aber sie verschafften ihr keinen Lebenspartner, den sie sich wünschte – bis Zeck kam.

»Ich glaube nicht, dass man uns vergleichen kann mit Doc und Namkwa«, sagte Rieke plötzlich. »Wir liebten uns, ohne Vorteile vom anderen zu haben. Im Gegenteil. Es war anders, wir waren anders. Mir schien, als habe ich auf Zeck gewartet und ihm ...«

»Du musst nichts sagen, wenn du nicht willst, Rieke«, unterbrach Andy sie, der wie wir alle spürte, wie schwer es Rieke fiel, über ihre Liebe zu sprechen. Weil sie es noch nie getan hatte und weil die Erinnerungen ihr in die Seele schnitten. Und doch war die Situation tröstlich: Draußen im Busch spricht man immer zu Gott, wenn man sich öffnet, und von den vier Män-

nern um unser Lagerfeuer waren zwei Afrikaner und bis auf den Buschmann X'Oli hatten sie Zeck entweder gekannt oder von ihm gehört. Männer, die das Mord nannten, was mit Zeck geschehen war, und damit in der Minderheit waren damals. Aber dadurch waren sie automatisch Verbündete von Rieke.

»Lass nur«, sagte Rieke. »Vielleicht tut es mir ja gut. Aber ihr Weißen müsst stark sein, denn was ich empfunden habe mit Zeck, wird euch vielleicht nicht gefallen. Ihr werdet es nicht gerne hören. Oder später, wenn ihr euch daran erinnert. Oder ihr begreift es nicht mal, ihr Khaki-Machos aus dem Busch. Denn mit Zeck habe ich all das geliebt, was Afrika groß und stark und romantisch macht. Ich weiß, auch ihr liebt Afrika, aber ihr tut es von außen, ich habe es von innen erfahren. Es ist in mich eingedrungen, ich habe es gespürt, wie nur eine Frau es spüren kann, dabei wüsste ich so gern, wie unsere Liebe begonnen hat. Aber ich weiß es nicht mehr, ich bilde mir nur ein, es zu ahnen, weil mir das hilft. Der Tod von Zeck hat die Geburt unserer Liebe aus meiner Erinnerung gewischt. Es ist nur noch da, wie es war und endete, nicht wie es anfing. Das muss einen Sinn haben, aber ich begreife ihn nicht. Ich erinnere mich natürlich an unsere erste Begegnung und ans erste Mal, aber nicht an den Moment, als ich gesagt haben muss: Ich bin bereit.«

»Warte einfach«, sagte Karame, der weise alte Botswaner. »Afrika macht aus allen nebulösen Anfängen Legenden. Das wird auch bei Zeck und dir geschehen. Plötzlich ist die Legende da und sie wird sogar den Tod von Zeck verklären. Dazu sind Legenden da in Afrika. Unsere Legenden machen aus einer unglücklichen Vergangenheit eine besinnliche Gegenwart.«

»Wo habt ihr euch zum ersten Mal getroffen?«, versuchte ich hilfreich zu sein.

Rieke begann langsam zu sprechen und im Schein des Feuers spürten wir mehr, als wir es sahen, dass sie dabei lächelte: »Es war völlig unromantisch. Zeck stand am Flughafen von Johannesburg und wartete auf einen Kunden, und ich stand neben ihm und wollte meinen Chef abholen. Als die Maschine aus Frankfurt gelandet war, hielt Zeck ein Schild hoch, auf dem der Name meines Chefs stand.

Da war ein Irrtum passiert, ich sprach Zeck an, sagte ihm, dass ich den Herrn abholen würde, auf den er wartete, aber er hatte seinen Auftrag und sagte, er sehe ein, dass einer von uns umsonst zum Flughafen gefahren sei, aber wer, das müsse der Kunde entscheiden. So korrekt war Zeck immer. Mir fiel auf, wie makellos er gekleidet war, eigentlich zu gut für den Chauffeur eines Safari-Unternehmens: frisch gewaschenes weißes Hemd, dunkelblaue Hose mit Bügelfalten, dunkelblaue Socken, die kaum einer von ihnen trägt, und geputzte schwarze Schuhe. Ich konnte sein Eau de Cologne riechen, nicht teuer, aber auch nicht billig, er war sauber rasiert, hatte gepflegte Hände und schien mir, soweit ich das damals beurteilen konnte, so athletisch gebaut, dass ich gleich vermutete, dass er Zulu sei. Kein Bodybuilder, aber ein Mann ohne überflüssiges Fett und vor allem ohne Hüftspeck und ziemlich groß, ich schätzte ihn auf 1,80 Meter. Was stimmte. Ein attraktiver Mann, der auf sein Äußeres achtete, weil er es sich wert war, nicht weil er sein Geld in der Welt der Weißen verdiente, aber er war beileibe keine Schönheit. Zeck hatte traditionelle Züge, etwas grob sogar, eine hohe Stirn, breite Backenknochen, aber zum Hingucken – so klar wie eine afrikanische Maske, die auch selten Knubbelnasen und Wulstlippen hat. Ein bisschen sah Zeck aus, als sei er der afrikanische Vorfahre des Sängers Harry Belafonte. Aber das Eindrucksvollste waren seine Augen. Sie waren der Grund, warum er sein Dorf im Hinterland von Durban schon sehr jung verlassen musste: eines war braun und eines war grau. Als seine Mutter ihn zum ersten Mal sah, hatte sie geglaubt, er sei auf dem grauen Auge blind. Später wurde Zeck mit Steinen beworfen, weil man glaubte, er habe den ›bösen Blick‹. Tatsächlich war es anfangs auch für mich irritierend, ihm in die Augen zu blicken, weil sie so ungewöhnlich waren. Zeck wusste das und hielt seinen Blick oft gesenkt oder kniff das graue Auge zu beim Sprechen. Ich dachte damals am Flughafen: Was für ein ungewöhnlicher, gepflegter, höflicher Mann. Mehr dachte ich nicht. Es kribbelte auch nicht bei mir.«

»Wer hat gewonnen?«, fragte X'Oli, den als Buschmann Realitäten mehr interessierten als Eventualitäten.

Rieke verstand seine Frage nicht, bis Andy fragte: »Bei wem ist dein Chef eingestiegen – bei dir oder bei ihm?«
»Ach so«, sagte Rieke. »Bei mir! Es war ein Fehler seiner Sekretärin. Aber wir haben Zeck für unsere Safari gebucht, was eigentlich nicht geplant war, ich wollte mit meinem Chef allein hinüber nach Swaziland. Aber mit Chauffeur war es natürlich einfacher.«
»Was wolltet ihr dort?«, fragte ich.
»Einen Spezialisten suchen, der uns in größeren Mengen Makawasan liefern konnte«, sagte Rieke.
»Makawasan?«, fragte X'Oli und richtete sich aus seiner Sandkuhle auf. »Das ist reines Gift. Ein Maul voll bringt einen Elefanten um!«
»Ja, ich weiß«, entgegnete Rieke, »aber wenn man es dosiert, kann man es gut in der Pharmazie verwenden. Wie viele Gifte. Und Makawasan kostet nichts, das wächst wild als Unkraut. Das muss nur einer sammeln. Jeder Farmer ist froh, wenn er es los wird, denn jedes Jahr verrecken Tausende von dummen Kühen daran.«
»Und dann, irgendwann, seid ihr einem schwarzen Amor-Engelchen begegnet, der von einem schwarzen Bogen einen schwarzen Pfeil abschoss und dich in dein schwarzes Herz im weißen Körper traf ...«, scherzte Andy.
»Nein, sie waren zu zweit – das schwarze Amor-Engelchen und ein weißes Amor-Engelchen, das einen weißen Pfeil von einem weißen Bogen abschoss und Zeck in sein weißes Herz traf«, erwiderte Rieke.
»Nach der Safari?«, wollte X'Oli wissen.
»Das ergab sich, als sei es geplant gewesen«, sagte Rieke. »Weil mein Chef glaubte, wovon so viele Chefs überzeugt sind. Leider. Dass eine Frau ihnen gehört, wenn sie sie bezahlen. In archaischen Gemütern steckt so etwas. Besonders in der Zweisamkeit der Einsamkeit, denn Zeck zählte ja nicht. ›Der Neger stört mich überhaupt nicht‹, stellte mein Chef fest. Zeck bemerkte dieses verächtliche, sexuelle Drängen, das mit jedem Tag stärker wurde, sagte keinen Ton und wich mir aber nicht mehr von der Seite. Wie ein schützender Schatten. Was nicht schwer ist, wenn man draußen im Busch zeltet. Da leben drei Menschen wie in einer Einzimmerwohnung – trotz der

Weite. Vielleicht entwickelte ich ein Gefühl für Zeck, weil ich über ihn lachen musste. Wenn ich mit ihm allein war, beim Kochen zum Beispiel, er war der Koch, aber ich half ihm, dann hörte ich, wie er mit seiner schweren Zulu-Zunge murmelte: ›Nahabdichnichso.‹ Ich hielt das zuerst für ein Wort in seiner Sprache, dann begriff ich – Zeck wiederholte, was mein Chef jedes Mal schimpfte, wenn ich mich ihm entzog: ›Na, hab dich nicht so!‹ Auf Zulu-Deutsch klang das komisch. Aber ich bewunderte Zeck dafür, wie feinfühlig und dezent er war, wie taktvoll. Mein Chef benahm sich wie ein Rüpel und Zeck schützte mich ohne diesen peinlichen Nebenbuhler-Effekt: Mann schützt Frau vor Mann. Ich glaube, da habe ich zum ersten Mal gemerkt, dass Zeck einer dieser seltenen Männer war, die keine Angst davor haben, zärtlich zu sein. Weil er einer Frau nicht beweisen muss, dass er ein Mann ist. Er ist es einfach. Wenn ich es mir recht überlege, dann war das wohl der Moment, an dem ich mir vorstellen konnte, die feine rote Linie zwischen Weiß und Schwarz zu überschreiten.

Aber bis dahin vergingen Wochen. Zeck berührte mich, wenn wir uns beruflich trafen, weil er mich berühren musste, zum Beispiel, wenn er mir den Koffer abnahm, mir die Tür aufhielt oder ich ihm das Feuerholz abnahm, das er gesammelt hatte. Aber er berührte mich auch anders. Ich empfand das so. Nie war Zotigkeit in seinen Bewegungen oder seinen Augen oder im Spiel seiner Lippen. Es war ... – wie soll ich das sagen? Vielleicht so: Die Phantasie lief uns voraus. Wir dachten aneinander ohne Gegenwart, wenn ihr wisst, was ich meine. In unseren Köpfen hatten wir die heiligen, kleinen, verschwommenen, aufregenden Bilder, die man mit keinem Menschen teilen kann und die man so oft braucht, wenn man alleine einschläft. Die einen schulen, bereiten vor und enthemmen für das, was in der Wirklichkeit passieren könnte. Und wenn es dann passiert, dann schämt man sich weniger, denn man hat das schon erlebt – alleine in seinem Bett. Dann weiß man bereits, wie man reagiert, wenn das oder das passiert. Die Phantasie ist die Tanzstunde, das Leben der Tango. Zeck und ich, wir merkten beide, dass wir in Gedanken schon viel weiter waren, dass wir uns nackt gesehen hatten, unser Stöhnen

im Ohr und das Gefühl unserer Haut an den Nervenenden. Wir wussten, wie wir rochen und was wir schreien würden, wenn es endlich geschah. Wir hatten die feine rote Linie längst überquert, als wir sie endlich überschritten. Das nahm uns auch das Schuldgefühl, zu dem uns diese verfluchte Gesellschaft zwang.«

Rieke machte eine lange Pause, stand auf, goss schwarzen Kaffee in ihren Becher und lauschte dem Flattern der kleinen Uganda-Tauben, das in der afrikanischen Nacht so heimelig klingt, wie fernes Lachen aus Vorgärten in den Städten. Rieke wanderte ein Stück in die Nacht hinaus, um sich und ihre Gedanken zu sammeln, und kehrte erst zurück, als die Frösche verstummten wegen ihrer Annäherung, was akustisch ein herber Verlust ist. Dafür hörten wir ein feines Klatschen im Fluss, weil ein Nilbarsch vergeblich versucht hatte, Astronaut zu werden und in den Himmel gesprungen war. Karame stimmte ein kleines Lied an, das er eben komponiert und geschrieben hatte:

»Oh Afrika, da komm ich her,
Oh Afrika, dich lieb ich sehr,
Oh Afrika ...
Oh Afrika ...«

Er kam nicht weiter, denn ein großes Stück Wild hetzte ein paar Meter an uns vorbei durch die Dunkelheit, unsichtbar, ängstlich, gejagt. Ein bisschen klang das wie ein galoppierendes Pferd, nur mit größeren Sätzen. »Kudu«, tippte X'Oli. Wir lauschten, ob wir auch den Jäger hörten, aber Pfoten sind keine Hufe. Lautlosigkeit ist die schärfste Waffe in der Nacht, wenn es kaum Bilder gibt. Aber das Getrampel des Kudu verhallte ohne Kill. Es war die Nacht der Liebe, nicht der Beute. Rieke setzte sich wieder zu uns ans Feuer.
»Es war anders, als ich mir das vorgestellt hatte. Ich hatte, bevor ich einen Afrikaner liebte, nur die Phantasien der weißen Männer und die Abenteuer der Touristinnen am Strand von Diani Beach und Malindi gekannt. Über schwarze Männer und über schwarze Frauen, die sie gehabt hatten. Es waren keine netten Erzählungen. Sie waren voll von widerlichen Bemerkungen. Tut nicht so, Jungs, als sei euch das peinlich. Ähnliches habe ich auch schon von euch gehört. Aber nichts stimmt daran, alles ist Einbildung. Blöd, wie Onanieren beim Sex. Ich weiß das durch Zeck. Wir begegneten uns wie zwei Zoologen, die Lebewesen entdeckt hatten, die sie nicht kannten und die sie hegen wollten, weil hinter dem lateinischen Namen der Spezies – Homo sapiens errectus – vielleicht mal der eigene Name stehen könnte. Wir erforschten uns. Stück für Stück. Vorsichtig und zärtlich, um ja nichts kaputtzumachen. Keiner wusste, was ihn erwartete, obwohl wir Ähnliches mit anderen Lebewesen erlebt hatten. Wir liebten uns, sagten uns das aber lange nicht. Wir zeigten, dass wir uns liebten, in der Art, wie wir miteinander umgingen. Als wir uns zum ersten Mal nackt gegenüberstanden, fielen wir uns schnell in die Arme, um dem anderen die Nacktheit zu ersparen. Nein, das ist falsch – um dem anderen zu zeigen, dass nicht die Entblößung das Ziel war, dass wir nicht sehen, sondern spüren wollten, dass wir nackt waren, um das zu tun, wonach wir uns so lange gesehnt hatten. Das Auge sollte das Herz nicht stören, die Pornografie nicht den Sex, wenn ihr wisst, was ich meine.
Es ist nicht dasselbe, mit einem schwarzen Mann zu schlafen. Auch ich empfand das so. Und für Zeck war ich als weiße Frau nicht dasselbe wie die schwarzen Frauen, mit denen er geschlafen hatte. Jeder

von uns hatte 100 Jahre Kolonialgeschichte, Apartheid, gesellschaftliche Dogmen und all den Unsinn, der im Begriff »Rassenschande« mündet, im Kopf. Ob wir wollten oder nicht. Wir liebten uns – und doch konnten wir uns des Gefühls nicht entziehen, etwas Besonderes, Verbotenes, Seltenes und deshalb Aufregendes zu tun. Diese Last schleppten wir mit uns mit. In unsere Ohren wisperte jemand lange noch nach dem ersten Mal die Frage: ›Darfst du das?‹ Aber das war nicht der Kick, den wir suchten, weil wir ihn finden wollten. Als ich Zeck zum ersten Mal in den Mund nahm, wollte er das nicht. Weil es ihm vorkam, als missbrauche er mich. Wie der Strandläufer die Touristin und der Tourist das ›Buschbaby‹. Als er das bei mir tat, merkte ich, dass er zwischen meinen Schenkeln weinte. Vor Rührung. Das war unglaublich männlich. Es gab viele Dinge, zu denen ich ihn mühsam drängen musste, weil er sich nicht traute, zum Beispiel meine Brustwarzen zu lutschen. Seitdem weiß ich, wie wenig ›schwarze Seiten‹ afrikanische Männer haben, zumindest Zeck. Aber er war ein Meister des Vor- und Nachspiels. Wohl aus angeborener Scheu, aber auch, weil er sich selbstlos konzentrieren konnte und wollte – auf mich. Weil er begriffen hatte, dass der Höhepunkt am höchsten ist, wenn es drumherum viele andere Punkte gibt. Sonst ist ein Höhepunkt kein Höhepunkt, sondern nur ein Punkt. Versteht ihr, was ich meine?

Es war wunderbar: Wir zelebrierten uns wie Kunsthistoriker die Kathedralen von Chartres und York. Oft verbrachten wir ganze Tage nur mit unseren Händen und Lippen, unser Haut und unseren Worten. Ich entdeckte durch ihn, wer ich war, und er entdeckte durch mich, wer er war. Zu meiner Verblüffung stellte ich fest, wenn ich wieder einen klaren Kopf hatte, dass Frauen erotische Stellen besitzen, die bei manchen Männern tot sind, bei anderen schreien. So wie es Stimmungen gibt, in denen einem eine Zigarette schmeckt, und Stimmungen, in denen sie einem widerstrebt – obwohl es die gleiche Zigarette ist. Zeck hat durch mich wohl Ähnliches erlebt. Er war der erste Mann, der wusste, wozu die Knöpfe auf meinem Armaturenbrett dienen – ja, wo die Knöpfe überhaupt sind. Er hat sich die Mühe gemacht, sie zu suchen, und ich wiege mich in dem

Selbstbewusstsein, dass es ihm keine Mühe machte, sondern nur Freude. Vor- und Nachspiel ist eine Kunst, die verloren gegangen ist. Männer wollen immer gleich Antworten ohne die Fragen, die dazugehören. Aber Frauen wollen gefragt werden.
Zeck war kein gebildeter Mann, er gab das auch nicht vor. Er hatte sich eine Menge abgeschaut in all den Jahren in Diensten des weißen Mannes, er hatte die Erfahrung gepaart mit der Grazie des guten Afrikaners und herausgekommen war ein bezaubernder Mensch. Ich glaube, dass Zeck altes Häuptlingsblut in sich gehabt hat, denn ihm war ein Kunststück gelungen, und verzeiht mir, Karame und X'Oli, wenn ich das so offen ausspreche: Zeck war von Geburt an ein erstklassiger Afrikaner gewesen, und obwohl er die Sitten des weißen Mannes angenommen hatte, war aus ihm kein zweitklassiger Afrikaner geworden und auch kein zweitklassiger Weißer. Was eigentlich die Regel ist, wenn ich mich in afrikanischen Städten umschaue, in denen die Afrikaner verleugnen, wo sie herkommen, und zu Kopien der Weißen mutieren. Zeck war, sozusagen, Mitglied einer neuen Rasse geworden – der neuen Afrikaner, die auf die Kolonialzeit pfeifen und aus beiden Kulturen das nehmen, was sie brauchen. Er war besser geworden als die Weißen in Afrika und stärker als die Afrikaner in Afrika. So sehe ich es. Auch dafür liebte ich ihn. Er war nicht nur klug, er besaß auch Instinkt.
Heute habe ich fast vergessen, wie der Sex mit Zeck war, und ich suche nach Methoden, die Erinnerung festzuhalten. Ich glaube, dieses Vergessen ist so vorgesehen von der Natur, da muss es ein Gen geben, dass den verflossenen Partner auslöscht, damit er nicht stört, wenn man einen neuen Partner bekommt, und das empfindet die Natur als Segen. Kaum ein Geschiedener erinnert sich noch, wie die geschlechtlichen Merkmale der Ex-Frau oder des Ex-Mannes aussahen, ob sie ihn in den Mund genommen und er sie geleckt hat, wie sein Glied aussah und ihre Schambehaarung. Man benötigt diese Informationen nicht im späteren Leben und so werden sie von der Festplatte gelöscht. Ich nenne das ein ›Delete-Gen‹. Aber ich weiß dennoch immer noch, dass Zeck pulsierte. Dass dicke schwarze Adern hervortraten, wenn er erregt war, und dass mich das an einen

sehnigen Unterarm erinnerte, der eine zu schwere Last heben soll, worauf sich die Schlangen der Adern um seinen Arm ringeln. Und dass ich es liebte, in der Dunkelheit der Nacht mit meiner Zungenspitze diesen Schlangen zu folgen, sie abzutasten, bis er schrie und sich entlud in einer Farbe, die mich immer wieder ebenso erstaunte wie das Weiß seiner Fußsohlen und Handflächen, und die wunderbar erotisch und aufregend aussah, wenn sie an ihm herunterlief. Ich hätte mir vorstellen können, ein Kind von Zeck zu bekommen, wenn ich nicht zu alt gewesen wäre.
Zeck hat mir nie wehgetan. Er war wie ein Eichhörnchen, das ja auch in einen Baum eindringt durch etwas, das es gibt, und das dem Baum nie Gewalt antut, sondern sich ihm angleicht, um unnötigen Widerstand zu vermeiden. Viel zu viele Männer sind keine Eichhörnchen, sondern Spechte. Natürlich war er groß im Kleinen, Zulus sind die Riesen Afrikas. Aber die Männer, die ich kenne, begreifen es nicht: Je länger ein Vorspiel dauert und je höher das Gefühl ist, desto raffinierter passt sich die Frau dem an, was auf sie zukommt. Das Vorspiel ist eine Botschaft, die der Vagina signalisiert: Stell dich auf das und das ein, das und das hast du zu erwarten! Dadurch wird sie rezeptiver, das heißt weicher, feuchter, elastischer, gefühlvoller, schmerzloser, offener. Es ist, als würden die Nerven miteinander telefonieren, von den Fingerspitzen bis zum G-Punkt – er ist 26 Zentimeter lang, vier Zentimeter dick und gebogen wie ein Säbel. Okay, kommt die Antwort, ich stelle mich darauf ein, das Ding kann kommen. Und dann passt es, es gibt kein besseres Wort dafür.«
Rieke lachte, um die Intimität ihres Geständnisses zu mildern. Auch die Peinlichkeit für die beiden Afrikaner, die mit ihr am Lagerfeuer saßen. Vielleicht auch die Erregung der Weißen, die es nie geschafft hatten, mit Rieke ins Bett zu gehen, und bis heute nicht wussten, warum.
»Wir hatten kein Recht auf den anderen, nur die Pflicht uns zu lieben«, fuhr sie fort. »Wir haben nie zusammen gelebt. Wir trafen uns – und es war, als wären wir in der Zwischenzeit nie getrennt gewesen. Wir hatten unsere ›Tränke‹, so nannten wir es, und es war das Zimmer 414 im ›Mount Nelson‹-Hotel in Kapstadt. Weil eine Trän-

ke das Wichtigste ist hier draußen im Busch. Weil sie das Überleben garantiert, und wenn eine Tränke versiegt, muss man weiterziehen, bis man eine findet, die noch Wasser hat. Wir wollten aber nicht weiterziehen. 414 ist kein besonderes Zimmer, aber es geht nach hinten raus und vor der Panoramascheibe steht der Tafelberg, in Gold getaucht von der Sonne, wenn sie rechts davon untergeht hinter dem Gun Hill. Man sieht nichts anderes, nur dieses Naturmonument Afrikas mit seinen Hängen voller Lobelien, Hibiskusbüschen und den Feldern voller weißer, roter und violetter Vincas madagascaris, und wenn die Nacht hereinbricht, kriecht oft eine weiße Wolke hinter dem flachen Gipfel hervor, breitet sich aus und fällt wie ein Tischtuch ins Tal, in dem Kapstadt liegt. Dann war der Tafelberg eine Fata Morgana, und wenn er wieder auftaucht, ist er der große Bruder hinter dem Haus, der Wächter des Horizonts, unserer Gefühle, unserer Intimität, unserer Liebe und unseres Glücks.
In diesem Zimmer 414 zu liegen, war wie im Busch zu schlafen, nur weicher. Und vor dem Fenster lief ein Film über Afrika. Da kannst du kuscheln am Fuße dieses steinernen Riesen und spürst die ganze beschützende Magie des Kontinents und vergisst, dass um den Tafelberg herum noch etwas existiert außer dir. Wenn ich könnte,

würde ich die 414 abreißen, aus dem Hotelgebäude stemmen, umbenennen, bis zur Unkenntlichkeit renovieren, vernichten. Es war unsere ›Tränke‹, unser Tempel der Liebe, und ich habe ihn nie mehr betreten, seit Zeck tot ist. Es verbiestert mich geradezu, wenn ich daran denke, jemand anderes könnte darin wohnen, sich vielleicht sogar lieben. Das ist albern, ich weiß. Aber seit Zeck tot ist, kommt mir die Nummer 414 im ›Mount Nelson‹-Hotel vor wie ein Mausoleum. Da liegen unsere Gefühle begraben. Alle sollten das wissen, die darin wohnen, oder nie mehr darin wohnen sollen, weil sie es nicht wissen, und beten für Zeck.«

Wir schwiegen. X'Oli zupfte ein paar verlorene Töne auf seinem »Buschmann-Klavier«, was Buschmänner immer tun, wenn sie doch mal ratlos sind oder Gefühle ausdrücken wollen, ohne zu reden. Karame stand auf und umarmte Rieke. Zwei oder dreimal klatschte Andy, aber das passte nicht zur Situation, da ließ er es bleiben. Aber es sollte Respekt bezeugen. Rieke hatte sich entblößt und wir waren dankbar dafür. Wir würden in Zukunft, wenn wir zur *Dritten Brücke* kamen, immer einen Stein für Zeck auf die kleine Pyramide legen, die neben der Brücke aus dem Boden wuchs, weil die, die noch leben, mit den aufgehäuften Steinen eines Menschen gedenken, der es wert ist. Zeck war es wert. Weil er die Liebe zu einer weißen Frau mit dem Leben bezahlt hatte. Nicht an der *Dritten Brücke*, er war woanders gestorben, aber ist es nicht egal, wo einer sein Denkmal bekommt? Es kommt nur auf das »Denk mal« an.

Es war nicht ungewöhnlich, dass eine Frau in Afrika so offen über das Intimste sprach. Es ist bei keiner Frau ungewöhnlich, die draußen in der Natur lebt, im Busch. Afrika ist erotisch und im Busch geht es nur ums Überleben, Erzeugen und Sterben. Außerdem wusste Rieke etwas, von dem wir anderen keine Ahnung hatten: Ihr Leben hatte keinen Spielraum mehr. Da verschwimmen die Regeln, was man darf und was nicht. Sie war vor ein paar Wochen nach Deutschland geflogen, weil ein Schmerz rund um den Magen ihr erzählt hatte, dass etwas nicht stimmte mit ihr. Die Diagnose nahm ihr jede Hoffnung auf Heilung und Leben: Krebs in der Bauchspeicheldrüse. Dieses empfindsame Organ zersetzte sich. Da fasste Rieke einen für sie typischen Beschluss: Sie reiste nach Bilbao, um sich dieses atemberaubende Museum der Moderne anzuschauen, nur von außen, und kehrte nach Südafrika zurück, um einsam im Busch zu sterben. Ohne Ärzte, ohne Medizin und ohne Mitleid. Unsere Safari war die letzte Reise, zu der sie fähig war, und als wir uns trennten, blieb sie in der Kalahari.

Später fand man 23 Postkarten an ihre Freunde bei ihr, die sie selbst gemalt hatte mit Wasserfarben: eine äsende Gazelle unter einem Kameldorn. Jede Postkarte war an einen adressiert, den sie mochte. Daneben standen nur drei Worte:

Verzeih,
Deine
Rieke

Aber es gab nichts zu verzeihen, nur zu bewundern. Sie meinte wohl, sich entschuldigen zu müssen, dass sie sich davongestohlen hatte, ohne »Auf Wiedersehen« zu sagen. So war sie. Auch deshalb liebten wir sie. Vielleicht meinte sie auch, dass sie von sich nichts übrig gelassen hatte, um das wir trauern konnten. Außer der Erinnerung. Wildhüter haben sie später gefunden, oder das, was von ihr übrig war nach dem Besuch von Hyänen, Schakalen, Geiern und Maden. Ein grausiger Tod, aber ähnlich dem von Zeck. So hatte sie es haben wollen. Die Wildhüter haben auch die Postkarten gefunden, sorgfältig verpackt in Plastiktuch, in einem Rindenspalt des Baumes, an den gelehnt sie gestorben war. Die Postkarten sind ein so bezaubernder letzter Gruß, dass alle 23 Empfänger ihn hüten wie einen Schatz.

Schweigen breitete sich aus rund ums Lagerfeuer. Keiner wusste, wie er in diese nächtliche Stunde zurückkehren sollte. Im verglimmenden Licht des Lagerfeuers verschwammen die Gesichter mit der afrikanischen Nacht. Selbst die Hornvögel, diese Randalierer, schwiegen.

»Rieke, bitte, versteh' mich«, warf ich ein. »Ich weiß, wie groß deine Liebe zu Zeck war. Ich weiß, dass eure Beziehung sich mit nichts vergleichen lässt. Aber es gibt auch die Geschichten von weißen Frauen, die angeblich davongeschwemmt werden von einem Tsunami der Erotik ...«

»Was ist ein Tsunami?«, fragte X'Oli.

»Eine meterhohe Welle, die alles mit sich reißt.«

»Ach so, die gibt's nicht bei uns.«

»Also – Frauen, die wie jene Schweizer Boutiquenbesitzerin in Kenia landen, einen Krieger vom Stamme der Rendille sehen, hin und weg sind, alles aufgeben und fortan mit ihm leben und meinen, ihn zu lieben, obwohl sie nie erfahren, ob er sie auch liebt.«

»Weil sie ja auch kein Wort mit ihm kommunizieren können«, sagte Karame.

»Rieke, was ist das? Was geht da in euch Frauen vor?«

Rieke verzog ihre Mundwinkel beim Nachdenken und Wegwischen des Vergleichs, den ich impliziert hatte zwischen ihr und diesen Frauen. Dann erwiderte sie: »Ich halte diese Frauen für arme Geschöpfe. Frustrierte, dumme Wesen. Das sind Leserinnen von Herz-Schmerz-Romanen, die plötzlich sagen: So etwas erlebe ich jetzt mal! Zutiefst naive Frauen, die weder wissen, worauf sie sich einlassen, noch sich selbst kennen. Die einer Romantik nachhecheln, die geprägt ist

von so undefinierbaren Worten – für sie undefinierbar – wie wild, urtümlich, afrikanisch, naturverbunden usw.«

»Bei mir hat sich so eine noch nie gemeldet«, quäkte X'Oli, der Scherzbold.

Aber Rieke ging ernsthaft auf ihn ein: »Natürlich nicht, X'Oli. Weil du nicht dem Bild entsprichst, das diese Frauen sich von Afrika machen. Die Rendille, Massai oder Samburu, mit denen sich diese verwirrten Frauen einlassen, sind immer riesengroß, muskulös, halbnackt und schön. Das sind nicht meine Adjektive, so beschreiben sie ihre Liebhaber selbst. Das sind ihre Beute-Attribute. Nie hat eine gesagt: intelligent, warmherzig, charmant, bezaubernd. Da ist immer die Rede mit schmalen Hüften und breiten Schultern, von schlanker Figur und ebenmäßigen Zügen. Die, mit denen sich diese Frust-Frauen einlassen, sind nie typische Afrikaner. Wie mein Zeck. Es sind immer Männer, die wie braun gebrannte Beachboys aussehen. «

»Die Massai gelten ja auch als der verschollene zwölfte Stamm Israels, der sich auf Wanderschaft begab und in Ostafrika landete«, erinnerte ich mich.

»Es liegt auch ein unendlicher Hochmut in solchen Liebschaften«, fuhr Rieke fort. »Da kommt so eine weiße Frau an, schnappt sich so einen Burschen und schreibt dann Bücher, in denen sie sich als weiße Massai bezeichnet. So ein Unsinn! Sie blieb Weiße und war nie weißer als in dem Moment, als sie den Liebhaber verließ!«

»Weil sie nicht mehr war für den Rendille, Massai oder Samburu als ein erlegtes Kudu. Eine Beute auf dem Weg in die Zukunft. Eine Trophäe, mit der sich im Kreise der Moran-Krieger gut schwadronieren ließ. Belächelt von den Massai-Frauen, die es besser wissen.«

»Es ist ja auch interessant«, warf Andy ein, »dass diese Abenteurerinnen, und für mich sind sie nichts anderes, hinterher glauben mitteilen zu müssen, im Bett seien die stolzen Krieger Nieten gewesen.«

»Es mag da noch einiges mitspielen, denke ich oder kann ich aus Erfahrung sagen«, überlegte Rieke. »Einige haben im Unterbewusstsein so eine Art Schuldgefühl. So als müssten sie sich auf dem Altar des Postkolonialismus opfern. Um die Sünden des weißen Mannes durch ein weibliches Menschenopfer zu sühnen. Vielleicht auch, um den Rassenunterschied aufzuheben, zumindest zu verwischen.«

»Ist es nicht auch so, dass sie sich nicht trauen oder es nicht mit ihrem Selbstwertgefühl vereinbaren können, sich am Strand in Mombasa von einem schwarzen Typen ordentlich durchnudeln zu lassen? Dass sie deshalb immer so tun müssen, als ob sie einen Afrikaner heiraten, obwohl auch dieser Begriff eine Lüge ist?«, fragte ich.

»Alles ist Lüge daran«, folgerte Rieke. »Natürlich ist es schön, im Busch zu leben. Zu leben wie ein Naturvolk. Aus der Zivilisation auszusteigen. Afrika zu erleben, indem man sich einem Afrikaner hingibt und auf der Erde schläft, mit dem Ohr am Schwarzen Kontinent. Diese animalische Form eines Zusammenlebens hat natürlich was.«

»Aber was mir so verdächtig vorkommt, ist die Popularität dieser ›Hochzeiten‹«, sagte Andy. »Es gibt doch mittlerweile Dutzende von europäischen Frauen, die so etwas machen.«

»Ja, und hinterher vermarkten sie ihre Geschichte in Büchern, Filmen, Vortragsreisen und Artikeln in Frauenzeitschriften«, meinte ich.

»Scheinbar mit Recht, denn Millionen Frauen verschlingen diese Erlebnisse in der Reisighütte eines Wilden. Da wird irgendeine geheime Saite zum Klingen gebracht bei Frauen«, entgegnete Rieke.

»Aber es sind nur naive Frauen, die sich angesprochen fühlen, Dummerchen finden das faszinierend. Frauen, bei denen die Phantasie ausreicht, sich im Bett eines Massai-Kriegers vorzustellen, aber nicht ausreicht, sich das tägliche Leben in der Steppe vorzustellen. Diese Frauen wissen einfach zu wenig von Afrika.«

Karame brachte einen weiteren Gesichtspunkt ein: »Wer fast zwei Meter groß ist, nur ein Schultertuch trägt, muskulös ist, der ist immer ein Massai. Dabei sind die meisten gar keine Massai, sondern Rendille und Samburu. Aber wie würde das denn klingen: Die weiße Rendille ... – nicht gut! Das ist so, als würde eine Massai-Frau nach Europa gehen, einen Spanier heiraten und dann ein Buch schreiben mit dem Titel: Die schwarze Norwegerin.«

»Ich denke«, schloss Rieke, »da sind wir an dem Punkt angelangt, wo der Hochmut ins Spiel kommt – immer muss es ein schöner Mann sein. Ein Mann mit viel Äußerem. Nie ein hässlicher kleiner Mann. Entscheidend ist immer, ob der Mann eine Trophäe ist, mit der man sich fotografieren lassen kann.«

»Es steht uns nicht zu, diese Frauen zu verurteilen«, räumte Andy ein, »aber ich denke mir, wenn wir sie kennen würden, würden wir in kurzer Zeit feststellen, dass sie nicht authentisch sind. Dass sie alle eine Macke haben und deshalb im Leben gescheitert sind, zumindest im Privatleben. So wie es Menschen gibt, die sich in Sekten stürzen, weil ihnen der Gott, den sie kennen, keine Genugtuung verschafft.«

»Und die sich erheben über den Rest der Frauen, die so leben, wie man es von ihnen erwartet. Seht her, ich bin aufgebrochen in fremde Gefilde und habe meine Phantasien ausgelebt! Und ihr hockt in Zürich, Gelsenkirchen, Birmingham und Houston und tut, was Millionen anderer Frauen tun. Aber ich bin was Besonderes, ich war im Bett mit einem Wilden.«

»Ohne Risiko«, sagte Rieke. »Denn wenn die Liebe in die Brüche geht oder das, was sie Liebe nennen, dann kehren sie heim wie Jägerinnen der Steinzeit, die Trophäe in der Erinnerung, und schreiben sich ihr Abenteuer von der Seele und werden Millionärinnen, weil andere Frauen das lesen wollen, zu was sie selbst keinen Mut haben.«

»Und in der Steppe sitzen die Moran und grinsen, klopfen den Liebhabern der weißen Frauen auf die Schultern, reißen Zoten und und warten auf die nächste verrückte weiße Frau«, fügte X'Oli an.

»Genau so ist es«, gab ihm Andy Recht.

»Afrika lässt sich nicht über die Lenden erobern, dazu ist Afrika zu groß«, sagte Rieke. »Die reine, die unbeschmutzte Wildheit, nennen wir es mal so, die diese Frauen suchen, oder besser: ersehnen, erfahren sie nie auf diese Weise. Aber sie zu ersehnen, ist in Ordnung. Nichts anderes machen wir ja auch. Und mit Erfolg, weil wir nichts zu erobern suchen. Weil wir uns nicht aufgeben. Weil wir wir bleiben. Weil wir keiner Chimäre nachjagen. Weil es für uns nicht attraktiv ist, den Kick des Verbotenen zu spüren. Ich gebe zu, dass ich vielleicht nicht die Richtige bin, darüber zu urteilen, weil es diesen Reiz in meiner Beziehung mit Zeck natürlich gab. Aber wir sind ihn nicht freiwillig eingegangen, wir haben uns ihm gestellt. Dieser Reiz hat uns zu Außenseitern gemacht, nicht zu Menschen, die einen Traum vorleben. Zeck und ich sind ein Risiko eingegangen. Und ich hätte nie über meine Liebe geschrieben, das geht nur mich etwas an, ich möchte nicht prahlen mit meiner Liebe und dem Erlebten.«
»Aber wollen wir fair sein«, sagte ich. »Wenn es der Traum vieler Frauen ist, sich im Busch mit einem Wilden zu vermählen, und das meine ich durchaus positiv, dann sollen sie es doch tun! Es gibt Frauen, die sich in Schafhirten auf Sardinien verlieben, in Fischer von der Osterinsel, in Bauern auf der Insel Mallorca und in Indianer aus Nordamerika. Bitte sehr! Die Welt ist weit, die Emanzipation fortgeschritten und die Dummheit stirbt nie. Mach keiner einen Vorwurf, die einem Ideal nachjagt. Es waren immer die Träumer, die die Welt verändert haben, nie die Realisten. Und das Klischee regiert die Welt – auch das vom edlen Wilden und vom Leben im Busch ohne die Sünden der Zivilisation.«
»Seht ihr«, freute sich X'Oli. »Genau so leben wir San und ihr bezeichnet uns als primitiv, als lebende Fossilien, als Steinzeitmenschen. Warum uns? Nur weil wir so klein sind? Nehmt ihr uns deshalb nicht ernst? Meint ihr nicht, wir hätten uns und unsere Lebensweise im Laufe der Jahrtausende nicht ändern können? Klar hätten wir,

aber wir waren zu klug. Es ist die Lebensweise, die uns am Leben erhält. Die richtige Lebensweise. Und wenn wir weiter gedacht haben, Träume von einer Weiterentwicklung hatten, dann haben wir die in unsere Felszeichnungen gepackt. Das genügte uns. Wir bewiesen damit, dass wir wussten, was geschehen könnte. Und dann kamt ihr, ihr Weißen und Schwarzen, und da erlebten wir, dass ihr eigentlich alle Gescheiterte ward. Suchende. Träumer. Wir San nicht. Und es machte uns nichts aus, dass ihr uns für lebende Fossilien, Primitive und Steinzeitmenschen hieltet.«

X'Oli erhob sich und wanderte in die Steppe hinaus. Das brauchte er jetzt. Seine Welt. Den dunklen Horizont. Er würde zurückkommen, wenn er annahm, wir hätten lange genug nachgedacht über das, was er uns gesagt hatte. Das konnte Stunden oder nur Minuten dauern. Aber auch Tage.

Andy hatte noch etwas zu sagen und da war es ganz gut, dass der kleine Buschmann sich entfernt hatte: »Bei diesen ganzen Diskussionen um die weißen Frauen, die nach Afrika kommen, um einen Wilden zu heiraten, wünsche ich mir immer, sie würden die so zutiefst afrikanische Episode kennen, die sich während der Volkszählung in Namibia ereignete.«

»Welche Episode?«, fragte Karame. »Ich kenne keine so besonders interessante.«

»Doch«, antwortete Andy. »Da wurde ein älterer Herr von einem Zähler gefragt, wie er heiße: Hendrik Makelele. Verheiratet? Ja. Kin-

der? 18 Stück. Name ihrer Frau? Das weiß ich nicht, aber ich kann sie heute Abend fragen ... – so ist das nämlich.«

»Genau«, sagte Rieke, »und ich erinnere mich, gelesen zu haben, dass so eine naive Schweizerin, die sich einen Rendille ausgeguckt hatte, am Ende ihres Buches, das millionenfach verkauft wurde, mit dem Fazit rüberkam: Die Frauen kommen bei ihnen gleich nach den Ziegen. Was für eine Erkenntnis! Hätte sie nur ein einziges Buch über die Hirtenvölker Ostafrikas gelesen, wäre sie nicht überrascht gewesen über diese Rangfolge!«

»Das sind aber die Ersten, die laut ›Rassist‹ schreien, wenn man ihnen so etwas sagt«, schimpfte Andy.

»Aber lass uns den alten Faden wieder aufnehmen. Da gab es doch kurz nach der Rückkehr von Namkwa und Doc aus den USA angeblich eine Vergewaltigungsgeschichte«, sagte Karame plötzlich.

»Ja, das war schlimm, und da war Doc Hans endgültig gestorben für sie«, sagte ich. »Ein burischer Farmer, der in der Nachbarschaft ihrer Familie lebte, hatte Namkwa vergewaltigt, und Doc Hans hatte sich geweigert, den Mann zu verprügeln, über den Haufen zu schießen, zur Rede zu stellen – was auch immer. Der Vergewaltiger hatte gegenüber Namkwa argumentiert, als sie sich verzweifelt wehrte, dass sie sich mit einem weißen Idioten eingelassen habe, was einem weißen Pfundskerl wie ihm das Recht gebe, sie ebenfalls zu nehmen. Er hatte Namkwa sogar prophezeit, als sie ihm drohte, Doc Hans werde sie rächen, dass der nichts dergleichen tun werde. Und wenn Doc Hans wirklich zu ihm käme, würde er zwei Tusker-Bier aus der Eisbox holen und sie würden über Sex mit Eingeborenenweibern schwadronieren und sich köstlich amüsieren. Dann hat er Namkwa nochmals auf die Ladefläche seines Pick-up geworfen und sie im Stehen vergewaltigt auf der Sandpiste von Bere nach Ghanzi, am helllichten Tag, und seine beiden Rhodesian-Ridgeback-Köter schauten zu.«

»Aber das ist doch nicht normal«, wunderte sich X'Oli. »Besonders nicht für euch Weiße. Irgendwas muss der Doc doch getan haben!«

»Er hat ihr nur gesagt, sie möge den Vorfall vergessen, Schweine wie diesen burischen Farmer gebe es immer und überall, und was bringe es denn, ihn zur Rede zu stellen, über den Haufen zu schießen oder zu verprügeln? Das Geschehene werde dadurch nicht aus der Welt geschafft und der Farmer könne sich dadurch rächen, dass er Namkwas Verwandte, die sich jedes Jahr bei ihm als Saisonarbeiter verdingten, nicht mehr beschäftige, und das würde dem Clan finanzielle Verluste bescheren.«

»Was für eine Argumentation!«, sagte Andy.

»Doc Hans wollte sich keinem Streit mit dem Farmer stellen, der ihm sicher gesagt hätte, dass auch er Namkwa vergewaltigt habe, um der erste Wissenschaftler zu sein, der in die Welt der Buschleute eindringen konnte. Namkwa seine Ehefrau? Lächerlich, hätte der Farmer gesagt, ihr seid weder verheiratet, noch lebt ihr wie Mann und Frau – sei Doc Hans nicht selbst Besucher und Begatter? Und das ist gar nicht mal so falsch. Der Doc tat nichts aus schlechtem Gewissen, und Namkwa war zu klug, das nicht zu erkennen.«

»Das sind harte Burschen, diese burischen Farmer«, sagte Karame.

»Ja«, sagte ich. »Der Vergewaltiger zum Beispiel hinkte durch einen Klumpfuß, mit dem er nicht geboren wurde, sondern der permanent aufgequollen war nach dem Biss einer Schwarzen Mamba. Eine Behinderung, die dem Farmer sehr viel lieber war als der Tod, wobei er zeit seines Lebens nicht kapierte, warum ihn die Mamba deformiert statt umgebracht hatte. Das hatte was von Unsterblichkeit. Die Mamba musste ihre Zähne vorher in irgendetwas geschlagen haben, und als sie ihn erwischte, war das Giftdepot noch nicht regeneriert. Was für ein Glück, geradezu ein Schicksalswink – was war dagegen das Gejaule einer Buschfrau? So dachte der Farmer.«

»Ich denke, Namkwa ahnte, als die Vergewaltigung vorüber war, dass das Gespräch der beiden weißen Männer in etwa so verlaufen war, und das nahm sie ihrem Mann übel für immer«, sagte X'Oli.

»Ja, genauso war es. Sie hatte zwar gehofft, er würde ihre Ehre verteidigen, so wie er das bei einer weißen Frau getan hätte. Behauptete sie, weil sie das vermutete. Aber als Doc Hans es ablehnte, den Täter zu stellen, da wurde ihr klar, dass ihre Ehre in seinen Augen kein Gut war, das verteidigt werden musste. Sie schlief noch mit dem Doc, bereitete sein Essen, gab Antwort auf seine Fragen, aber vom Gefühl her war er nicht mehr ihr Mann und sie nicht mehr seine Frau. Emotional war sie meilenweit entfernt, und sie strafte ihn, indem sie zwar alles für ihn tat, was er verlangte, aber mit der Lustlosigkeit einer Sklavin und nur, wenn er es verlangte. Freiwillig tat sie nichts mehr. Dann begann sie die Affäre mit ihrem San-Freund, entzog sich dem Doc also auch sexuell, und endlich begriff auch der große weiße Mann, dass seine Zeit abgelaufen war.«

»So wie ich Doc Hans kennen gelernt habe«, sagte Karame, »konnte das seine Eitelkeit nicht verkraften.«

»Richtig«, sagte ich. »Er suchte einen Vorwand und den hat er sich so zurechtgelegt: ›Es gab nichts mehr, was ich wissenschaftlich noch tun konnte. Alle meine Fragen waren beantwortet. Jetzt musste ich nur noch veröffentlichen, was meine Forschungen ergeben hatten.‹ Dass es da aber einen Sohn gab, den er mit Namkwa hatte, und dass der Schwierigkeiten bereiten könnte durch seine bloße Existenz, das ahnte Doc Hans damals nicht. Das war einer der entscheidenden Fehler in seinem Leben, wie ihr wisst. Aber vorher kam es noch zu einem Ereignis, das seinen größten Lebenstraum zerstörte.«

»Du meinst Bere und die Schlampe aus Neuseeland? Darüber weiß ich nun alles. Denn ich arbeitete damals bereits für die Regierung«, fragte Karame.

»Ja, Bere und Liz«, sagte ich.

Die Geschichte vom Mann, der König der Buschleute sein wollte

Karame begann: »Doc Hans steckte in der schrecklichsten Krise seines Lebens und am allerschrecklichsten daran war, dass sie öffentlich ausgetragen wurde. Das kam so: Eines Tages erschien die ›Sunday Times‹ in Johannesburg mit der Schlagzeile White Bushman King Exiled – Weißer König der Buschleute ins Exil geschickt. Quintessenz des Textes: Ein gewisser Dr. Hans habe ein Buschmädchen geheiratet, eine Siedlung namens Bere nur für Buschleute gegründet und sich zu ihrem Häuptling aufgeschwungen. Worauf er durch die Regierung von Botswana abgesetzt worden sei. Weil die Buschmann-Beauftragte der Regierung erkannt habe, dass er sich in Bere wie ein Gott gebärde. Der Artikel war eine Hinrichtung. Über die Buschleute, die der Doc in Bere zu einem bürgerlichen, einem ›weißen‹ Leben beredet oder gezwungen hatte, war zu lesen: Die wenigen Jahre der Entwicklung hatten sie ihrem alten Leben entfremdet. Eines Tages werden sie wohl ihr Land verlassen und wie die meisten anderen Buschmanngruppen die Nähe der Zivilisation suchen. Sie werden sich am Rande der Bantu-Dörfer und der Farmen niederlassen und sich für etwas Maismehl, Tabak, Kleider und andere Zivilisationsprodukte als Handlanger anbieten. Aus den freien Jägern der Kalahari werden unterbezahlte Hilfsarbeiter und Almosenempfänger werden. Eine traurige Prophezeiung, aber wahr bis ins Letzte.«

»Ich muss dir widersprechen, Karame«, sagte ich. »Bere war ein großartiges Projekt, ein gewaltiges Experiment der Anthropologie: Ein Mann versuchte, die Evolution zu beschleunigen. Da sollten Menschen, die seit Jahrtausenden Nomaden waren, zu sesshaften Bürgern einer Stadt gemacht werden. Ganz allmählich sollten sie das unsichere Jagen und Sammeln aufgeben, um kalkulierbar Felder zu bestellen und Viehzucht zu treiben – und das innerhalb einer Generation. Zwangsan- und -umsiedelungen hat es immer wieder gegeben und meist spielten sich dabei Tragödien ab. Aber noch nie war das Experiment gewagt worden, ein steinzeitlich lebendes Volk auf diese Weise in die Moderne zu katapultieren. Mit seiner Zustimmung. Dem Plan von Doc Hans lag eine große Vision zugrunde, vielleicht auch nur eine kleine Illusion. Man hätte ihm, den Buschleuten und der Menschheit die Chance geben müssen, den Ausgang des Experimentes Bere zu erleben. So bleiben die Fragen: Hätte es geklappt? Ist so eine schnelle Veränderung der Lebensumstände überhaupt möglich?«

»Das ist Unsinn«, sagte X'Oli, der Buschmann. »Deshalb haben ja in Bere auch nur die Halbherzigen mitgemacht. Die großen Jäger und Anführer nicht.« Selbst Namkwa hatte Bedenken. Weil sie selbst drauf und dran gewesen wäre, ihre Identität zu verlieren an der Seite ihres Mannes, des großen Weißen. Bere hätte die Buschleute gespalten – in Sesshafte und Wandernde. Erstklassige Nomaden wären zu drittklassigen Städtern geworden. Das ist ja der Trick der Zivilisation: Nimm den Menschen das Land und gib ihnen Siedlungen und du bekommst unterdrückbare Bürger, Abhängige, Steuerzahler, Angepasste, Wehrpflichtige, für die Justiz Greifbare. Das ist uraltes Diktatoren-Prinzip, oft genug praktiziert in der Weltgeschichte. Mit Erfolg.

»Ich habe ihn damals getroffen«, sagte Andy. »Er hat seinen Kummer auf einer uralten Geige weggespielt. Nicht sehr gut, aber ihm gefiel es wohl.«

»Die Geige hat ihn überlebt, sie gehört heute mir«, sagte ich. »Ein zerkratztes, brüchiges Anfängerding. Untersucht man sie genauer, beginnt sie auch ohne Töne zu leben: Sie hat Krakelüre wie ein faltiger Mensch oder ein Gemälde und sogar Graffiti: Bangkok 1935 steht in winziger Schrift in einer Ecke und Prof. Hans ganz oben in den Roncaillen. Eine Lüge mit Musik, er war nie Professor. ›Meine Geige ist das Letzte, von dem ich mich trenne‹, hat er mir mal gesagt. Denn: ›Die hat mich nie betrogen.‹ Aber fragt mich, bitte nicht, was das ›Bangkok 1935‹ bedeutet.«

»Eine seiner üblichen Lügen«, sagte Karame.

»Dabei war er voller Weisheit, wenn es um Afrika ging«, meinte Andy. »Ich war mal mit ihm an eine Wasserstelle gekommen, die uns unsauber erschien. Das Wasser mochte giftig sein, sein Genuss tödlich. Was tun? Doc Hans kniete nieder, formte eine Schale aus seinen Händen und trank das Wasser. Dann sagte er: ›Trinken wir nicht, bleiben wir durstig und sterben. Trinken wir, werden wir vergiftet und sterben, sind aber nicht mehr durstig. Das ist der Unterschied. Also trinken wir.‹ Das waren die Weisheiten, für die wir den Doc verehrten.«

»Ein ganzer Kerl. Ein Mann. Ein Haudegen!«, rief ich. »Einer, der sich in einem Alter, in dem andere tattrig in Rente gehen, ans Steuer eines Lastwagens setzte und trotz seiner akademischen Laufbahn quer durch Afrika ratterte, um ein paar Pula mit dem Transport von Rindern zu verdienen. Oder was auch immer für eine Fracht er ergattern konnte. Natürlich stand er mit dem Rücken zur Wand, und wollte er nicht hungern, musste er arbeiten. Aber man stelle sich Lastwagenfahren zwischen Francistown und Ghanzi in Botswana, Upington und Johannesburg in Südafrika, Windhoek und Reho-

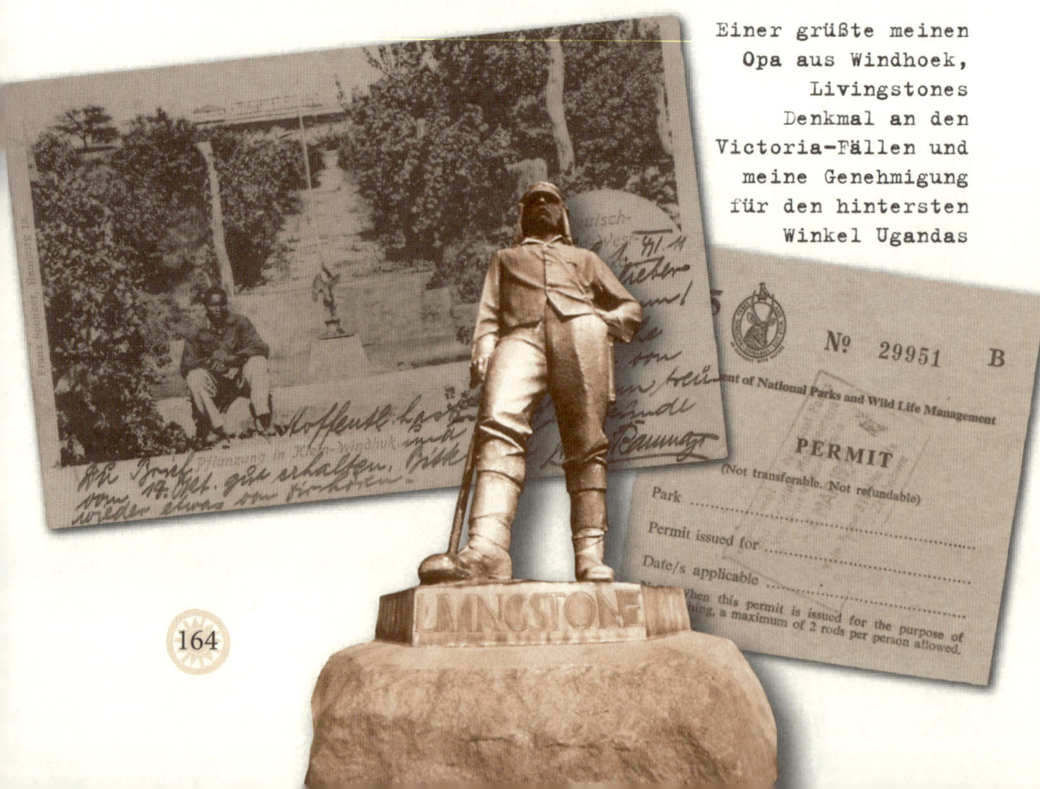

Einer grüßte meinen Opa aus Windhoek, Livingstones Denkmal an den Victoria-Fällen und meine Genehmigung für den hintersten Winkel Ugandas

bot in Südwest, Bulawayo und Vic Falls im damaligen Rhodesien und Lusaka in Sambia nicht so einfach vor. Da muss man auch sein eigener Mechaniker, Benzinbeschaffer, Veterinär und Bodyguard sein. Doc Hans hat mir mal gesagt: ›Ein merkwürdiges Land, dieses Botswana. Ich habe Abitur, bin Dr. rer. nat. und ausgebildeter Parasitologe, und dennoch habe ich fünf Prüfungen ablegen müssen, um den Job als Lastwagenfahrer überhaupt zu bekommen. In was für einer harten und unstetigen Existenz bin ich gelandet?‹«

»Als ich meine Leute mal fragte, ob sie sich noch an Doc Hans erinnern, den weißen Buschmann, der mit einer der unseren verheiratet war, da verneinten fast alle Befragten jede Erinnerung«, erzählte X'Oli, der plötzlich auch etwas beitragen konnte. »Sie wussten ja nicht, was ich bezweckte. Fragen schaffen in unserer Welt zwar selten Probleme, aber Antworten tun es meist. Also warum eine geben? Nur ein alter Herr wollte sich erinnern und sprach einen San-Begriff aus, den man mit sehr viel Phantasie als ›der Baumschubberer‹ in eure Sprache übersetzen kann. Ja, er habe den weißen Buschmann gekannt, der sei ihm aufgefallen, weil er sich mit dem Rücken an Bäume gestellt und Juckreize durch horizontale und vertikale Bewegungen seines Körpers gegen die Rinde beseitigt habe. Wie ein Elefant, die machen das auch manchmal, beschrieb der alte Herr. Doc Hans müsse wohl viele Juckreize gehabt haben, denn diese Baumschubberei habe er ständig betrieben, kaum dass ein zwei Meter hoher, Widerstand leistender Stamm in Sichtweite gekommen sei. Deshalb hätten sie ihm diesen Spitznamen verpasst.«

»Aber stimmte es denn nicht, dass Doc Hans die Buschleute um sich scharen, eine eigene Buschmann-Bank gründen, ihre territorialen Ansprüche, sollte die Notwendigkeit auftreten, vor dem obersten Gericht Botswanas und der UN durchfechten und ›das Volk der San‹, wie er sie nannte, in die Unabhängigkeit führen wollte?«, fragte Andy. »War es nicht so, dass er einige Clan-Chefs schon überzeugt hatte?«

»Der Doc hat das bestritten«, sagte ich. »Aber ganz so unsinnig, wie die Idee klingt, war sie nicht.«

»Finde ich schon«, entgegenete Karame, der Botswaner.

»Ich auch«, gab ihm der Buschmann X'Oli Recht.

»Warum? Entstanden wäre ein flächenmäßig bedeutender Staat, von der Größe her etwa die Nr. 20 in Afrika, den man durch Schürfkonzessionen für Uran, Diamanten und Erdöl leicht hätte reich machen können; zumindest so reich wie Botswana, das zu den wenigen wirklich wohlhabenden Ländern des Kontinents zählt.«

»Und dann? Wäre der Doc Präsident von Sania geworden, oder wie der neue Staat auch immer geheißen hätte«, fragte Rieke.

»Undenkbar wär's nicht gewesen. Doc Hans hätte es wahrscheinlich geschafft, von den Buschleuten zum Präsidenten gewählt zu werden oder seine Frau Namkwa in diese Position zu heben und als allmächtiger Prinzgemahl zu fungieren.«

»Nie und immer hätte dieses unorganisiert lebende, in Familienclans aufgesplitterte Naturvolk der San ein Interesse gehabt, sich zu einem demokratischen Staatsgebilde zusammenzuschließen. Man wusste es damals nicht und weiß nicht einmal heute, wie viele Buschleute es in Botswana, Namibia, Südafrika und Angola gibt«, wandt Karame ein. »Noch fraglicher ist auch, ob diese Länder freiwillig auf jene Gebiete verzichtet hätten, in denen ihre Buschleute leben. Zumal diese Gebiete mineralogisch kaum erforscht sind und allein schon die Vermutung, dort könne man Reichtümer heben, einen Verzicht auf das Land fast unmöglich gemacht haben dürfte.«

»Verzeih mir, wenn ich das sage«, meldete sich Andy. »Aber wie berechtigt dieser Plan vom Doc war, sieht man an der neuesten Entwicklung: Botswana versucht ganz unverhohlen, die Kalahari buschmannfrei zu bekommen, um diese Steppenwüste in aller Ruhe ausbeuten zu können. Es sollen woanders Buschmann-Siedlungen angelegt werden, wie der Ort Bere von Doc Hans, in denen sie zwangsweise einquartiert würden – sesshaft gemacht mit Gewalt, aber bei aller Perfidie noch gut gemeint. Was unweigerlich zu ihrer Ausrottung führen würde, denn ein Buschmann, der in vier Wänden und mit einem Dach über dem Kopf leben muss, ist ein toter Buschmann. Ihre engsten Verwandten, die Hottentotten, mussten bereits diesen Weg gehen, und der letzte reinrassige Hottentotte, eine Frau, starb in den 1960er Jahren in Kapstadt.«

»Du gestattest mir«, erwiderte Karame, »dass ich erkläre, dass es so einen Plan der Regierung von Botswana nicht gibt.«

»Sehen wir von all diesen Schwierigkeiten ab«, sagte ich. »Unterstellen wir einmal, Doc Hans hätte Sania gründet, er oder Namkwa wären Präsident geworden – man kennt solche Geschichten aus der Literatur. Rudyard Kipling hat das in ›Der Mann, der König sein wollte‹ beschrieben. Engländer wird König in den Weiten Afghanistans. Und es gibt die Legende, dass sich im westlichen Uganda, in den Virunga-Bergen an der Grenze zu Zaire, ein Mischlingsknabe zum König eines Stammes aufgeschwungen habe. Wobei man den Titel ›König‹ afrikanisch und nicht europäisch oder asiatisch sehen muss: Der junge Mann war mehr ein Häuptling als ein Kronenträger, aber er nannte sich König und regierte dementsprechend. Alle, die einige Jahre in Afrika verbracht haben, kennen diese Geschichte, aber keiner kann genau sagen, wo das Reich des Königs liegt. Auch bei der Regierung von Uganda weiß man, dass es diesen seltsamen Monarchen gibt oder gegeben hat. Bei der Frage jedoch, wo er denn lebe, scheiden sich die Geister. Und selbst Experten können nur mit einem dicken Daumen auf eine Karte mit dem Maßstab 1:4,5 Millionen deuten und decken damit eine Fläche von Bunia in Zaire bis Toro in Uganda, von Kabalega Falls bis Kampala ab. Das bringt den Neugierigen auch nicht weiter.«

Paul von Lettow-Vorbeck in Buch und Foto

»Wieso war er ein Mischlingskind?«, fragte Karame.

»Er soll ein Sohn oder wohl eher ein Enkel des deutschen Feldmarschalls Paul von Lettow-Vorbeck sein, der von 1913 bis 1918 die Schutztruppe in Deutsch-Ostafrika befehligte. Lettow-Vorbeck, so heißt es, habe diesen Sohn nach seiner militärisch aktiven Zeit gezeugt, als er die Stätte seines ehemaligen Wirkens aus Nostalgie in den späten 30er, 40er oder 50er Jahren noch einmal besucht habe. Was bedeutet, dass er mindestens mit Ende 60 noch einmal Vater geworden sein musste. Wie allerdings sein Nachfahre in die Südwestecke von Uganda kam, bleibt ein Rätsel.«

»Kannte Lettow-Vorbeck die Geschichte?«, fragte Rieke.

»Ja«, sagte ich, »und sie amüsierte ihn. Er hat sie nie dementiert, aber auch – vornehm wie er war – nie bestätigt. Und weil er einen immensen Humor besaß, wollte er wohl die Legende aus Jux und Tollerei am Leben erhalten und gab deshalb, wenn man ihn darauf ansprach, nur drei Worte von sich: ›Möglich, durchaus möglich.‹«

Dass ein so großer Deutscher eine so kleine »Wilde« heiratet, ein Kind mit ihr zeugt und jahrelang als Nomade in der Wüste lebt – nun ja. Aber was, wenn dieser Mann, sagen wir mal, Rassist war? Mehr noch – Nazi? Es gibt diesen Verdacht. Nie bestätigt, von Doc Hans dementiert, aber als Verdacht nicht auszulöschen. Dass der Doc, damals etwa 24 Jahre alt, zu den bevorzugten Herren der SA-Führung gehörte, die sich Ende Juni 1934 zu einem orgiastischen Wochenende ohne Frauen im Hotel »Lederer« in Bad Wiessee getroffen hatten. Was alle Teilnehmer mit dem Leben bezahlten, denn Hitler konstruierte daraus den »Röhm-Putsch«, ließ einige Teilnehmer gleich im Hotel ermorden, andere später im Münchner Gefängnis Stadelheim, andere in Berlin. Insgesamt starben mehrere hundert SA-Leute, und wer Hitler sonst gerade störte, wurde gleich mit umgebracht, die meisten nach kurzem Prozess, und nur einer soll entkommen sein: Doc Hans, der damals noch anders geheißen haben soll. Er flüchtete durch ein Badezimmerfenster im Parterre, so erzählt es die Legende, und entkam in der Unterhose.

Wie ihm das gelungen ist im Gestapo-Staat, hat nie jemand erklärt. Aber angeblich tauchte er in den USA wieder auf. Bis das neu gegründete FBI auf seine Spur kam. Da soll er sich in Corpus Christi auf einem Frachter als Heizer verdingt haben und in Walvis Bay gelandet sein, das in Namibia liegt, damals aber Südafrika gehörte. Eine dämliche Entscheidung, wenn die Legende stimmt, im alten Deutsch-Südwest waren die Nazis stark, es gab sogar eine geheime Außenstelle der Gestapo. Hier hatte Doc Hans keine Chance, denn in Südwest wurden zu dieser Zeit noch Kaisers Geburtstag am 26. Januar und Hitlers Geburtstag am 20. April lautstark, provokant und feuchtfröhlich gefeiert. Es gibt verstaubte Dokumente im Nationalarchiv von Namibia, die belegen, dass um diese Zeit ein mysteriöser Deutscher aufgetaucht war und observiert wurde. War es der Doc? Leider wird kein Name genannt.

Der mysteriöse Deutsche aus den Dokumenten flüchtete in die Kalahari und blieb verschwunden. Es muss eigentlich der Doc gewesen sein, denn Jahre später gab es eine neue Legende in Afrika: Irgendwo in den Weiten der Kalahari lebe ein »riesiger weißer blonder Buschmann«, der mit einer Buschmannfrau verheiratet sei. Der wie ein Wilder im Lendenschurz mit einem Trupp Buschmänner herumziehe und sich sofort verstecke, wenn sich ihm Weiße näherten. Damals entdeckte man das Körbchen in der Bäckerei in Johannesburg, durch das man theoretisch mit Doc Hans kommunizieren konnte. Er war tatsächlich der »riesige weiße blonde Buschmann«, aber war er auch der Überlebende des Röhm-Putsches, der Hitler in der Unterhose entkommen war?

Darüber gibt es keine Unterlagen, weil die Gestapo niemanden dokumentiert hat, der ihr entkommen war. Und man weiß nicht, unter welchem Namen man ihn suchen soll. Wenn es Doc Hans wäre, hätte er das Geheimnis mit ins Grab auf dem Friedhof in Maun genommen. Denn auch er hat keine Dokumente darüber hinterlassen. Aber wenn er es war, wird seine Biografie noch abenteuerlicher und einmaliger: SA-Mann endet als Buschmann, Lustknabe heiratet Nomadin aus der Kalahari, »Übermensch« zeugt Kind mit »Untermensch«, um die Sprache seiner frühen Gesinnung zu verwenden. Unfassbar!

»Doc Hans hatte doch diesen Sohn mit Namkwa – wie hieß er nochmal?«, wollte Andy wissen. »Ist ja egal, ich habe den Namen sowieso nie gehört. Was ist denn aus ihm geworden?«
Ich wusste Bescheid: »Der Doc hat zwei Söhne. Einen aus erster Ehe in Deutschland und einen von Namkwa hier in Botswana. Den hier kenne ich ganz gut – ein verlorenes Kind. Interessiert euch sein Leben?«
»Was aus dem Sohn eines weißen Mannes mit einer San-Frau wurde, interessiert natürlich«, erwiderte X'Oli. Buschmänner sind sehr neugierig, aber sie geben es nie zu. Aber aus der Neugierde speisen sie ihre Erfahrung.
Also begann ich …

Die Geschichte vom Mann und seinem verlorenen Sohn

»Es gibt einen berühmten US-Song mit dem Titel ›A Boy Named Sue‹. Shel Silverstein hat ihn geschrieben, die beste Fassung stammt von Johnny Cash. In dem Song geht es um einen Jungen, dem sein Vater den Mädchennamen Sue gegeben hatte, bevor er verschwand und die Mutter mit dem Sohn sitzen ließ. Jahre später treffen sich die beiden zufällig in einer Bar, der Sohn erkennt den Vater, verprügelt ihn wegen dieses Namens, und der Vater sagt, als er besiegt am Boden liegt: ›Siehst du, der Name Sue hat dich stark gemacht. Ein Leben lang haben sie dich gehänselt für dieses Sue, und du musstest dich wehren. Am Ende warst du sogar stärker als dein Vater. Also sei froh, dass ich dich Sue genannt habe.‹ Worauf Vater und Sohn ziemlich gute Freunde werden, zwei, drei Biere miteinander trinken und sich nie mehr prügeln. Fritzl, der ungefähr 30 Jahre alt ist, war nie froh, dass er so heißt. Er ist auch nie mit seinem Vater befreundet gewesen. Der war 62, als Fritzl geboren wurde, ein Alter, in dem Männer allmählich vernünftig zu werden pflegen und Enkel bekommen. Warum der Vater seinen Sohn in der Kalahari dennoch Fritzl nannte, wissen die Götter. Nehmen wir einmal an, das klingt auch in der San-Sprache der Buschleute schön und sinnvoll.«

»Schwachsinn«, meinte X'Oli. »In unseren Ohren klingt das nach dem Zischlaut einer Schlange. Also nicht gut.«

»Ganz aus der Luft gegriffen ist der Vorname nicht, weil der Vater von Doc Hans – Fritzls Großvater – Friedrich hieß. Fritzl erlebte das typische Schicksal eines Mischlingskindes und ist der Hauptdarsteller einer Tragödie, die heißen könnte: Ich weiß nicht wohin. Fritzl ist entwurzelt bis zur Verzweiflung. Er lebt im tristen Niemandsland zwischen vier widersprüchlichen Kulturen: Buschleuten, Schwarzen, Weißen und Mischlingen. Dabei ist Fritzl mit seinen 1,80 Metern fast so groß wie sein Vater, also 40 Zentimeter größer als der Durchschnitts-Buschmann, und hält sich für einen Weißen, ist aber zu dunkel dafür. Das heißt: Von der Größe her ist er kein Buschmann, was er auch gar nicht sein will. Was seine Hautfarbe angeht, kann er nicht zu den Weißen gezählt werden, was er unbedingt will. Schwarz ist er aber auch nicht. Und das will er absolut nicht sein. Dann lieber Buschmann. Natürlich könnte er sich zum Mischling erklären. Die Bastards sind eine staatlich anerkannte Rasse im südlichen Afrika – und so etwas wie die Intellektuellen, die Cleveren, die Beamten, die Ärzte, die Anwälte, die Schauspieler, die Models, die Fußballer. Fritzls private Ethnologie verläuft vertikal: Ganz oben die Weißen, dann die Buschleute, unten die Mischlinge und ganz unten die Schwarzen. Leider beherrscht Fritzl weder die Naturverbundenheit der Buschleute noch den weißen Lebensstil; die eine kostet Jahrtausende alte Erfahrung, der andere ein bisschen Geld. Die eine möchte Fritzl nicht erwerben, weil er rastlos ist, und das andere bekommt er nicht, weil er nicht weiß, wer er ist. Die Folge: Die Schwarzen mögen ihn nicht und die Mischlinge verlangen Abitur oder andere Papiere, um jemanden wie ihn zu akzeptieren. Wohin soll ein halber Buschmann namens Fritzl aus dem Niemandsland gehen? Fritzl ist – instinktiv – nach

Ghanzi gegangen. Das ist ein Ort auf halber Strecke zwischen dem Doc-Hans-Land und dem Namkwa-Land. Ghanzi liegt im Westen Botswanas und gilt als das Tor zur Kalahari. Es ist ein Zentrum der Rinderfarmer und war jahrzehntelang die einzige Afrikaans sprechende Gemeinde ohne Kirche im südlichen Afrika. Der erste Europäer, der britische Reisende Charles John Andersson, kam 1855 in Ghanzi an, später folgten weitere Europäer, sie blieben aber immer in der Minderheit. Der Name ›Ghanzi‹ stammt aus der Hottentottensprache und bedeutet lustigerweise ›sehr groß und dennoch sehr klein‹. So waren sie eben, die Hottentotten, der Name sollte so viel bedeuten wie: Der erste Eindruck täuscht. Denn immerhin gibt es ein Hotel, eine Polizeistation mit Mini-Gefängnis, eine Tankstelle und einen Supermarkt; aber Ghanzi sieht immer noch aus wie eine Wüsten-Oase, durch die allerdings auffallend viele Reiter geritten sind. Das liegt daran, dass man Rinderherden besser vom Sattel aus überwachen kann – weiß man ja aus dem Wilden Westen –, und dieser Teil von Botswana ist so etwas wie Wyoming, Montana und South Dakota zusammen –, das Land der Rinder. Hätte man das Bedürfnis, einen Feind wirklich bestrafen zu wollen, würde man ihn hierher in Verbannung schicken. Das Einzige, was wirklich passiert in Ghanzi, ist das Fallen und Steigen der Quecksilbersäulen in den Thermometern zwischen 35 und 45 Grad im Schatten und der tägliche Datumswechsel.

Fritzls Problem begann damit, dass er nicht nur nicht weiß, wer er ist, sondern ebenso wenig, was er ist. Ein lebensgefährliches Problem. Fritzl hat nichts gelernt. Er ist arbeitslos – und er will auch keine Arbeit annehmen, zumindest keine, die ein Weißer ablehnen und ein Schwarzer tun würde.

Dafür hat er sein Leben lang Prügel bezogen: Weil er sich für etwas Besseres hielt und alle anderen, die genauso schwarz sind wie er, seine Verachtung spüren ließ. Aber jeder Faustschlag, der ihn traf, war eine Bestätigung für ihn: Sie prügeln mich, weil ich weiß bin. Fritzl hat daher nie ernsthaft gemurrt bei all den Prügeln.«

»So kann man sich selbst sehen, gesund macht es nicht«, meinte Andy.

»Und weißer macht das auch nicht«, fügte Karame an.
»Aber es macht Menschen wie ihn zu stolzen Masochisten und es hat Fritzl kriminell gemacht«, fuhr ich fort. »Er saß mehrmals im Gefängnis. Nichts Schwerwiegendes: grober Unfug, Diebstahl, Einbruch, Raub, eine Körperverletzung hie und da und so weiter. Er nahm sich, sagte er vor Gericht stets zu seiner Verteidigung, was man ihm nicht freiwillig gab. Nur einmal fragte ein Richter: ›Wieso sollte man Ihnen etwas freiwillig geben?‹ Die Antwort von Fritzl zeigt sein ganzes Dilemma: ›Weil ich ein Weißer bin und mein Vater, der sehr reich ist, mir nichts gibt.‹ Der Vater, Doc Hans, hat ihn mehrmals rausgeholt aus Gefängniszellen und Schlamasseln, hat Kautionen gestellt, die mit der nächsten Straftat prompt verfielen, hat Fritzl Jobs besorgt, die er selbst gemacht hatte als Dolmetscher, Lastwagenfahrer, Hilfskraft bei der Nationalpark-Verwaltung, und hat ihm ein ums andere Mal Geld gegeben, mit dem er etwas aus sich machen sollte. Aber Fritzl hat das Vertrauen des Vaters jedes Mal missbraucht. Einmal so sehr, dass es Doc Hans fast den eigenen Job gekostet hätte: Fritzl arbeitete gerade wieder mal im Nationalpark, hatte eine Art Uniform bekommen, mehr ein Overall mit dem offiziellen Badge, und ein Gewehr seines Vaters entwendet. Dann war er mit seinen Kumpels durch Maun gezogen und hatte, um Mädchen zu beeindrucken, eine Kuh, die zufällig über die Straße lief, aber natürlich irgendjemandem gehörte, durch einen Schuss schwer verletzt. Kaum war dieser Vorfall mit Papas Hilfe ausgestanden, hatte er einem Souvenirhändler Elfenbein angeboten, das er aus dem Depot der Nationalparkverwaltung stehlen wollte. Dumm nur für Fritzl, dass alle Angst hatten vor dem großen weißen Chef der Anti-Wilderer-Einheit, seinem Vater. Deshalb versuchte der Souvenirhändler bei der Nationalparkverwaltung einen Pluspunkt zu machen und meldete das Angebot von Fritzl.

Auch seine Mutter Namkwa half ihrem einzigen Kind immer wieder – bis zu dem Zeitpunkt, da sie merkte, wie peinlich ihre Auftritte ihrem Sohn waren. Weil sie in seinen Augen eine kleinwüchsige, runzelige, alte, primitive Buschfrau war. Einmal hatte Fritzl sie sogar verleugnet und war lieber ein paar Tage ins Gefängnis gegangen, als zugeben zu müssen: Meine Mutter, diese Buschfrau da, stellt meine Kaution.

Als Doc Hans erkannt zu haben glaubte, dass sein Sohn unheilbar kriminell war, brach er den Kontakt zu ihm ab. Mehr noch: Er gab bekannt, dass er von nun an nicht mehr verantwortlich war für alles, was Fritzl tat, und würde er noch einmal nach Maun kommen, wo Doc Hans wohnte, würde er ihn festnehmen lassen. Fritzl blieb in Ghanzi, ein paar Auto- oder Reitstunden westlich, und schwor seinem Vater Rache. Dafür gibt es Zeugen.

Doc Hans erkannte in seinem Sohn Fritzl seine eigenen Defizite, Fritzl war der lebende Vorwurf dafür, wie schlecht er Namkwa behandelt hatte, und da war natürlich immer die Angst, Fritzl könne seine kriminelle Energie auch gegen ihn selbst richten, seinen Vater. Als Fritzl wieder mal im Gefängnis in Ghanzi saß, besuchte ich ihn.

Im Gefängnis von Ghanzi erlebte ich Fritzl als einen freundlichen, aber misstrauischen jungen Mann, der sich artig erhob, als ich eintrat, bezaubernd lächeln konnte und das hübsche Gesicht seiner Mutter zum germanischen Körper seines Vaters geerbt hat: Er ist groß und muskulös, aber unsicher, und das tarnt er sofort mit Schwadronieren. Etwa als er fragte, in welcher Sprache wir uns unterhalten wollten, er könne San, die Buschmannsprache, Tswana, Englisch und Deutsch. Und dann fiel der Satz, mit der man seine Persönlichkeit entschlüsseln kann wie ein Theaterstück durch die handgeschriebenen Regieanweisungen des Autors. Fritzl sagte: »Wir Weiße sollten wohl Englisch sprechen.« Ich habe überhaupt nichts dagegen, ihn als Weißen zu akzeptieren. Es gibt einen netten jungen Mann aus Togo, der sich als Eskimo fühlt und seit Jahren glücklich in Grönland lebt. Bitteschön. Wenn er Inuit sein möchte, ist er es. Aber mich störte der latente Rassismus in seiner Formulierung – das ›wir‹.

Ich versuchte Fritzl zwei Dinge klar zu machen: Dass sein Vater alles andere als reich ist und dass keiner automatisch reich sein muss, nur weil er weiß ist. Ich konnte ihn nicht überzeugen: ›Wenn mein Vater stirbt, sagte er, habe ich jede Menge Pula.‹ Sein Vater sei arm wie eine Wüstenspringmaus, sagte ich. Wenn man es recht betrachte, besitze er eigentlich nicht mehr als sein Sohn – da verdunkelte sich Fritzls Blick und er fragte, ob sein Vater mich geschickt habe. Nein, hat er nicht. Im Gegenteil, ich hatte sogar Streit mit Doc Hans gehabt, weil er diesen Besuch nicht zulassen wollte. Fritzl sei nicht mehr Teil seines Lebens, habe nur Unglück und Traurigkeit über ihn und seine Mutter Namkwa gebracht. Er verstehe nicht, was ich von Fritzl wolle, der sich über seinen Tod freuen und auf seinem Grab tanzen werde. Er sei nichts als ein Krimineller. Das sagte ich Fritzl und er bestätigte die Ansichten seines Vaters teilweise: Ja, er werde sich über den Tod von Doc Hans freuen; aber nein, auf seinem Grab zu tanzen sei ihm zu anstrengend in der Hitze, und nein, ein Krimineller sei er auch nicht. Er habe nur Pech gehabt im Leben, und daran sei sein Vater schuld. Hatte er nicht ein Lastwagenunternehmen besessen, früher sogar mal eine Schweine- und Gemüsefarm?

Alles falsch, erwiderte ich. Sein Vater sei ein Bankrotteur, dem die Gläubiger im Nacken sitzen würden, wenn sie wüssten, wo er sich aufhält. Da bediente sich Fritzl eines cleveren Arguments: Sein Vater habe ihm doch immer wieder mit Geld ausgeholfen, also müsse er doch Geld haben. Es sei doch auch stets Geld im Haus gewesen, wenn er es ihm gestohlen habe ...
Die paar Pula, wandte ich ein, und von irgendetwas müsse sein Vater ja leben. Es war sinnlos, mit Fritzl zu argumentieren. Das Fundament seines Weltbilds war der Glaube, er würde mal reich erben. Und vielleicht hatte er ja sogar Recht: Aus seiner Sicht war sein Vater reich. Aus seiner Sicht war fast jeder reich. Der entscheidende Unterschied war nur, dass dieser Reichtum nicht vom Himmel gefallen oder kriminell erworben war. Der Bruch in der Psyche von Fritzl war der verpasste Moment, als er sich darüber hätte klar werden müssen, dass Disziplin die Mutter eines erfreulichen Bankkontos ist. Das begriff er nicht. Fritzl hielt sich für den Prinzen der Kalahari, der wohlhabend zu sein hatte, ohne arbeiten zu müssen. Und da Doc Hans sich insgeheim für den König der Kalahari hielt und

ihm die Argumentation seines Sohnes durchaus nicht fremd war, kann jeder nachvollziehen, warum der Vater so heftig auf seinen Sohn reagierte. Aber zu sagen, er würde nichts taugen, ist ein bisschen dünn. Doc Hans hätte sich den Problemen des Sohnes stellen müssen, und sei es nur für eine Art Selbstheilungsprozess. Es war ja nicht nur das verquere Schicksal eines üblichen Mischlingskindes. Doc Hans war eine lebende Legende zwischen Swakopmund und Maputo, zwischen Kapstadt und Lilongwe. Doc Hans war nun mal der bekannteste Weiße des südlichen Afrika. Als Anthropologe, Exzentriker, Gestalt von mosaischem Äußeren und zuletzt sogar als Wohltäter. Die Weißen kannten ihn, die Tswana, die Buschleute der Kalahari und sogar der Präsident von Botswana in der Hauptstadt Gaborone. Und dieser prominente Mann hatte einen Sohn, Fritzl, und der war nichts weiter war als ein Staubkorn am Rande der Zivilisation, und das in einem Land, in dem erstgeborene Söhne den Status bürgerlicher Prinzen haben.«

Es gibt wenig Affen in der Kalahari und an der *Dritten Brücke* so gut wie gar keine. Weil es nicht genug Bäume gibt. Für die Menschen war das gut so, denn Affen wären in der Lage, die Vorratskäfige, die nur ganz simpel verriegelt werden, zu knacken. Aber es gibt viele Löwen, ganz normale und solche mit schwarzen Mähnen, die Kalahari-Löwen. Nach einer kurzen Nacht der Erzählungen waren wir – Andy, der Reiseführer aus Südafrika, Karame, der Beamte aus Botswana, X'Oli, der Buschmann, Rieke, der Pharma-Scout aus Deutschland, und ich, der Wildhüter aus Namibia – losgefahren, um Schlingen zu suchen, diese Folter- und Mordwerkzeuge der Wilderer. Plötzlich hatte sich der Himmel blauschwarz verfinstert, innerhalb von 15 Minuten war ein Sturm aufgekommen, die Temperatur war ebenso schnell von 40 auf 10 Grad gefallen und es hatte gehagelt, golfballgroße Eisbrocken in der Wüstensteppe. Nicht übel, wenn man frisches Wasser benötigt oder Rocks im Whisky, aber lebensgefährlich, wenn du zu Fuß unterwegs bist. Gerade noch waren wir unter einen Baobab geflüchtet, aber richtig beschützt hatte er uns auch nicht mit seinen glatten, weiten Ästen und dem spärlichen Laub.

Es stimmt schon, was die Eingeborenen sich erzählen: Dass der Baobab mal umgekehrt in der Erde stand, mit seinen Ästen, die wie Wurzeln aussehen, im Boden und seine Wurzeln, die wie Äste aussehen, waren die Äste. Aber Gott geriet in Wut wegen der Undankbarkeit der Menschen über seine Schöpfung, riss das erste, das er zu fassen bekam, aus und rammte es kopfüber wieder in die Erde. Es war der Ur-Baobab und seitdem wachsen alle Nachfahren so komisch.

Als wir fünf unter dem Baum standen, rümpfte X'Oli die Nase, legte einen Zeigefinger an seinen Mund und flüsterte: »Löwen!« Zentimeter um Zentimeter lugte Andy um den Stamm – und da waren sie: sechs Weibchen auf der anderen Seite. Auch sie hatten sich vor dem Hagel unter den Baobab geflüchtet.

»Das Nette war«, sagte Rieke später, »dass die eine Löwin genauso vorsichtig um den Stamm schielte wie wir. Denn natürlich hatten auch sie uns gerochen!«

Aber man tut sich nichts in Not. Weder an der Tränke bei Wassermangel, noch am Baobab bei Unwetter. Das hat die Natur so eingerichtet. Verlassen kann man sich darauf nicht, aber bisher hat es immer geklappt.
Abends am Lagerfeuer sagte Rieke: »Lettow-Vorbeck, sein Sohn, der König und die Virunga-Berge. Ich hatte gestern schon so eine Assoziation. Denn du, Andy, kannst doch als Einziger erzählen, wie die berühmte Gorilla-Forscherin Dian Fossey wirklich lebte und wie sie starb. Das war doch auch in den Virunga-Bergen …«
»Ich will es versuchen«, meinte Andy. »Aber ich warne euch, das ist keine schöne Geschichte und sie nimmt Dian ihren Nimbus. Es war nämlich nicht einfach mit ihr, weil sie nicht einfach war. Im Gegenteil. Es gab Situationen, da hätte ich sie erwürgen können.«
»Warum?«, fragte Karame.
»Weil sie sich bemühte, so wenig Frau wie möglich zu sein.«

Die Geschichte von der Frau und dem Mord im Regenwald

»Was kostet ein ausgewachsenes, silberhaariges und halbzahmes Gorilla-Männchen? Nur eine Patrone aus dem Jagdgewehr. Wie viel ist das Leben der Frau wert, die sich um die letzten Exemplare dieser liebenswürdigen Riesenaffen kümmert? Den blindwütigen Schlag einer Machete und einen Haufen Lügen. Die Eingeborenen nannten dieses seltsame weibliche Wesen namens Dian Fossey ›Nai iramazibili‹ – die Frau, die alleine im Urwald lebt. Eine hagere, über 1,80 Meter große Riesin, harsch, fast immer abweisend, männlich wirkend und geradezu unmenschlich brutal gegen ihre Mitmenschen, wenn es um den Schutz ihrer geliebten Gorillas ging. Mit dem Resultat: Sie war von zwei Arten von Menschen umgeben – die einen hassten sie, die anderen fürchteten sie. Wirklich geliebt wurde Dian Fossey nur von ihren Riesenaffen und den Lesern ihrer Bücher. Und von Doc Hans, der oft bei ihr war, ihr half beim Kampf gegen Wilderer, und den Dian Fossey so nah an sich heranließ wie sonst keinen Mann. Männer mochte sie nicht.«

»Warum nicht?«, fragte ich.

»Das ist eine schreckliche Geschichte: Als der Kongo 1960 unabhängig wurde und die Eingeborenen wüteten, hielt sich Dian in der Gegend um Goma auf und fiel der schlimmsten Eingeborenen-Miliz in die Hände …«

»Den Fisi?«, fragte Karame.

»Ja, den Hyänen, und wurde tagelang von Dutzenden der Kerle vergewaltigt. Ein Wunder, dass sie überhaupt mit dem Leben davonkam. Sonst sind die Fisi nicht so nett. Doch nun zu den Fakten, die zu ihrem Tode führten und die bisher keiner auszusprechen, zu schreiben oder gar im Film darzustellen wagte: In Ruanda blüht der Handel mit Wilderer-Trophäen. Besonders lukrativ sind dabei präparierte Köpfe und Hände der Gorillas. Die Abnehmer, das weiß man, sitzen zum Teil in Japan, vor allem aber in den ehemaligen Ostblockstaaten, die nie Kolonien besaßen und auf diese miese Weise ihre zoologischen Sammlungen ergänzen. Mit katastrophalen Folgen: 1960 lebten zwischen 400 und 500 Berggorillas in Ruanda, 1973 gab es nur noch 260 bis 290 und jetzt sind es noch weniger. Denn keiner, der das Format von Dian Fossey hat, kümmert sich noch um die Tiere. Nach dem Brudermord in Ruanda hat man andere Sorgen. Es ist trotz des Verlustes von 25 Prozent der Bevölkerung immer noch eines der drei am dichtesten besiedelten Länder Afrikas. Deshalb werden jedes Jahr von den 37 000 Hektar Regenwald, die man einst für die Gorillas reserviert hatte, große Portionen für die Rodung und Beackerung abgeschnitten. Der Urwaldgürtel rund um die Virunga-Berge ist inzwischen um fünf Kilometer in die Höhe geschrumpft und Flüsse, die einst im

Regenwald waren, liegen jetzt in der freien Landschaft und sind ausgetrocknet.

Als Dian Fossey noch lebte, verdiente die Regierung in Kigali jedes Jahr fünf Millionen US-Dollar mit Touristen, die vor allem die Gorillas sehen wollten. Dian jedoch bedrohte die Besucher, schrie sie an, ließ Gewehre über ihre Köpfe abfeuern, hielt die Aufenthaltsorte der Gorillas sogar vor den einheimischen Wildhütern geheim, führte selbst die VIP-Touristen der Regierung in die Irre, erschreckte alle Besucher zu Tode und erregte den Zorn des Präsidenten von Ruanda.

Die einheimischen Wildhüter waren immer die Feinde von Dian Fossey gewesen. Es waren damals nur 31 Männer, die kaum oder sehr wenig Lohn bekamen, keine einheitlichen Uniformen besaßen, mit über 60 Jahre alten Flinten ausgerüstet waren und Geld nur damit verdienten, dass sie Rohkaffee über die grüne Grenze nach Zaire und Uganda schmuggelten oder – wilderten. Im eigenen Garten, sozusagen. Und damit sind wir beim Motiv, warum Dian Fossey derart bestialisch ermordet wurde.

Natürlich hat die Regierung von Ruanda bestritten, dass die Wildhüter wildern. Oder dass Dian Fossey umgebracht wurde, weil sie störte. Wer das behauptete, bekam Einreiseverbot – ich, zum Beispiel. Aber die Wilderei nahm derart zu, dass Dian gezwungen war, sich eine eigene Dschungel-Truppe zuzulegen, die sie aus ihrer Tasche

bezahlte – das heißt von den Spenden für die Gorillas –, die sie erstklassig bewaffnete und unnachsichtig gegen die Wilderer einsetzte. Es entwickelte sich eine Art intimer, schmutziger Guerillakrieg zwischen der Gorilla-Schützerin aus den USA und den – nennen wir sie die Offiziellen von Ruanda. Sie sind sicher nicht direkt für den Mord verantwortlich, aber sie sind die Schreibtischtäter. Die Indizien dafür sind überwältigend:

Ein in 21 afrikanischen Staaten wegen Wilderei zumindest pro forma steckbrieflich gesuchter Ruander namens Munyarukiko enthauptete in den 1970er Jahren Dian Fosseys Lieblingsgorilla Digit und schnitt ihm die Hände ab. Die Trophäen wurden nach Uganda geschmuggelt und an einen japanischen Sammler für angeblich 50 000 Dollar verkauft. Und nun kommt der erste einer ganzen Reihe von Skandalen, die Dian Fossey immer wütender und tückischer machten: Munyarukiko und drei seiner Komplizen wurden gefasst. Man schleifte sie – als hohle Show – in Ketten durch Kigali, doch dann entkam Munyarukiko und seine drei Leute starben unter mysteriösen Umständen im Gefängnis.

Ein paar Wochen später wurden Onkel Ben, ein altes Gorilla-Männchen, und Macha, eines seiner Weibchen, erschossen. Von Onkel Ben fehlte der Kopf, Macha blieb erstaunlicherweise komplett. Offenbar sind die Wilderer überrascht worden, ehe sie die Affen weiter verstümmeln konnten. Diesmal ging Dian Fossey selbst auf die Jagd nach den Mördern und stellte mit ihrer Truppe nach mühsamer Verfolgung im gebirgigen Regenwald einen Mann namens Hatageka. Sie verhörte ihn persönlich, und zwar nicht mit den feinsten Mitteln, wie später berichtet wurde, denn sie entriss ihm das Heiligste, was ein Afrikaner besitzt: den Fetisch-Beutel, den man ein Leben lang wie einen Talisman um den Hals trägt. In dem Beutel fand Dian Fossey keine ›heiligen Dinge‹ wie Knochen, Steine und Samenkörner, sondern die Namen und Adressen von Ruandern, die Gold aus den staatlichen Minen abzweigen und außer Landes schmuggeln, unter ihnen hohe und höchste Regierungsbeamte. Der Beutel war der Safe von Hatageka gewesen, absolut sicher, weil er wusste, dass niemand in Afrika, nicht mal ein Folterer oder Hen-

ker, einen Fetisch-Beutel anrühren würde. Von dem Moment an, als Dian Fossey ihn aufriss und den Inhalt las, schwebte sie in akuter Lebensgefahr.
Zumal Dian Fossey über Jahre hinweg eine offene Feindschaft mit Laurent Habiyaremye kultivierte, dem Direktor der ruandischen Tourismusbehörde und der Nationalparkverwaltung. Er zwang die Frau, die schwer lungenkrank war, ständig Blut spuckte, aber dennoch rauchte wie ein Schlot, und die an einem nicht heilen wollenden Beinbruch litt, jeden zweiten Monat aus den Bergen hinunterzusteigen und ihn in seinem Büro in der Haupstadt Kigali untertänigst zu bitten, ihr Visum für Ruanda und das Permit, bei den Gorillas bleiben zu dürfen, zu verlängern. Mir sagte sie damals wütend, und – bei Gott – was konnte diese Riesenfrau zornig werden: ›Ist doch klar, durch diese beschwerlichen Reisen versucht der Kerl mich umzubringen, bevor ich im Regenwald von selbst krepiere!‹
Etwa um die gleiche Zeit ließ die Regierung den berüchtigten Sebahutu verhaften, der nach dem Verschwinden von Munyarukiko als neuer »Pate« der ruandischen Wilderer galt. Dian Fossey verschaffte sich mit ihrer Privatarmee Zutritt zum Gefängnis, verhörte Sebahutu zwei Tage lang und verließ seine Zelle mit den Namen von 93 Wilderern, die ihre Gorillas bedrohten. Wie sie das geschafft hat, kann man nur vermuten. Schön wird's nicht gewesen sein für Sebahutu.
Dadurch setzte Dian Fossey eine Kettenreaktion in Gang: Einerseits mussten diese 93 Wilderer sie schnellstens beseitigen, wollten sie nicht selbst sterben. Denn sie wussten, diese Frau würde sie bis ans Ende von Ruanda und über die Grenzen jagen. Andererseits konnte Sebahutu nur verhindern, dass die 93 Verratenen sich an ihm rächten, indem er selbst Dian Fossey möglichst schnell ermorden ließ. Sie war sich darüber völlig im Klaren: ›Natürlich wird Sebahutu nicht ruhen, bis er mich hat‹, sagte sie mir.
Wenig später war es so weit: Dian Fossey wurde am 27. Dezember 1985 im Bett ihrer Regenwaldhütte ermordet – mit einer rasiermesserscharfen Machete, einem Panga, importiert aus China und das

traditionelle Werkzeug afrikanischer Bauern. Der oder die Täter warfen die Mordwaffe blutverschmiert neben ihr Bett, und sie müssen sich in einen Rausch geschlagen haben – Dian Fosseys Blut war an alle Wände und sogar die Hüttendecke gespritzt. Dass man diese über 1,80 Meter große, stets mit einer Pistole ausgerüstete Frau überhaupt im Schlaf überwältigen konnte, ließ nach Meinung von Doc Hans nur einen Schluss zu: Man muss ihr was ins Essen getan haben, wahrscheinlich eines der vielen Schlaf- oder Betäubungsmittel Afrikas. Daraufhin untersucht wurde die Leiche nicht, ebenso wenig wie die bluttriefende Machete auf Fingerabdrücke. Nicht da oben in den Virunga-Bergen. Aber allen Freunden von Dian Fossey ist bewusst: Es war ein Auftragsmord. Laurent Habiyaremye, der Tourismus- und Nationalpark-Chef, hat den Mord befohlen und bezahlt, einer der Wilderer hat ihn ausgeführt, wahrscheinlich der angeblich verschwundene Munyarukiko.«

»Gab es denn keine offizielle Untersuchung und Anklage?«, wollte Karame wissen.

»Natürlich«, sagte Andy. »Alle Mitarbeiter von Dian Fossey wurden festgenommen, alle: ihre wissenschaftlichen Mitarbeiter, ihre Wildhüter und ihre Privatsoldaten. Schließlich beschuldigte man ihren amerikanischen Assistenten des Mordes, folterte ihn derart, dass er ein Geständnis unterschrieb, obwohl man genau wusste, dass er zu so einer Tat weder ein Motiv noch die kriminelle Energie besaß, ließ ihn ohne Verurteilung in die USA fliegen – und der Fall war erledigt.«

»Warum wollte man dann dieses Geständnis?«, fragte X'Oli.

»Weil die Regierung von Ruanda damit den Fall gelöst hatte. Weil die Regierung damit festgestellt hatte, dass ein Ausländer den Mord begangen hatte. Weil die Regierung der Welt damit zeigte, wie humanitär sie ist, indem sie einen Ausländer nicht in ein ruandisches Gefängnisloch wirft, sondern der US-Justiz überantwortet. Und weil die Regierung im Bedarfsfall später sagen konnte: Wir haben den Täter frei Haus geliefert, aber die Amerikaner haben ihn laufen lassen, wenn ihr über den Mord an Dian Fossey diskutiert, wendet euch an Washington. Clever sind sie ja, die Burschen.

Der Mord hat aber noch eine finale Merkwürdigkeit: Ausgerechnet der Fossey-Todfeind Habiyaremye verlangte, in dem Hollywoodfilm mit Sigourney Weaver, wie hieß er nochmal …«
»Gorillas im Nebel«, sagte Rieke.
»Also ausgerechnet dieser Kerl verlangte von der Filmcrew, dass er sich selbst spielen müsse. Sein Anwalt behauptete, in Ruanda dürfe niemand einen anderen spielen, wenn der noch lebe. Man musste Habiyaremye viel Geld zahlen, so um die 10 000 Dollar, um einen Schauspieler einsetzen zu können. Dann verlangte er das Drehbuch zu lesen, ging mit seinem Exemplar zum Innenminister, der war angeblich empört und widerrief die Drehgenehmigung – weil die im Drehbuch völlig zurecht aufgeworfene Frage nach dem möglichen Mörder von Dian Fossey die Ehre und Würde der Republik Ruanda in Zweifel ziehe. Das ist der Grund, warum der Film dieser Frage aus dem Weg gehen musste.«

»Gab es nicht auch Streit um die Beerdigung von Dian Fossey?«, fragte Karame.
»Ja«, bestätigte Andy. »Sie hatte im Testament verfügt, dass sie verbrannt und ihre Asche über den Virunga-Vulkanen verstreut werden sollte. Doc Hans hatte sie eine von drei Kopien des Testamentes übergeben und er hatte schon alles arrangiert – ihre Verbrennung und das Flugzeug. Aber wieder schritt die Regierung ein, setzte sich über das Testament hinweg und begrub Dian Fossey auf dem Friedhof ihrer Gorillas in Karisoke. Zynisch begründete der ruandische Präsident das so: Das ist besser für unser Tourismus-Business. Der Doc war so wütend darüber, dass er in eine Vollversammlung der Union Afrikanischer Staaten eindrang, zum Podium marschierte, das Mikrofon ergriff und dem Präsidenten die Meinung geigte. Daraufhin bekam er ein lebenslanges Einreiseverbot und zeitweilig behauptete er, ruandische Killer jagten ihn durch ganz Afrika. Was ihn richtig stolz gemacht hat.«
»Was ist aus dem Schwein Habiyaremye geworden?«, fragte X'Oli.

»Gott ist gerecht, auch in Afrika«, erwiderte Andy. »Er wurde auch mit der Machete erschlagen während des Bürgerkriegs in den Straßen von Kigali. Vorher haben sie noch seine Frau und seine beiden Töchter, neun und 13 Jahre alt, vor seinen Augen vergewaltigt und ihn dann gezwungen, das Gleiche zu tun. Erst dann wurde Habiyaremye enthauptet. Tagelang verwesten sein Körper und sein Kopf im Gully, seine Frau und die Töchter auch. Er hat schrecklich gebüßt, was er an Dian Fossey verbrochen hat.«

»Das wusste ich alles nicht«, sagte Karame.
»Das weiß niemand, glaube ich«, meinte Rieke. »Und das Schlimme ist – niemand will es wissen. Die Legende der Dian Fossey hat ein Eigenleben bekommen und die Tatsachen stören nur.«
»Ist vielleicht auch gut so«, schloss Andy. »Mit Wahrheiten vermögen wir Menschen nicht umzugehen, Legenden sind die Parabeln, aus denen man die Zukunft aufbauen kann.«
Das Lagerfeuer glimmte nur noch. Ein Nachtvogel flog so niedrig und rasant über uns hinweg, dass wir den Lufthauch seines Flügelschlages spürten.
»Er schnappt sich die Insekten, die vom Feuer angelockt werden«, sagte Andy.
Irgendetwas schnaufte im Busch, aber keiner konnte sich vorstellen, was es war. Keiner wollte nachsehen, was es war.
»Der Geist meiner verstorbenen Großmutter«, scherzte X'Oli.
Über dem Busch glühte am Horizont ein Feuerschein auf, und Karame meinte, es sei ein eben entfachter Steppenbrand. So etwas geschieht durch Blitzschlag oder Wilderer, die zu faul sind, auf die Pirsch zu gehen. Sie zünden lieber eine Wiese an, setzen sich davor und schießen, was aus dem Gras flüchtet.
»Robert Sapolsky ist einmal mitten in so ein wildes Feuer geraten. In seiner Eigenschaft als Pavian«, erzählte ich. »Sapolsky ist der

klügste Mann, der je als Affe in Afrika unterwegs war, und er hat die klügsten, komischsten Bücher darüber geschrieben.«

»Wieso war er als Affe unterwegs?«, fragte sich X'Oli.

»Weil er so lange ungewaschen, verlaust, zerlumpt, mit einem fast zugewachsenen Gesicht und auf allen vieren hoppelnd einer Pavianherde gefolgt war, bis sie ihn akzeptiert hatte. Wochenlang lebte er in ihrer Nähe, nur Doc Hans begleitete ihn aus einer Entfernung, die die Affen nicht misstrauisch machte. Aber alle paar Tage, wenn ihm Sapolsky ein Zeichen gab, fuhr der Doc hin, holte ihn ab. Dann setzten sie Tiere, die sich Sapolsky ausgeguckt hatte, mit einem Schuss aus dem Narkosegewehr außer Gefecht, nahmen Blutproben, analysierten sie in einem Feldlabor, später brachte der Doc Sapolsky wieder zu seiner Herde zurück und der hoppelte wieder mit ihr los.

Er tat es für sein erstes Buch. Eine vergleichende Studie über die Adrenalin-Ausschüttung in einer stressgeplagten Pavian-Society und in der stressgeplagten Management-Hierarchie amerikanischer Konzerne und ihre physischen und psychischen Folgen. Sapolsky ist ein großartiger Mann, arbeitet heute als Professor in Kalifornien. Seine Bücher sind weltweit Bestseller; sie sind amüsant und haben lustige Titel: ›Warum Zebras keine Magengeschwüre bekommen‹ oder ›Memoiren eines Pavians‹ und so weiter.«

»Stank der Mann so, dass auch ich das empfunden hätte?«, fragte X'Oli.

»Wie ein Pavian«, erwiderte ich. »Er sah nach einer Weile auch aus wie ein Alpha-Männchen mit seiner Zottelmähne und manchmal benahm er sich auch uns gegenüber wie ein Pavian-Männchen – er konnte, wollte und durfte seine Rolle, die er bei den Affen spielte, nicht ablegen, wenn er eine Pause bei den Menschen einlegte. Sonst hätte er nicht problemlos in sie zurückkehren können.«

»Ließen sich die Paviane das denn auf Dauer gefallen?«, fragte Rieke.

»Nicht immer«, sagte ich. » Sapolsky hat oft schrecklich leiden müssen. Weil er von anderen Männchen gebissen, verprügelt und geknechtet wurde. Aber Sapolsky lernte allmählich die Sprache der

Paviane, kommunizierte mit ihnen und beherrschte schließlich ihre Körpersprache perfekt. Das half ihm. Aber er hat oft Todesangst gehabt, berichtete er.«
»Was der Mensch nicht alles tut, um sich zum Affen zu machen«, meinte X'Oli.
»Was ein Anthropologe nicht alles tut, um sich ein exklusives Arbeitsgebiet zu sichern«, fand Karame.
»In dem wissenschaftlichen Gebiet, in dem Sapolsky, ein Amerikaner übrigens, unterwegs war, gab es mehrere solche Typen«, sagte ich. »Von manchen wussten wir nicht mal die Namen, wir nannten sie nach ihren Forschungsgebieten. Da gab es die Steppenbrand-Frau aus England, den Hyänen-Mann aus Kanada, den Geparden-Mann aus der Schweiz und die Malachitvogel-Frau aus Japan. Es war übrigens die Steppenbrand-Frau, die das Feuer gelegt hatte, in dem Sapolsky und seine Affenfamilie beinahe umkamen«, fiel mir ein. »Weil sie übersehen hatte, dass sie sich gerade in der Savanne herumtrieben, als sie dieselbe abfackelte.«
»Was macht eine Steppenbrand-Frau?«, wollte X'Oli wissen.
»Sie untersucht die Intensität der Flammen und die Geschwindkeit ihrer Ausbreitung aufgrund unterschiedlicher Vegetation, Windstärken und geografischer Gegebenheiten wie Hügel, Flüsse und Wälder. Ein sehr wertvoller Job. Wenn man ihre Arbeiten kennt und ihnen glaubt, woran ich meine Zweifel habe. Es ist sehr schwierig, afrikanische Regierungen von etwas zu überzeugen, das nicht auf ihrem eigenen Mist gewachsen ist.«
Meine vier Freunde sahen mich nachdenklich an.

»Wisst ihr, was Bahimas sind?«, fragte Rieke nach einer langen Pause.
»Ein Volksstamm in Afrika«, sagte Karame und grinste. »Irgendwo im Norden, ich denke, sie leben in Uganda.«

»Nicht ganz falsch, aber auch nicht ganz richtig – sie leben in Zaire, aber an der Grenze zu Uganda. Aber habt ihr auch von König Kaswara Mutengesa II. gehört?«
Wir schüttelten den Kopf.
»Dann werdet ihr jetzt von ihm hören«, versprach Rieke.

Die Geschichte vom Mann, dem König und der Polaroid-Kamera

»Die Bahima stammen aus dem Sudan, wanderten vor 100 Jahren nach Uganda ein und teilten sich dort. Der eine Teil blieb, der andere Teil siedelte mit seinen Herden stolzer Watussi-Rinder am Westufer des Albert-Sees in Zaire, den sie umtauften in Lake Mobutu Sese Seko. Zur besten Zeit zählten diese Bahima rund 10 000 Menschen, besaßen riesige Herden von 70 000 Kühen – und wurden von einem König mit dem schönen Namen Kaswara Mutengesa II. regiert. Dessen Familie sitzt seit 20 Generationen auf dem Thron, er darf sich allerdings nicht mehr König nennen, sondern heißt Chef de Collectivité, weil Zaire ja angeblich ein sozialistisches Land ist, was natürlich Unsinn ist.
Doc Hans hatte es irgendwie geschafft, Chefberater des Königs zu werden, der alt war, aber ein über zwei Meter großer, auf Würde bedachter, aber huldvoller Herr mit weißem Haarkranz um die Glatze und gewaltigem Bauch, der ihm Ansehen verlieh, da er sich offensichtlich immer satt essen konnte. Dessen Macht über die Bahima immer noch absolut ist, und der selbst in der größten Hitze und auch im Freien einen schwarzen Anzug mit weißem Hemd und schwarzer Krawatte und dazu auf Hochglanz polierte schwar-

ze Schnürschuhe trug. Auf der linken Brustseite steckt ein Orden. Er residiert in einem feudalen Steinhaus, das ihm die Regierung in Kinshasa bauen ließ, während die anderen Bahimas in viel schöneren, bis zu 80 Quadratmeter großen Strohhütten wohnen. Die können sich ihrem Monarchen nur am Boden robbend nähern und müssen ihm die Schuhe küssen, bevor sie das Wort an ihn richten dürfen. Heute noch.

Der König hatte auch verboten, dass man Frauen fotografierte, die – was normal ist bei den Bahima – mit nacktem Busen durch die Gegend spazieren. »Was sollen denn die Leute in aller Welt von uns Bahimas denken?«, sagte er. »Wir sind doch keine unzivilisierten Wilden.« Seine Frau, die Königin, eine dralle Mami, trug übrigens bunte Kleider, die sie in Bunia nach Maß machen ließ. Wie die Queen bei ihrem Hofschneider.

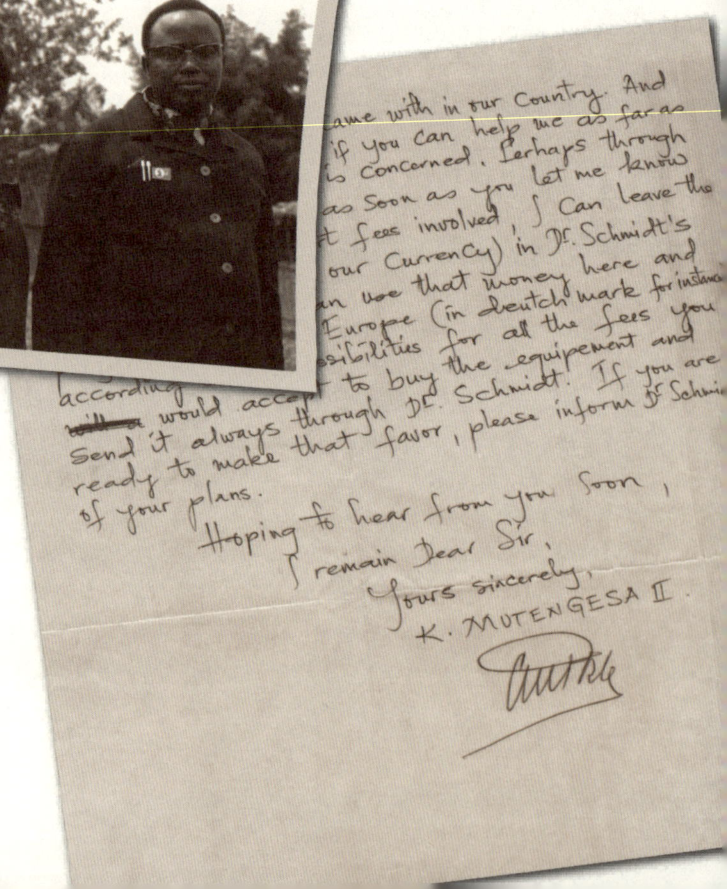

ame with in our Country. And
if you can help me as far as
is concerned. Perhaps through
as Soon as you let me know
t fees involved, I Can leave the
our Currency) in Dr. Schmidt's
n use that money here and
Europe (in deutch mark for instance
sibilities for all the fees you
according
~~will~~ would accept to buy the equipement and
Send it always through Dr. Schmidt. If you are
ready to make that favor, please inform Dr. Schmi
of your plans.

Hoping to hear from you Soon,
I remain Dear Sir,
Yours sincerely,
K. MUTENGESA II.

Der König
der Bahima
mit seiner
Frau und
ein Brief
des Königs

›Wenn Gäste kamen, wurde es ganz feudal‹, berichtete der Doc. Dann durften nur sie mit dem König essen, seine älteste Schwester kochte, sein ältester Sohn, der Thronfolger, trug die Speisen auf – die Festessen bestanden meist aus gegrillter Ziege, Bananen in einer Milch-Butter-Soße und frischem Gemüse aus dem eigenen Garten. Zum Trinken gab's kühles Tusker-Bier aus dem mit Petroleum betriebenen Kühlschrank. Der Rest der königlichen Verwandtschaft stand in den Türen und vor den Fenstern und wartete auf die abgegessenen Teller, mehr bekamen sie nicht. ›Die Mutter des Königs, die nach ihm ranghöchste Person bei Hofe, aß alleine in einem Nebenzimmer, denn kein Gast war würdig, an ihrer Tafel zu speisen‹, erzählte Doc Hans.

Der König hatte die Welt gesehen, war als Vertreter des feudalen Kolonialafrikas in Paris, London, New York, Berlin und vor allem in Brüssel gewesen, wo er zur Krönung seines Kollegen Baudouin eingeladen war. Da trug Kaswara ein Leopardenfell um die Schultern, seine Krieger Lendenschurz und Schultertuch und ihre Frauen Bastrock und sonst nichts. Kaswara empfand das damals nicht als abwertend, denn der belgische König hatte ihn fast als Seinesgleichen empfangen, Baudouin war ein höflicher Mensch, die belgische Regierung hatte ihm den Orden verliehen, den er von da an täglich trug, und der König hatte Geschenke bekommen, die damals sensationell neu und vor allem für ihn anfangs unbegreiflich waren: eine jeweils geladene Polaroid-Kamera und den neuesten Schmalfilmapparat von Agfa.

Und da kam der Doc ins Spiel. Denn der Polaroid-Film war bald zu Ende, der König wollte aber weiterfotografieren, und der abgedrehte Schmalfilm steckte noch in der Agfa-Kamera und war nie entwickelt worden. Seit 1951. Doc Hans sollte nun Nachschub besorgen und den Film entwickeln lassen. ›Wenn Sie das nicht schaffen‹, sagte der König, ›kann ich Sie als Berater nicht gebrauchen.‹ Man stelle sich das vor: Da sitzt einer am Ende der Welt in Bunia, Ost-Zaire, und möchte Filme haben für die Polaroid-Kamera von 1951. Und der Agfa-Film, der damals über 40 Jahre in der Kamera schmorte, sollte entwickelt werden. Jeder von uns hätte gesagt:

›Majestät, war schön bei Ihnen …‹ – nicht so Doc Hans. Der fühlte sich herausgefordert und legte los.«

»Wahrscheinlich hatte er mal wieder keinerlei Aussicht auf einen anderen Job«, vermutete Andy.

»Wie dem auch sei«, sagte Rieke. »Jetzt war ich dran, denn der Doc spannte mich ein. Und wir schafften es auf simpelste Weise: Er holte den Film aus der Kamera, übergab in mir, ich ging zu Agfa nach München, denen gefiel die Geschichte, sie steckten den Film in ein Spezialbad, retteten ihn und zu sehen war die Krönung von Baudouin aus der Sicht von König Kaswara Mutengesa II. Ein Leckerbissen für jede TV-Station und Sammler von historischen Dokumentarfilmen. Dann schrieb ich an Polaroid in den USA und legte einen Brief bei, den der König der Bahima auf Französisch und Englisch verfasst hatte. Köstlich, ich habe mir eine Kopie gemacht, und der Brief begann so:

Mein Herr und lieber Freund,

ich hoffe, Sie befinden sich in glücklicher Stimmung und bester Gesundheit. Es ist mir ein Anliegen, Ihnen und Ihrer Familie die freundschaftlichsten Empfehlungen und besten Wünsche zu übermitteln von mir und meiner Familie.

Die müssen sich totgelacht haben bei Polaroid, aber der Brief und meine beigefügten Informationen wirkten: Einen Monat später bekam ich per Federal Express fünf Filme für die antike Kamera des Königs.«

»Die hast du dem Doc übergeben, der hat sie zu Kaswara Mutengesa gebracht und erhielt zwei Elefantenstoßzähne, ein Pfund Gold und drei Jungfrauen«, vermutete Andy.

»Nein«, sagte Rieke. »Denn als ich das Zeug endlich in Afrika hatte, war Doc Hans längst gefeuert und Ost-Zaire versank im Bürgerkrieg. Den Schmalfilm und die fünf Polaroid-Filme hat man nach Docs Tod in seinem Haus gefunden. Jetzt liegen sie wieder in

meinem Safe bei einer Bank in München und da werden sie vermutlich gefunden, wenn ich tot bin.«
(Sie wurden es. Ich besitze sie jetzt.)

»Sind die Bahima nicht die, die diesen Kult mit Kühen betreiben?«, fragte Andy.
»Ja«, sagte Rieke. Es ist ihnen ziemlich egal, ob ihre Rinder fett sind, viel Milch geben und sich vermehren wie die Karnickel.

Unsere Farm in Tansania, Heinrich Harrers Tagebuchnotizen und ein Prachtrind der Bahima

29. Die Bahimas bewohnen das hügelige ~~W…~~ Land das dem Ruwenzori vorgelagert ist. Sie gehören zur Stammesgruppe der Niloten die sich auf der Suche nach neuen Weiden vom Nil aus- über das ganze zentrale Ostafrika verbreitet haben.
Äusserlich erkennt man sie an … schlanken Wuchs, schmalen Gesichtern … gewulsteten Lippen u. eng … Haar.
Kasarara der Fürst u. Häuptling … etwa 10.000 Menschen, nennt sich „Chef des Kollektivs" u. erlaubte, …lles zu filmen was für uns von …sse war. Ohne seine Anordnung … schwierig gewesen – die stolzen … bei ihrem Alltag zu fotografieren. …grossen Herden waren sehr gepflegt. ~~Neben der Milch~~
Die Milchmenge einer Kuh ist nicht allein entscheidend. Fast noch wichtiger sind die Ausmasse ~~der~~ der Hörner.
Deshalb werden sie täglich gesäubert u. sogar geölt. Im Rahmen der Entwicklungshilfe hat man wiederholt versucht durch Kreuzung den Milchertrag zu erhöhen.

Hauptsache, sie haben riesige Hörner. Möglichst über 1,50 Meter – auf beiden Seiten! Jeden Morgen vor dem Austrieb kraulen die Hirten ihren Kühen die Schenkel und ihren Stieren die Hoden. Dann säubern sie die Hörner mit Metallhaken von Schmutz und Ungeziefer und polieren sie mit duftendem Öl. Raphael, ihr wisst ja, Schmidt-Barthmes aus Deutschland, der Nette von der Weltbank, hat auf einer Versuchsfarm bei den Bahimas Kreuzungsversuche unternommen, damit die Bahima-Rinder mehr Milch geben und resistenter gegen Seuchen werden. Das ist ihm gut gelungen, aber dabei schrumpften die Hörner und die Bahima lehnten die neuen, besseren Rinder kategorisch ab: Kleines Horn – schlechtes Rind. Der Kult ist mittlerweile derart verschroben geworden, dass die Bahima die Hörner toter Tiere zu Mehl mahlen und den Staub als Potenzmittel essen und verkaufen. Die sind genauso blöd wie die Asiaten mit den Nashorn-Hörnern.«

»Glenn Tatham«, sagte Rieke da.

»Steinharter Bursche, drüben in Simbabwe, jagt Wilderer für die Regierung und hat den klaren Befehl ›Keine Gefangenen‹. Meinst du den?«, fragte ich.

»Genau den!«

»Der mit den toten Nashörnern«, sagte Karame nachdenklich. »Wenn du Glenn so gut kennst, musst du doch eigentlich wissen, was für ein Verbrechen die Tierschützer vor seinen Augen anrichteten.«

»Ja, davon wollte ich euch gerade erzählen. In meinen Augen war es kein Verbrechen, sondern viel mehr – eine Todsünde. Ein Massenmord, begangen von wohlmeinenden, aber unglaublich dummen Menschen, die behaupten, Tiere über alles zu lieben und sie schützen zu wollen.«

»Du übertreibst«, meinte Rieke.

»Nein, hört euch die Geschichte nur an ...«

Die Geschichte vom Mann und den geraubten Hörnern

»Obwohl Glenn den Befehl hatte, jeden Wilderer zu erschießen, den er auf frischer Tat ertappte, haben die Wilderer gesiegt: 1:7 oder 150 tote Wilderer gegen 1000 tote Nashörner seit 1984. Ich habe Glenn gesehen, wie er im Nationalpark Matuziviadona saß und bitterlich weinte. Er, der Steinharte. Vor ihm lag ein Nashorn, das getötet worden war, obwohl ihm Tierschützer bereits das Horn abgesägt hatten. Mit rotem Schlamm hatten die Wilderer einen Zettel an den Stumpf gepappt, auf den sie ein Nashorn-Nasenhorn gemalt hatten. Die Botschaft war klar: Für jedes Nashorn, das ihr enthornt und uns damit stehlt, töten wir ein Nashorn ohne Horn und stehlen es euch!«

»Verstehe ich nicht«, sagte Andy. »Anfang der 1990er Jahre wurde es doch in Tierschützerkreisen als todsichere Methode angesehen, Nashörner dadurch vor der Ausrottung durch Wilderer zu schützen, indem man ihnen die Hörner abschnitt.«

»Ja schon«, erwiderte Rieke, »aber das ging eben schief. Die Wilderer hatten diese Botschaft geschickt: ›Lasst uns die Hörner, dann lassen wir das Tier daran leben. Tut ihr das nicht, rotten wir sie aus.‹ Glenn war das von vorneherein klar: ›Bis 2010 wird es kein frei lebendes Nashorn in Afrika mehr geben‹, sagte er immer. Noch zweimal haben Wilderer ihm so eine grässliche Botschaft in den Busch geschickt. Das Leben im Busch ist hart, ihr wisst es, aber nach der dritten Botschaft tat Glenn einen Schwur, dessen Inhalt er nie verraten hat, aber danach wurde das Leben im Busch noch härter, viel härter.«

»Es gab mehr Tote«, vermutete X'Oli.

»Auf beiden Seiten«, sagte Rieke. »Aber davon redet keiner. Ihr habt die Gräber draußen in der Savanne ja immer wieder gesehen. Aber die Tierschützer waren nicht zu überzeugen. Die saßen auf ihren fetten Ärschen in Los Angeles, Zürich und Frankfurt und beschlossen mit ihren tierliebenden, verfetteten Herzen, allen Nashörnern, deren sie habhaft werden konnten, die Hörner absägen zu lassen. Und damit das klappte, überwiesen sie den korrupten Regierungen der Länder, in denen Nashörner leben, fette Batzen an Dollars und druckten hochglänzende Broschüren, in denen sie begründeten, warum das Absägen der Hörner so eine phantastische Idee sei. Da schickten die Regierungen ganze Mannschaften mit Kettensägen in den Busch. Ich war in Simbabwe beim Sägen dabei. Der kleine toughe Raoul aus Harare hat mich mitgenommen. Er, ich, ein Veterinär, vier schwarze Wildhüter im Geländewagen, ein Hubschrauber, den Raoul flog, drei Wohn-, ein Küchen- und ein Sanitärzelt und 35 Grad im Schatten. Raoul suchte die Nashörner mit dem Chopper, der Vet verpasste ihnen aus dem Heli einen Narkosepfeil aus der offenen Luke, wir rasten funkgelenkt im Auto hinterher. Blitzschnell musste es gehen, ehe dem Rhino was passierte, das betäubt und wehrlos herumlag: Zwei Mann klemmten sich den Kopf zwischen die Schenkel, einer warf die Black-&-Decker-Säge an und rasierte die Hörner ab. Der Vet setzte eine Wiederbelebungsspritze hinters

Ohr und ab ins Auto, in sicherer Entfernung parken und abwarten, ob das Tier gesund wieder aufsteht. War es abgehauen, noch etwas wackelig auf den Beinen und erstaunt, dass ihm seine Zierde zwischen den Augen fehlte, sammelten wir das Horn auf und jagten das nächste Tier. Ich hielt auch einmal den Kopf eines Nashorns im Arm. Das war sehr schön.«

»Nicht mal notorisch geile Chinesen können daran glauben, dass der Staub eines Nashorns ihre schlaffen Schniedel wieder aufrichtet«, sagte ich.

»Nein«, antwortete Rieke. »Woran sie glauben, ist viel gefährlicher: Dass Nashorn-Staub gegen Grippe, Windpocken, Mumps und tausend andere Infektionskrankheiten hilft. Chinesen sind Hypochonder, und es ist unmöglich, mit ihnen zu argumentieren: Bitte, gib deinem kranken Kind keinen Nashorn-Staub, weil dann ein Tier in Afrika stirbt! Der tippt sich an die Stirn.«

»Und drüben im Jemen verarbeiten sie die Nashörner zu wunderschönen Dolchen, und jeder, der ein Mann sein will, muss so ein Ding haben«, wusste Andy.

»Nein, vergiss das«, sagte Karame. »Kein Jemenit kann sich so einen Dolch noch leisten. Der Jemen ist keine Gefahr mehr für die Nashörner. Die wahre Killer-Nation ist Taiwan.«

Rieke bestätigte das: »Dort wiegen sie Nashorn-Staub in Gold auf. Pro Gramm zahlen sie zehn US-Dollar. Ein afrikanisches Spitzmaul-Nashorn trägt zwei Dolche von 25 bis 40 Zentimeter Länge und dreieinhalb bis fünf Kilo Gewicht. Damit ist ein Tier 50 000 US-Dollar wert. Tot. Weiße Nashörner tragen sogar Trophäen von 40 bis 60 Zentimeter Länge, aber über sie brauchen wir nicht zu reden – sie leben fast alle sicher in Südafrika.«
»Und was bekommt ein Wilderer heutzutage?«, fragte X'Oli.
»Ich weiß es«, sagte Karame. »Wir haben darüber einen Report erstellt. Ein Wilderer bekommt für ein Horn, je nach Gewicht, zwischen 80 und 200 US-Dollar.«
»Ein Horn – ein totes Nashorn«, sinnierte X'Oli. »Ihr Weißen spinnt, und die Gelben auch. Aber man kann die Zeit nicht aufhalten, wenn Dummheit sie bewegt.«
»Ja«, sagte Rieke. »80 US-Dollar im Busch, 50 000 US-Dollar in Taiwan. Da könnt ihr euch vorstellen, was die Zwischenhändler verdienen.«
»Nashörner sind so dumm«, meinte X'Oli. »Sie sind die Ersten, die in der Regenzeit im Schlamm stecken bleiben und elendiglich verrecken, wenn ihr sie nicht rausholt. Dauernd fressen sie giftige Pflanzen und krepieren unter Magenkrämpfen. Keinem anderen Tier passiert so etwas. Wobei zur fehlenden Intelligenz noch eine katastrophale Kurzsichtigkeit kommt. Nashörner sind fast blind, hören mäßig, sind aber so neugierig, dass sie jede Gefahr außer Acht lassen.«
»Das weiß ich nicht«, sagte Rieke. »Aber während der Enthornung haben wir immer mal wieder Spielchen mit den Nashörnern gespielt. Auf den Wind achten und bis auf 30 bis 40 Meter ranpirschen. Die Burschen sahen und hörten nichts, bis die kleinen weißen Madenhacker-Vögel auf ihren Rücken eine Warnung ausstießen. Da wendete uns das Nashorn den Kopf zu, blinzelte und wir tauchten ins Gras ab. Dann kamen wir von der anderen Seite, und das gleiche Spiel begann: Der Vogel flüsterte dem Nashorn was zu und es wendete den Kopf zur anderen Seite, wieder zu uns. Als Wilderer hätten wir das Tier längst umgelegt.«

Karame lächelte: »Ist es nicht phantastisch, dass die Nashörner die Sprache der Vögel gelernt haben? Dass sie genau wissen, wann ein Zwitschern links oder rechts bedeutet? Das ist Afrika für mich. Gewaltig. Das siehst du in keinem Zoo.«
»Und hier bald auch nicht mehr«, grunzte X'Oli.
»Jenseits aller Tierliebe und der Schönheit solcher Situationen bleibt die Frage: Braucht die Welt Nashörner?«, fragte ich.
»Zumal eine einzige Enthornungs-Safari die Tierschützer in aller Welt rund eine Million US-Dollar kostet. Allein in Simbabwe kostete also das Enthornen jedes der rund 1000 Nashörner 10 000 US-Dollar!«, wusste Rieke. »Aber Doc Hans bestand darauf, dass die Welt Nashörner braucht. Er schrieb mal einen wütenden Brief an den ›World Wildlife Fund for Nature‹:

Sambia, wo es nicht ein Nashorn mehr gibt, auch wenn das die Regierung in Lusaka heftig bestreitet, wird für den Menschen immer unzugänglicher, und in Tansania, wo ebenfalls brutal gewildert wird, beobachte ich das gleiche Phänomen – fehlen Nashörner, vermehren sich die Dornbüsche derart stark, dass man nur noch mit Panzern durchkommt. Ohne Nashörner verliert der Mensch ganze Landstriche, die sie durch das Abweisen der Dornenäste unter Kontrolle halten."

»Doch die Welt kann sich Nashörner nicht mehr leisten, weil sie zu viel Platz benötigen«, warf Karame ein. »Damit ein Nashorn gesund und glücklich leben kann, sind 150 Quadratkilometer nötig, hat man ausgerechnet. Das ist Land, das für Farmen und die Ausbreitung von Siedlungen dringend benötigt wird. Man muss es den Nashörnern wegnehmen. Das ist eine Frage der Überbevölkerung.«
»Ja«, bestätigte Andy. »Nashörner, das habe ich irgendwo gelesen, sind wie ein Auto, das 33 Liter Superbenzin auf 100 Kilometer braucht. Deshalb sind sie die Verlierer der Evolution. Sie sind die

Dinosaurier der Neuzeit. Ein überholtes Tier, das 60 Millionen Jahre über die Erde stapft – vier Meter lang, zwei Meter hoch und rund 16 Zentner schwer. Das größte Landsäugetier nach dem Elefanten, aber dumm, blind, schwerhörig, neugierig und gefräßig. 170 Arten hat es mal gegeben, fünf sind übrig in Asien und Afrika.«

»Es ist ein urtümliches Gefühl, den Kopf eines Nashorns im Schoß zu haben«, sagte Rieke. »Ich habe mich gefühlt wie Laura Dern, als sie im Film ›Jurassic Park‹ den Kopf eines sterbenden Triceratops umarmt. Ein Nashornkopf ist rau, voll herumkrabbelndem Ungeziefer, aus den Augenwinkeln läuft Tränenflüssigkeit in kleinen Bächen über die Backen und gräbt dunkle Furchen in die graue Staubkruste des Nashorngesichts. Aus dem Maul tropfen klebrige Speichelfäden. Die im Vergleich zum Tier winzigen Tütenohren zucken wie im Schlaf, als träume das Tier in seiner Bewusstlosigkeit. Mir war ein bisschen, als hielte ich das Ende eines kostbaren Regenwaldbaumes in meinen Armen. Wenn dann die Säge ins Horn schneidet, vibriert der ganze Rhino-Körper, Rauch steigt aus der Schnittstelle und es stinkt ätzend nach verbrannten Haaren. Oft muss der Säger zweimal ansetzen, wenn die Säge kreischend stecken bleibt. So hart ist das Horn. Dabei ist es ja nichts anderes als verschweißte und blank geschubberte Haare mit Keratin, nicht unähnlich den Zehennä-

geln von alten Männern. Aber in maximal zwei Minuten ist alles vorbei – Horn weg, Nashorn nackt. Natürlich wächst das Horn nach, aber nur etwa 2,5 Zentimeter pro Jahr. Das ist lächerlich. Vom Abschneiden erholt sich das Tier nie mehr. Nicht alle Säger fühlen sich wohl. Raoul sagte: ›Ich hasse das, aber es ist im Moment die einzige Methode, Nashörner für Wilderer wertlos zu machen und ihnen das Überleben zu garantieren.‹ Er nennt das Abschneiden des Horns übrigens ›Defacing‹ – dem Nashorn das Gesicht stehlen. Doch Raoul irrt, wie Glenn bestätigen kann. Der Krieg zwischen den Wilderern und ihren Jägern hat ganz andere Dimensionen erreicht. Die Wilderer töten Nashörner ohne Horn, um zu verhindern, dass weitere Nashörner enthornt werden. Fünf Tiere schaffen die Jäger an einem Tag. Und Hubschrauber benützt man deshalb, weil sie weniger Stress bedeuten – für die Nashörner. Würde man sie mit Geländewagen aufspüren, wäre das eine stundenlange Jagd, das Adrenalin würde ihnen zu den Ohren rauskommen und ihr Körper könnte anders auf den Narkosepfeil reagieren. Die Chemie könnte sie umbringen.«

»Was ist eigentlich in den Pfeilen?«, fragte Andy.

»M 99«, sagte Rieke. »Ein Teufelszeug, aber billig. Einige Schützen haben Sernylan verwendet, aber da fielen die Nashörner gleich um und waren tot. Das ist nichts anderes als ›Angel Dust‹, die Partydroge. Die Tiere wurden so high, dass ihr Kreislauf kollabierte. Auch M 99 kann man nicht bedenkenlos verwenden, die Dosierung muss stimmen. Aber oft sieht man nur einen grauen Hintern im Busch und schießt die volle Ladung ab. Bis man feststellt, dass das kein 16-Zentner-Tier war, sondern nur eins mit zehn Zentnern. Puff – Exitus. Man könnte es mit M 285, einem anderen Medikament wiederbeleben, aber M 285 ist zu teuer. Das gibt man den Veterinären nicht mit. Doc Hans hatte einen Freund, Clam Coetzie, das ist der bedeutendste lebende Nashorn-Experte. Der behauptete, die Nashörner würden sich nie mehr von dem Chemie-Pfeil in ihrem Körper erholen. Und nicht von dem Schock des Enthornens. Der Doc hat mir einmal gesagt: ›Clem schwor, dass die Nashörner genau spüren, wie ihnen das Horn angesägt wird. Sie sind bei vollem Bewusstsein, nur körperlich immobil. Das Absägen traumatisiert sie so wie einen Menschen, der gefoltert wurde. Sie starren dich aus ihren kleinen lieben Augen an, sind völlig verschreckt, möchten sich wehren, können es aber nicht. Enthornen ist eine unnötige, blödsinnige Tierquälerei.‹ Wenn Clem es nicht weiß, wer sonst?«

»Brauchen Nashörner ihre Hörner?«, fragte X'Oli.

»Darüber gibt es endlose Diskussionen. Die hysterischen Tierschützer bestreiten es, die vernünftigen Tierschützer sagen ›Ja‹«, berichtete ich. »Ich denke, sie brauchen die Hörner, sonst wären sie nicht so blank gescheuert. Schaut doch nur mal zu, wenn sich zwei Nashörner begegnen: Sie begrüßen sich mit den Hörnern. Es ist natürlich auch ihre Waffe, neulich erst habe ich eine Mutter mit Kalb gesehen, dem Hyänen die Schnauze, die Ohren und das halbe Hinterteil weggerissen hatten. Weil die Mutter es nicht verteidigen konnte – sie war enthornt worden. Ohne Horn können Bullen ihr Territorium nicht mehr verteidigen, das soziale Gefüge der Nashorn-Welt bricht zusammen. In Namibia haben wir versucht, enthornten Nashörnern Prothesen aus Kunststoff aufzusetzen, das klappte anfangs vorzüglich, die Tiere ließen sich täuschen und liebten es, aber es ging dennoch schief. Die Nashörner merkten schließlich, dass sie keine gewachsene Verbindung zu ihrem Plastikhorn hatten, es blieb ein Fremdkörper – und sie starben dennoch.«

»Warum?«, fragte X'Oli. »Das Horn war ja da!«

»Eben! Weil die Wilderer nicht zwischen echtem und falschem Horn unterscheiden konnten und die Nashörner abschossen«, sagte ich.

Rieke erhob sich und stakste mit ihren langen Beinen ums Lagerfeuer. Und als sie zu sprechen begann, merkte man, wie sehr sie in Wut war: »So dumm die Nashörner auch sein mögen, sie sind nie so dumm wie die Tierschützer. Alle 970 Nashörner, die damals in Simbabwe enthornt wurden, sind inzwischen tot. Weil man ihnen das Horn geraubt hatte. Aber wenn man das den Tierschützern vorhält, werden sie böse: Das habe an allem Möglichen gelegen, nur nicht daran, dass die Tiere kein Horn mehr hatten. Tierschützer müssen das sagen, damit weiterhin Spenden fließen. Würden sie es zugeben, wären sie Massenmörder, und keiner würde ihnen mehr einen Cent geben. Die Tierschützer sind sogar doppelt blöd: Fast 1000 Hörner hat man damals abgeschnitten, das sind umgerechnet 50 Millionen Dollar auf dem Nashorn-Markt in Asien. Mit so einem Betrag könnte man alle Nashörner, die noch irgendwo leben, wirksam vor Wilderern schützen, indem man ihnen Bodyguards zur Seite stellt und sie so gut bezahlt, dass sie von Wilderern nicht mehr bestochen werden können. Und man könnte den Hypochondern in Asien in einer groß angelegten Kampagne beibringen, dass der Nashorn-Staub genauso wirksam ist wie der Dreck unter ihren Schuhsohlen. Dann würden sie aufhören, Fabelpreise für den Staub zu bezahlen, der Markt würde zusammenbrechen, die restlichen Nashörner wären gerettet. Aber nein, die dämlichen Tierschützer bestehen darauf, dass die Trophäen verbrannt werden. So haben sie es im internationalen Artenschutzabkommen festgelegt. Kein Handel mit Trophäen. Also boomt der Markt, es werden so viele Nashörner gekillt wie nie zuvor, die Preise sind gestiegen wie Silvesterraketen, weil der Nachschub durch das Enthornen ausgedünnt wurde, und die Wilderer schießen selbst Jungtiere, deren Horn kaum länger ist als mein Daumen. Dabei könnte man mit den Hörnern, die in den staatlichen Depots liegen, wenn man sie nicht verbrennt, den ganzen Markt in Asien bedienen, solange die Kunden noch nicht wissen, dass der Nashorn-Staub nur Dreck ist.«

»Alle enthornten Tiere sind tot?«, fragte X'Oli ungläubig.

»Ja«, sagte Rieke. »Inzwischen dämmert es den akademischen Zoologen, dass sich die Nashörner ohne ihr Horn so fühlen wie ein Bauer, dem man die Hände amputiert hat. 1000 tote Nashörner allein in Simbabwe – das ist auch eine genetische Katastrophe. Das führt zu Inzucht. Das Erbgut versaut. Die Nashörner sterben aus. 40 Tiere in einem fest umrissenen Gebiet sind das Minimum. 20 bis 30 Jahre lang. Aber dann müssen es mehr werden. Mindestens 100 Tiere werden benötigt, um eine gesunde Population zu schaffen. Denkt doch nur daran: Ein Nashorn wird rund 40 Jahre alt und die Weibchen tragen alle drei Jahre 15 Monate lang nur ein Baby aus. Das ist ein sehr, sehr fragiles Biosystem. Und das ist jetzt kaputt, zumindest in Simbabwe, aber anderswo auch. Mit zerstört von Tierschützern. Aber bringt das mal den Leuten bei, die am stärksten Interesse an

den Nashörnern haben müssten – den Regierungen der Staaten, in denen sie noch leben. 40 Prozent Kindersterblichkeit, bis zu 20 Prozent HIV-Infizierte. Da sollen Millionen in den Erhalt von Nashörnern gesteckt werden? Freunde, lasst uns auf die vielen Nashörner trinken, die wir vor Jahren gesehen haben, und auf die wenigen, die wir noch sehen werden. Es werden die letzten sein.«
Rieke prostete uns mit dem Plastikbeutelchen zu, in dem der »Waragi« – die »Nilpferdpisse« – verpackt ist, und trank ihn aus einer abgeschnittenen Ecke.

Wir erhoben uns und gingen schlafen. Uns war kalt geworden, weil die Müdigkeit den Körper überredet hatte, zu frösteln. Selbst in der Wärme. Als Andy sein »African Nature«-Hemd auszog, entdeckte Rieke selbst im schwachen Schein des verglimmenden Lagerfeuers, dass sich eine Made unterhalb seines rechten Schulterblattes eingenistet hat – eine kleine Beule, die sich bewegte. X'Oli holte einen zehn Zentimeter langen Kameldorn aus seinem Gürtelbeutel, stach die Beule an, schlitzte sie ein wenig auf und holte die Made raus. Dabei muss man geschickt sein, denn verletzt man die Made und ihr Saft fließt in die Wunde, oder Teile von ihr bleiben unter der Haut, dann bekommt man eine Entzündung, gefolgt von Blutvergiftung und letztendlich weiß man nicht, was passiert. So weit hat es noch keiner kommen lassen.
»Python«, sagte X'Oli und zeigte in den Sand unserer Schlafplätze. Sie hatte sich hinter unseren Rücken vorbeigeschlichen und wie ein Schatten ihre Spur hinterlassen: immer ein zunehmender und ein abnehmender Halbmond, versetzt wie die Glieder einer Kette. Ein kecker Bursche, jung wahrscheinlich und neugierig. Die sich getrollt hatte, als sie begriff, dass wir selbst für ihr Maulsperren-Maul zu groß waren. »Felsenpython«, sagte X'Oli, der ihre spezielle Schuppung in den Halbmonden erkannt hatte. »Etwa 1,50 Meter«, wusste er auch noch, aber das war leicht, das sah er an der Größe der Halb-

Natur-Designs und Fort Namutoni in meinem Zeichenblock und unser Familienschloss Duwisib in Namibia

monde, die den Windungen ihrer Muskeln entsprachen, mit denen sie sich über den Sand geschlängelt hatte.
Eine ruhige Nacht. Einmal schrie etwas, aber es konnte X'Oli gewesen sein, der von Namkwa träumte. Oder ein Warnruf in der Savanne: Alle, die ihr mich hört, sollt wissen, dass ein Räuber durch die Dunkelheit schleicht. Als ich die Taschenlampe anknipste und in den nächsten Busch leuchtete, blitzten Augen zurück wie die Scheinwerfer eines Autos aus großer Distanz. Das ist normal und nicht beängstigend. Einen Busch, der nicht bewohnt ist, gibt es nicht in Afrika. Besonders wenn in seiner Nähe rund 350 Kilo Fleisch schlafend herumliegen.
Natürlich kann es Tote geben. Der große Igor, der Wildhüter in Askania gewesen war, dem noch unter den Zaren gegründeten, unermesslich weiten Naturschutzpark in der Ukraine, wurde 1990 am Ufer des Sambesi von Flusspferden getötet, die wütend geworden waren, als sie über die Schnüre stolperten, mit denen er sein Zelt

verankert hatte. In das Haus von meinem Freund Rob, der als Zoologe im Hwange-Park in Simbabwe arbeitete, waren nachts zwei Hyänen eingedrungen, waren dem unwiderstehlichen Duft von Wasser ins Badezimmer gefolgt, und als seine fünfjährige Tochter Mary am Morgen zum Duschen wollte, hatten sie sie angefallen und mit ihren urzeitlich mächtigen Dinosaurier-Gebissen in Sekundenschnelle tödlich verletzt. Eine war durchs Haus entkommen, die andere erschoss Rob in der Küche.

Auf Fothergill-Island im Kariba-See hatte ein Löwe einen Kellner, der nachts von der Lodge in die Angestellten-Boma heimkehrte, angesprungen, niedergerissen und im Maul weggeschleppt. Er aber hatte so laut »Simba, Simba« geschrien, dass seine Frau mit einer eisernen Bratpfanne aus der Hütte gestürzt kam und dem Löwen eins über den Kopf zog, worauf der Löwe den Kellner verdattert losließ und flüchtete. Das war für die Guides natürlich eine tolle Geschichte – was Besseres kannst du Touristen kaum erzählen. Zumal der Kellner nur ein paar Löcher von den Reißzähnen des Löwen um die Hüfte davongetragen hatte, die samt der tapferen Ehefrau vorgeführt werden konnten. So viel Trinkgeld hat der Kellner noch nie bekommen.

Und Liam, der Besitzer des Luzungulu Camp im Caprivi-Zipfel, war um Mitternacht von einem wütenden Elefanten von seiner eigenen Terrasse gescheucht worden und konnte sich nur retten, indem er mit einem Hechtsprung in einen Dornbusch flüchtete. Da saß er die ganze Nacht, immer wieder versuchte der Elefant, ihn mit seinem Rüssel aus dem Busch zu fischen, immer tiefer kroch Liam in die Dornen. Erst bei Sonnenaufgang trollte sich der Elefant, wir befreiten Liam – doch der hatte den Verstand verloren. Er verkaufte sein Camp, verließ seine Familie und zieht seitdem als Wanderprediger durch Afrika. Auch den kennt ihr ja alle, das arme Schwein.

Abends am Lagerfeuer. Die evangelischen Frösche hatten ihre katholischen Kollegen endgültig besiegt. Ihr »Luther, Luther, Luther«, mit dem englischen »th« geflötet, übertönte das vatikanische »Pope, Pope, Pope«. Wir freuten uns, denn X'Oli hatte uns versprochen, vom geheimnisvollsten Ort in Afrika zu erzählen, der fast noch mysteriöser ist als die Elefantenfriedhöfe. Es war sein Abend. Was die Buschleute sonst nur an die Felsen malten – hier erzählte es mal einer. War er kein echter Buschmann mehr, weil er darüber sprach? Hatten wir ihm seine Identität genommen, weil er bereit war, Geheimnisse von sich zu geben, die uns nichts angingen? Es war wohl ein bisschen so, aber er empfand es nicht so. Das war die Hauptsache. Außerdem – es waren ja die Geheimnisse anderer Afrikaner. Fremdlinge für ihn. Feinde.

Die Geschichte von den versteinerten Menschen

»Ich sage euch nicht«, begann der Buschmann, »wo der Platz liegt. Aber so viel kann ich euch sagen: Ihr seid alle schon daran vorbeigezogen, ebenso wie Sklavenhändler, Entdecker, Kaufleute und Touristen seit Jahrhunderten. Die Leute, die in der Nähe wohnen, kennen den Platz natürlich, aber sie würden sich eher die Zungen abbeißen, als ihn zu verraten, und noch nie hat das einer getan. Es gibt sogar Leute, die sind auf dem Platz gestanden und haben ihn nicht erkannt. Denn der Platz, obwohl er auf einem kleinen Hügel links an der Straße liegt, unterscheidet sich kaum von der Steinwüste drumherum. Nur stehen dort eben 19 Säulen aus nachtschwarzem Gestein, von dem mir mal einer sagte, es sei Basalt. Wir nennen es natürlich anders, aber den Namen könnt ihr ja nicht mal richtig aussprechen.«

X'Oli ließ es mehrmals klicken in der San-Sprache. »Was ich euch jetzt erzähle, ist natürlich nicht auf meinem Mist gewachsen. Unsere Älteren haben es mir erzählt. Weil ihre Erinnerung bewahrt hat, was die Söhne der Söhne der Söhne der Erbauer längst vergessen haben. Auch wenn wir nicht immer begreifen, was an diesem Platz geschehen ist und wofür er errichtet wurde, wir können es erzählen. So wie ich weiß, was Schnee ist, obwohl ich nie einen gesehen habe, und wir San nicht mal ein Wort für ihn haben und auch nicht wissen, wofür er gut sein soll.
Man sagt, dieser Platz sei eine Sternwarte. Errichtet, um den Lauf der Sterne zu berechnen und daraus einen Kalender zu machen, wie er aus Papier in den Läden in Maun hängt. Wir brauchen ihn nicht, aber der weiße Mann kann ohne ihn nicht leben, und die Schwarzen, die die Weißen nachäffen wie dressierte Vögel, denken das auch. Der Platz heißt Namurantunga – das bedeutet: Der Mann, der zu Stein wurde – und so wird er jetzt behandelt: Als Begräbnisstätte, die allen heilig ist. Aber er ist kein Friedhof. Die Eingeborenen haben den Säulen, die sie für versteinerte Menschen halten, Nummern gegeben, von 1 bis 19, und jeder, der an ihnen vorbeigeht, muss ein Steinchen auf die abgeflachte Spitze irgendeiner Säule legen. Ihr legt, glaube ich, Blumen auf ein Grab, sie nehmen Steinchen.«
»Wie groß sind die Säulen«, fragte ich.
»Nicht ganz so groß wie ich und zu klein für euch«, erwiderte der Buschmann. »Ich denke, ihr würdet sagen: Die größten sind 0,8 bis 1,20 Meter hoch. Es gibt aber vier von den 19, die größer sind als ich. Vielleicht sogar größer als ihr. Da liegen natürlich keine Steinchen auf der Spitze, da kommt ja keiner hoch mit der Hand, oder nur einmal, die anderen Steine würden runterfallen. Manche der Steine kann ich mit meinen Armen umspannen, manche nur ihr. Einige sind rund, andere viereckig. Aber alle sind poliert wie Speckstein und glänzen in der Sonne. Aber nur wenn man weiß, wo sie stehen. Keine der 19 Säulen ist gleich hoch, gleich dick und gleich geformt. Jede ragt in einem anderen Winkel aus der Erde, sie stehen bis zu zwölf Meter voneinander entfernt, und viele tragen geheimnisvolle Zeichen, die keiner mehr lesen kann, auch weil sie so verwittert sind.

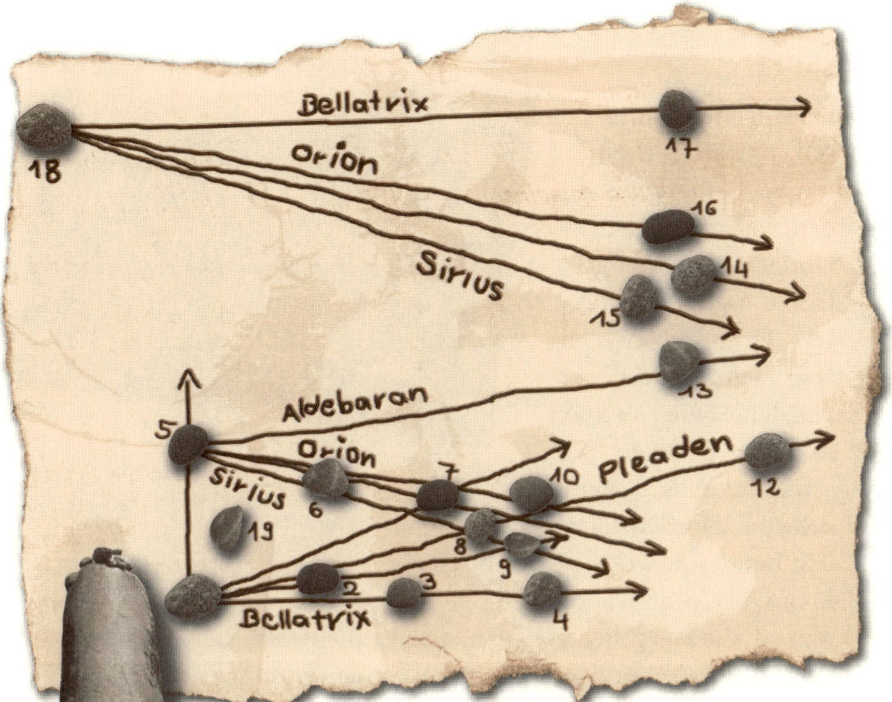

Afrikas älteste Sternwarte: Namuratungas 19 Säulen mit Steinhäufchen obendrauf

Die 19 Säulen sind nie alleine, seit Jahrhunderten ist es die Aufgabe einer Familie, einen Wächter zu stellen. Einen Mann, der sein Leben damit verbringt, zwischen den Säulen zu sitzen und sie zu bewachen, bis er selbst aussieht wie eine Säule, besonders wenn er tot ist. Dann bringt ihn sein ältester Sohn weg und setzt sich für den Rest seines Lebens selbst an die Stelle seines Vaters, und wenn der Wächter keinen Sohn hat, muss sein Schwiegersohn diese Aufgabe übernehmen, weshalb die Töchter der Wächterfamilie es nicht leicht haben, einen Mann zu finden. Denn ein Leben lang als Säule zwischen Säulen zu sitzen, ist keine attraktive Zukunft. Auch wenn man dafür viele Lagerfeuer der toten Seelen auf dem Weg in die Unendlichkeit überspringen und schneller in den Himmel kommen kann.

Die Säulen, so sagten mir meine Älteren, sind Menschen, die versteinert wurden, weil sie gegen die Götter und Geister gefrevelt hatten. Es müssen Fremde gewesen sein, denn die Zeichen auf den Säulen nennen die Eingeborenen ›Kusch‹. So heißen Leute, die vom Norden kamen und angeblich heute noch dort wohnen. Große Menschen, groß wie die Rendille oder Massai, die eigentlich aussehen wie Weiße, wenn sie sehr lange in der Sonne lagen und ganz braun geworden sind. Aber es sind keine versteinerten Menschen, wir San wissen das, weil wir klüger sind. Denn was machen die Götter mit einem, der sie verflucht hat, aber in der Wüste wohnt, wo es keine Steine gibt? Und warum gibt es die versteinerten Menschen nur dort und nicht bei uns? Wir San wissen, dass Namuratunga ein Platz zum Berechnen der Sternen-Laufbahnen ist und dass die 19 Säulen Fixpunkte waren, um durch die Stellung der Steine festzulegen, wo und wann ein Stern am Himmel steht. Dann schauten sie sich an, wie der Mond auf- und untergeht, dachten sich Linien zwischen bestimmten Säulen und konstruierten einen Kalender, wie ihr ihn habt: mit zwölf Monaten mit 29,5 Tagen und Jahren mit 354 Tagen. Ich weiß sogar genau, wie alt Namuratunga ist: 3010 Jahre. Unsere Älteren haben mitgezählt und fügen jedes Jahr ein Jahr dazu. Unseren Älteren, die weise Männer waren, war auch klar, wo bei Namuratunga vorne und hinten ist – vorne ist im Westen, da gehen die Sterne auf, da beginnen die Berechnungen.«

Das geheimnisvolle E, eingeritzt in einen Stein auf dem Mt. Porr am Lake Turkana

»Ich verstehe kein Wort«, sagte Karame.

»Ist doch ganz einfach: Denk dir eine Linie von Säule 1 über Säule 5 zu Säule 18, dann hast du den Verlauf eines Sternes. Bei 1 geht er auf, bei 18 unter. Deshalb stehen einige Säulen, zum Beispiel 1 und 18, schräg – weil sie genau auf die Punkte deuten, an denen der Stern, auf den sich die Säulen beziehen, auf- und untergeht. Ich kann euch nicht sagen, welche Säulen sich auf welche Säulen beziehen, das kann keiner mehr, aber so ist es. Und warum die Säule 19 nur 15 Zentimeter hoch ist, weiß auch keiner mehr. Vielleicht war es eine Reservesäule, die man ausgegraben hätte, wenn sie benötigt wurde. Das Faszinierende ist, haben uns unsere Älteren erzählt, dass auch Punkte in die Berechnungen einbezogen wurden, die weit entfernt sind von Namuratunga. Die Spitze eines Berges auf einer Insel in einem See nicht weit weg. Oder die Tal-Kerbe zwischen zwei Bergen viele, viele Kilometer entfernt. Aber keiner kann sagen, was die Zeichen auf den Säulen bedeuten, ob sie vielleicht der Text sind, mit dem der Kalender erläutert wird. Man weiß nur, dass einige der Zeichen als Brandzeichen auf den Rinderherden wiederkehren, und zwar von Kusch bis zu uns.«

»Was sind das für Zeichen?«, fragte Rieke fasziniert.

»Zusammengerollte Schlangen, Krokodile mit gespreizten Beinen, Ornamente aus Kreisen, Kamele lassen sich erkennen, wenn's denn welche sind, und ganz häufig gibt es euren Buchstaben E mit gebuckeltem Rücken. Diese Zeichen kehren auch auf Steinplatten wieder, die rund um die Säulen liegen wie Teller.«

»Komisch«, sagte Andy. »Dieses ›E‹ mit dem Buckelrücken habe ich oft auf den Oberarmen der Nomaden gesehen, sie hatten es sich eingeritzt wie eine Tätowierung.«

»Und wussten vermutlich gar nicht, warum sie das taten«, sagte ich.

»Wie X'Oli schon sagte: In Botswana ist es durchaus üblich«, sagte Karame, »dieses E den Rindern einzubrennen. Als Schutzzeichen. Wenn man doch nur wüsste, was es bedeutet.«

»Ich habe mal einen Hirten gefragt«, erinnerte sich X'Oli. »Weil er es nicht wusste, warum er das tut, gab er mir eine dumme Antwort: Warum hast du so viele Falten im Gesicht? Da gab ich mir selbst die Antwort zu dem ›E‹ und den Falten – aus ganz alter Tradition!«

Wir klatschten dem klugen Buschmann Beifall. Eine schöne Geschichte. Erschöpft wanderte X'Oli zum Fluss unter der *Dritten Brücke* und trank aus der hohlen Hand. Er erinnerte sich nicht, je so lange an einem Stück geredet zu haben. Und dann auch noch zu so vielen Wasungus und einem Tswana aus Botswana.

»Ich habe dich angelogen«, sagte ich zu X'Oli. »Ich kenne den Platz. Er wird von dem klügsten Stamm bewacht, den ich kenne.«
»Das sind wir, die San«, sagte X'Oli.
»Außer euch«, entschuldigte ich mich. »Denn dieser Stamm, er nennt sich Pokot, hat etwas getan, wozu nur ein wirklich großes Kulturvolk fähig sein kann: Er hat sich geteilt in Menschen, die auf tradionelle Art leben wollen, und Menschen, die auf die Segnungen der Neuzeit nicht verzichten können.«
»Das verstehe ich nicht«, sagte X'Oli.
»Die Pokot bemerkten, dass sie sich zerfaserten. Unter ihnen gab es Leute, die in die Städte gingen, als Tankwarte und Parkwächter arbeiteten, T-Shirts und Hosen anzogen, Qat rauchten, sich weißen Frauen anboten, Gottesdienste besuchten, weil sie Missionaren in die Hände gefallen waren und die alten Götter und Geister verachteten, verlernten, wie man einen Speer wirft, lieber unter einem Wellblechdach schliefen und Geld mehr schätzten als das Wissen der Älteren. Und dann gab es Pokot, die weiterhin das Schultertuch tragen wollten, in ihren Lehmdörfern bleiben wollten, wussten, wie man Feuer aus Steinen schlug, auf die Jagd gingen, die Mädchen des Stammes wunderschön fanden, für ihre Eltern sorgten, wenn sie alt waren, und nie in die Städte kamen.
Eines Tages versammelten sich fast alle, nur ein paar Pokot aus den Städten fehlten, am Abhang ihres heiligen Berges Mount Elgon und stimmten ab: Wer beim Stamm in den Dörfern bleiben und wer in die Städte wolle. Die, die wegwollten, so beschlossen die Älteren,

sollten von nun an ›Pokot der Ebene‹ heißen. Die, die bleiben wollten, nannten sich die ›Pokot der Berge‹. ›Kommt nie mehr zurück‹, befahl der Ober-Älteste denen, die wegwollten. ›Lasst uns in Frieden. Bereut ihr, dass ihr weggegangen seid, verzeihen wir euch jederzeit. Aber kommt ihr zurück, um zu schwadronieren und uns zu zeigen, was für tolle Leute ihr in den Städten geworden seid, so werden wir euch vertreiben.‹ Ein weiser Beschluss. Denn die, die weggegangen sind, wurden Masse. Die, die blieben, sind immer noch Pokot. Ich glaube nicht, dass es so etwas schon mal gab in der Geschichte der Menschen. Dass sich ein Volk teilte, um wenigstens einen Rest seiner Identität zu behalten. Ich liebe die Pokot dafür.«

»Aber weißt du auch, was Kilapat ist?«, fragte Rieke.

»Keine Ahnung. Das Wort habe ich nie gehört.«

»Weil sie es vor dir verheimlicht haben. Weil es die erstaunlichste, diskreteste und schamloseste Zeremonie aller Stämme Afrikas ist, soweit ich weiß.«

»Woher willst du dann Kilapat kennen?«

»Weil ich eine Freundin habe, die Pokot-Frau ist: Chumwo. Sie hat es mir erzählt. Sie hat ein Kilapat gegen ihren Mann organisiert. Ich will euch die Geschichte so weitergeben, wie Chumwo sie mir berichtet hat. Aber es wird hart für euch Männer, das sage ich euch gleich!«

»Wir haben die Nerven dazu«, sagte X'Oli, und nichts anderes hatten wir von ihm erwartet. Buschleute haben keine Nerven, nur Instinkte, und die verliert man nicht so schnell wie Nerven. Andersherum: Wem die Instinkte verkümmert sind, der hat zu viele Nerven.

Hier kommt, was Chumwo erzählte ...

Die Geschichte von der Frau, die ihren Mann beschämte

»In unserer Sprache heißt das, was wir immer dann machen, wenn unsere Männer uns schlecht behandeln, Kilapat. Das könnte man übersetzen mit ›Wir tun was, aber geheim‹. Kilapat passiert aber nur, wenn eine Frau es überhaupt nicht mehr aushält zu Hause, dann ruft sie ihre Freundinnen zusammen, sie verabreden sich. Mein Mann betrank sich jeden Abend, und wenn er in unsere Hütte kam, verprügelte und beschimpfte er mich. Ich sei so dumm wie ein Flusspferd, und genauso fett, ich brauche Prügel, um meine Aufgaben zu kapieren, ich tue ihm Gift ins Essen, damit er hilflos werde und von mir beherrscht werden könne, ich schliefe mit anderen Männern, denke nur an meinen Magen und meine Vagina, würde mich freuen über seinen Tod, und das Einzige, was ich im Leben bräuchte, sei ein langer, dicker Penis, und der gehe mir im Kopf herum, weil der ja sonst leer wäre, und er ekle sich davor, mit mir zu schlafen, jede seiner Kühe sei mehr sexy.

Das wäre nicht so schlimm gewesen, das bin ich gewöhnt, auch die Prügel, aber in einer Nacht begann er, mich mit den Füßen zu treten, in den Bauch, gegen den Kopf, gegen die Brust, und das tat sehr weh. Dann legte er sich ins Bett und schlief seinen Rausch aus, während ich vor Schmerzen stöhnte und mir das Blut abwusch und weinte. Nicht mal Sex hatte er mit mir, was in solchen Nächten öfter mal passierte, aber nur in solchen Nächten, wenn er betrunken war und mich geschlagen und beschimpft hatte. Nie am Tage und nie, wenn er nüchtern war. Aber in dieser Nacht legte er sich einfach hin und schlief ein. Ich war zutiefst verletzt. War ich denn nicht seine Frau?

Ich lief am nächsten Morgen zu meinem Vater und meinen Brüdern und erzählte ihnen, was geschehen war. Wie sehr mich mein Mann beschimpft, verprügelt und getreten hatte. Und dass er nicht mal Sex mit mir haben wollte. Aber sie sagten mir nur, ich solle still sein und eine gute Ehefrau. Das sagten sie, weil mein Mann einer der reichsten Männer des Stammes ist und viele Kühe und Stiere besitzt.

In der Nacht darauf passierte das Gleiche: Mein Mann kam betrunken nach Hause, vielleicht noch betrunkener als gestern, schlug, trat und beschimpfte mich. Und ging wieder schlafen, ohne mit mir zu schlafen. Bevor ich ihn heiratete, hatte ich einen jungen Krieger, der es mir in einer Nacht zehn Mal machte, aber mein Mann konnte von Anfang an immer nur einmal, dann drehte er sich um und schlief. Das ist zu wenig.

Ich lief aus der Hütte und zu meinen Freundinnen. Sieben waren bereit mitzumachen, das genügte, und so traten wir an das Bett meines Mannes, fesselten ihn an Händen und Füßen, und weil er so betrunken war, wehrte er sich kaum. Dann zerrten wir ihn nackt aus unserer Hütte und in einen kleinen Wald hinter unserem Dorf und banden ihn an einen Baum, und zwar so, dass er kniete, aber die Füße und Hände banden wir ihm hinter dem Baum zusammen. Mein Mann war inzwischen wach, aber immer noch so betrunken, dass er zu schwach war, um sich richtig zu wehren. Meine Freundinnen zogen die Fesseln so fest an, dass mein Mann vor Schmerzen schrie, aber wir hörten gar nicht darauf. Er begann zu heulen, weil er wusste, was ihm bevorstand, er drohte uns, aber wir lachten ihn nur aus, er versprach uns Geschenke, wieder lachten wir, dann schrie er um Hilfe, rief nach seinen Kumpels, aber es ist Gesetz bei den Pokot, dass niemand einem Mann helfen darf, der von den Frauen einem Kilapat unterworfen wird, und schon deshalb nicht, weil er so dumm war, so betrunken zu sein, dass er sich nicht gegen Frauen verteidigen kann.

Wir begannen sehr unanständige Lieder zu singen, sehr unanständige. Das heißt, wir schauten ihm ins Gesicht und riefen unsere Worte für Vagina, Orgasmus, Penis und Sperma. Nichts ist normalerweise schlimmer für uns Pokot. Wir sangen aber auch:

›Du beschimpfst deine Frau,
du ehrst sie nicht,
du hast sie ausgesucht,
aber sie nicht dich,
alle lieben deine Frau,
nur du nicht.‹

Dabei tanzten wir alle um ihn herum, stampften den Boden mit unseren Füßen und sangen immer neue Strophen:

›Deine Frau liebt dich nicht mehr,
du kannst sie nicht befriedigen,
andere Männer könnten das.
Du bist kein richtiger Mann,
und hässlich noch dazu.
Du vertrinkst das ganze Geld
Und deine Frau hat nichts zu essen.
Du bist ein schlechter Liebhaber,
du kannst deine Frau nur schlagen,
du bist ein uralter Mann
und bald wird sie dir davonlaufen.‹

Das war aber erst der Anfang. Wir schrieen ihn auch an, dass er Sex mit seinem Lieblingskalb gehabt habe, und mit seiner eigenen Schwester, denn das, was er mir angetan habe, sei schlimmer als Sodomie und Inzest. Wir nannten ihn einen schmutzigen Hund und einen räudigen Ziegenbock, der nichts anderes könne als stinken.
Eine Freundin kniete vor ihm nieder, hob ihren Rock, zeigte ihm ihre Vagina, spreizte sie mit ihren Fngern auf und schrie: ›Schau hin oder schau nicht hin, das ist egal, denn dein Penis schaut sowieso immer zu Boden und ruht sich auf seinem Sack aus!‹ Dabei tanzten wir anderen um meinen Mann herum, lachten ihn aus, hoben

ebenfalls unsere Röcke und bewegten unsere nackten Vaginas vor seinem Gesicht herum. Was man nur bei Kilapat darf. Würde eine Frau das im normalen Leben machen in aller Öffentlichkeit und beim eigenen oder einem fremden Mann, würde sie aus dem Dorf gejagt.

Wir nennen das ›Kipoiyi‹ – eine verrückte Frau. Denn nur verrückte Frauen entblößen sich so schamlos. Aber wir waren nicht verrückt, wir waren ganz normal. Mein Mann hatte uns gezwungen verrückt zu werden, weil er mich beschimpfte, verprügelte und mit den Füßen trat. Es war seine Schuld, dass wir uns benehmen mussten wie verrückte Frauen. Alle wussten das, wir Frauen, das ganze Dorf und mein Mann, und dafür schämte er sich in Grund und Boden.

Aber das war erst der Anfang. Einige meiner Freundinnen begannen, ihn anzupissen, eine hockte sich sogar hin und setzte einen Haufen zwischen seine Beine, der fürchterlich stank. Dabei lachten wir alle, sangen unsere Schandlieder und tanzten um ihn herum. Dann fragten wir ihn: Wirst du deine Frau noch einmal beschimpfen, verprügeln und treten? Wirst du in Zukunft häufiger mit ihr schlafen?

20 oder 30 Mal fragten wir ihn das, bis er wütend wurde und uns anschrie: Das sei seine Sache und seine Frau, mit der könne er tun, was er wolle, das ginge die anderen Frauen gar nichts an, und wenn er wieder frei sei, werde er dafür sorgen, dass sie von ihren eigenen Männern beschimpft, verprügelt und getreten würden. Mein Mann begann an seinen Fesseln zu zerren und sich zu winden, aber wir hatten ihn gut angebunden, die Stricke hielten.

Aber das war erst der Anfang. Denn bei Kilapat macht man nicht einfach, was einem einfällt. Da gibt es Regeln.

Sieht ein Mann seine Fehler ein und gelobt Besserung, muss es nicht so weit kommen. Aber benimmt sich einer wie mein Mann, dann gibt es noch härtere Strafen, und mein Mann brüllte immer noch und beschimpfte uns, also brachen wir uns kleine Stöcke von den Ästen der Bäume. Dann setzten wir uns um Halbkreis um ihn herum und begannen mit den Stöcken auf seinen Penis und seine Eier zu schlagen. Nicht sehr fest, aber so, dass es ihm wehtat. Er schrie auch sofort, aber wir übertönten seine Schreie mit dem Lied, das man dabei singt:

›Warum brauchst du einen Penis,
du bist doch gar kein Mann!
Warum brauchst du Eier,
du bist doch gar kein Mann.
Frauen streicheln dir deinen Penis,
aber du bekommst keine Errektion
– also bist du gar kein Mann!‹

Darüber mussten wir sehr lachen, aber er wand sich vor Scham und Schmerzen. Da sagte ich: ›Zur Strafe für dein Verhalten mir gegenüber musst du uns deinen schönsten Stier schenken, den schlachten wir Frauen und essen ihn auf!‹

Er schrie, er werde uns eine Kuh geben, wenn wir ihn losbinden, aber nicht seinen schönsten Stier, den er liebe, weil er sein ganzer Stolz sei und viel schöner als die Stiere der anderen Männer. Aber wir blieben bei unserer Forderung und prügelten ein bisschen stärker auf seinen Penis und seine Eier ein. Einige meiner Freundinnen brachen sich sogar größere Stöcke von den Ästen, damit sie ihm weher tun konnten. Da schrie mein Mann, er werde uns eine Kuh schenken, wenn wir ihn losbinden und mit Kilapat aufhören. Aber wir lachten ihn aus und schlugen immer heftiger zu. Wir wollten ihn nicht töten, auch nicht verstümmeln, aber wir wollten, dass er noch lange Schmerz empfindet und deshalb von den anderen Männern des Stammes ausgelacht wird. Denn es gibt nichts Furchtbareres für unsere Männer als so ein Kilapat.

Als ich merkte, dass mein Mann ohnmächtig zu werden drohte, rief ich: ›Lasst uns aufhören für ein paar Minuten. Mein Mann ist zwar ein schlechter Mann, aber er ist mein Mann. Wir können ihn nicht töten und er wird jetzt einsehen, dass er tun muss, was wir von ihm verlangt haben.‹
Meine Freundinnen hörten auf und sagten zu ihm: ›Du hast gehört, was deine Frau gesagt hat. Sie liebt dich, und weil sie unsere Freundin ist, hören wir auf. Aber wenn du sie noch einmal beschimpft, verprügelst oder in den Bauch trittst, kommen wir wieder und machen wieder Kilapat mit dir. Hast du verstanden?‹
Mein Mann nickte verzweifelt.
›Gibst du uns deinen schönsten Stier, den du so liebst, dass du seine Schönheit besingst?‹
Wieder nickte mein Mann.
Da ging ich zurück zur Hütte, mein Bruder holte den Stier, wir führten ihn zu meinem Mann, der immer noch gefesselt am Baum hing, mein Bruder tötete ihn mit einem Schnitt durch die Kehle und dann banden wir meinen Mann los, der in unsere Hütte floh und viele Tage nicht mehr herauskam. Den Stier haben wir dann geschlachtet, aufgeteilt zwischen uns und bei einem großen Fest gegessen. Dabei sangen wir fröhlichere Lieder über die starken Frauen und dass die Männer nicht alles mit uns machen können, oder nur bis zu einer gewissen Grenze, wir tanzten zwei Tage und eine Nacht, und in dieser Nacht schlief mein Mann mit mir so gut wie seit langem nicht, mein Mann hat mich auch nie wieder beschimpft, verprügelt und getreten. Aber er hat viel häufiger mit mir geschlafen, so beschämt war er durch den Kilapat.«

Soweit die Erzähung der Pokot-Frau Chumwo, wie Rieke sie von ihr selbst hörte.

»Ich kenne nur einen Mann, der so ähnlich war wie Doc Hans,« sagte Andy.
»Ich weiß, wen du meinst«, erwiderte Rieke.
»George Adamson«, sagte ich.
Alle nickten.
»Er ist ja auch so gestorben wie der Doc«, sagte Karame.
»Ja«, sagte ich, »beide wurden ermordet. Der eine mit einer Machete, der andere durch einen Speer.«
George Adamson – in Indien geboren, in Kenia gestorben. Seit 1924 in Afrika, Wildhüter. Der Mann, der von seiner Frau betrogen wurde und nicht wollte, dass man ihr das vorwarf, weil er sie unsinnig liebte. Selbst als sie ihn verlassen hatte und sich jedem Eingeborenen-Krieger hingab, der dafür tapfer genug war. Joy hieß sie, eine Österreicherin. Berühmt durch ihre verfilmten Bücher über die Löwin Elsa. Jeder kennt das Lied dazu: »Born free …« Das »Born« singt man hoch, das »free« tief. So wie man jemandem aus weiter Ferne »Juuhuu« zuruft. Elsa war die Löwin von George, er hatte sie großgezogen und wieder in der Wildnis ausgesetzt. Dann erkannte Joy, dass man viel Geld verdienen konnte mit der Story, und schrieb sie. Ein Welterfolg: Sechs Millionen Bücher in 21 Sprachen. Dazu der Hollywood-Hit. Joy wurde richtig reich und ließ sich von George scheiden. Der saß von da an im Busch, kämpfte ums Überleben und betete Joy an.
Ich war oft bei George draußen in seinem einsamen, kargen Camp am Fluss Tana, das als einzigen Luxus eine köstliche Bibliothek aller großen Afrika-Bücher mit Widmung der Autoren und sechs nebeneinander stehende Klos aus den Schädeln von Elefanten besaß. Man schiss ihnen, sozusagen, ins Gehirn. George war mein Freund, wenn es um Afrika ging, und mein Feind, wenn es um Joy ging – und wenn wir zu Fuß in den Busch wanderten. Denn dann versetzte er mich in Angst und Schrecken. Ich möchte von ihm erzählen. Und von seiner seltsamen Freundschaft zu Doc Hans, den George als Brite nur »meinen Hunnen« nannte.
Es wurde sein Lagerfeuer-Abend.

»Elsa ist längst tot und auch Joy wurde ermordet. Viele Menschen in diesem Buch werden ermordet. Aber so ist Afrika. George wurde ebenfalls ermordet, aber später. Ich traf ihn zum ersten Mal, als er schon fast 80 war. Eine biblische Gestalt mit loderndem weißen Haar, dem Kinnbart der Hohenpriester und dem Körper eines Triathleten. Ein schmaler Mann, würde man sagen, eher zart, mit einem bedürfnislosen Körper, der nie unangenehm altert. Es sind immer die Körper, die viel Aufmerksamkeit verlangen, die im Alter unangenehm wirken. Adamson besaß kein Gramm Fett zu viel, hatte Muskelstränge an Stahlsehnen und war braun gegerbt wie ein getrocknetes Tabaksblatt – selbst dort, wo die Sonne normalerweise nicht hinkommt. Sein Körper war weder verwöhnt noch eitel, und das machte ihn so männlich, obwohl er seit Jahren keinen Sex mehr gehabt hatte und keine Anstalten unternahm, ihn sich zu beschaffen. Frauen liebten George, aber er war Joy nicht nur bis in den Tod treu, sondern sogar bis über die Scheidung und die bösen Gerüchte über seine Exfrau hinaus.

Sein Camp lag weit draußen in der Wildnis, man brauchte einen alten Geländewagen, sechs Liter Trinkflüssigkeit, eiserne Nerven und mindestens die Helligkeit eines Tages, um vom nächstgelegenen Städtchen zu ihm zu fahren. Wenn die Furten nicht zu viel Wasser führten und die Reifen platt genug waren, um die Sandstrecken zu schaffen. Ein flaches Land, ehemalige Wüste, die sich schmale Streifen von Kameldornen mühsam erkämpft

hatten, indem sie von den Rinnsalen immer tiefer in den Sand vorgedrungen waren. Dann hatten ein paar grüne Halme gebeten, im Schatten der Dorne nisten zu dürfen, und schließlich hatte Adamson dieses Grenzgebiet des Lebens besiedelt.«

Da fällt mir etwas ein: Möchten Sie das Paradies kennen lernen – und es betreten? Ich sage Ihnen, wo es liegt: im äußersten Nordosten Kenias. Am Indischen Ozean, fast an der Grenze zu Somalia. Schnappen Sie sich eine Landkarte von Kenia, suchen Sie die Insel Lamu, fahren Sie mit dem Zeigefinger nach Norden und da stoßen Sie auf die Dodori National Reserve. Und rechts davon sehen Sie einen schmalen Streifen Küste und vor der Küste schmale Inseln, die wie Striche aussehen: Kiwaiyu, Simambaya, Kiungamwina und noch ein paar andere, und zu Beginn der Finger-Reise ein Inselgrüppchen namens Ndau. Das ist das Paradies, auf den Strichen ist die Zeit stehen geblieben vor 1000 Jahren. Da lebt niemand, da zerstört keiner etwas, da nimmt keiner was mit und bringt keiner was hin. Dort liegt, ich übertreibe kein Wort, der letzte Teil von Afrika, wie es einst war und in unserer Phantasie ist und sein sollte. Dass dort das Paradies liegt, wissen etwa zwei Dutzend Menschen und die Tiere. Die Inseln sind die Urlaubsorte von Löwen, Büffeln, Elefanten und Antilopen, die gern mal das Meer sehen wollen. Sie schwimmen hinüber auf die Inseln, um Ferien zu machen. Nicht wirklich, aber es sieht so aus. Denn die Inseln besitzen Schattenwälder und Sandstrände, Wasserstellen und Unterholz, um sich zu verstecken vor der Sonne und neugierigen Blicken. Die Luft ist so sauber und kristallklar, dass man meint, sie könnte in Flaschen abgefüllt und exportiert werden, und der Nachthimmel ist nicht schwarz, sondern dunkelblau und die Sterne sieht man nie näher – als habe ein kecker Juwelier seine Kollektion ein paar Meter in die Luft geworfen, und da sei sie verharrt. Man muss zelten dort, es gibt kein einziges Gebäude, weil nie Menschen hier waren, und

Lebensmittel und viel zum Trinken mitbringen, denn selbst an der Küste gibt's nichts zu kaufen, weil dort keiner wohnt, und jede Menge Sonnencreme, weil es da nie Schlechtwetter wird und die Sonne pur vom Himmel scheint, und ein Transportmittel. Ein Schiff am besten, von Lamu aus, denn der Landweg ist höllisch, ist langweilig und dauert Tage. Aber es gibt Dhaus in Lamu, die man mieten kann, und wenn man eine große nimmt, besitzt sie sogar Kabinen, dann können die Mutigen auf den Inseln leben und die Ängstlichen an Bord. Wer jemals hier war, besitzt für sein ganzes Leben etwas, das nur ihm gehört. Eine Erinnerung, bei der die Seele schmerzt vor Glück. Ein Shangri-La. Man kann dann sagen: Ich war im Paradies, ich habe vielleicht sogar gesündigt, aber Gott kam nicht, um mich zu vertreiben. Und das auf Erden ...

Ich habe lange überlegt, ob ich überhaupt erzählen soll von diesem Ort. Aber dann sagte ich mir: Er liegt so weit entfernt von jeder Vorstellung einer geordneten, organisierten Reise, dorthin zu gelangen, bedeutet derart viel Mühe, dass nur zu den Inseln kommt, wer wirklich will, dass ihm die Seele vor Glück schmerzt. Und das sind sehr, sehr wenige. So viele Leute vertragen die Inseln gar nicht. Aber wer es wirklich will, sollte nach Lamu fliegen, ins »Petley's Inn« gehen und nach Joe fragen. Wenn er will, verhilft er zu einer Dhau und dem Paradies. Und wenn, sollte man nach Norden segeln und gleich hinter Lamu Zwischenstation auf der Nachbarinsel Pate machen. Dort leben die besten Holzschnitzer Afrikas, und wenn einem einige der Schnitzerein irgendwie bekannt erscheinen, dann täuscht das Gefühl nicht: Die Leute von Pate stammen aus Sansibar, sind in den letzten 100 Jahren nach Pate ausgewandert, und ihre Vorfahren haben viele der Schnitzereien für die Märchenschlösser von Bayerns König Ludwig II. geliefert, vor allem für Neuschwanstein. Und weil man ihnen damals gesagt hat, was sie schnitzen sollen, der König war pingelig in seinem Geschmack, erkennen Sie viele der Schnitzereien wieder. Denn die alten Vorlagen aus Bayern haben sich in ihrer Tradition erhalten, die schnitzen sie heute noch genauso.

»Aber was war denn jetzt mit George Adamson?«, fragte Rieke.

George mit Löwenbabys

Die Geschichte vom Mann, der Löwen mehr liebte als Menschen

»Das Camp von George war verkehrte Welt: Die Löwen lebten draußen in Freiheit und die Menschen drinnen in einem 200 x 200 Meter großen Käfig aus fünf Meter hohen Maschengittern. Nach oben war er offen, deshalb standen keine Bäume in unmittelbarer Nähe, damit niemand sie erklettern und in den Käfig springen konnte. Hier tat George, was er immer schon und am liebsten getan hat: Er zog Löwen auf, die Waisen waren, aus Zoos und Zirkussen stammten, privaten Besitzer zu groß geworden waren und aus aller Welt bei ihm eintrafen. Er päppelte sie hoch und schickte sie in die Freiheit. Was nicht ganz einfach war: Die Löwen lernten ihn lieben und mochten ihn nicht mehr verlassen. Daher sah man nachts ihre Augen rund um den Käfig leuchten und ihr ätzender Duft waberte ständig ums Camp, manche wären auch tagsüber gern in den Käfig zu den Menschen gekommen. Deshalb hatte George ein Schild gemalt und ans Camp-Tor gehängt: Achtung Löwen, Lebensgefahr. Aber wenn man es erst mal durchs Tor geschafft hatte, war die Lebensgefahr relativ gering. Ich sage relativ, weil zarte Gemüter immer noch leicht der Schlag treffen konnte in der Welt dieses George Adamson.

Nun war es so, dass auch George sich eigentlich nicht von den Löwen trennen wollte, auch er liebte sie, und so verpasste er ihnen Kragen, die Funksignale aussendeten. Denen folgte George, wenn er es nicht mehr aushielt ohne sie, und dann trafen sie sich im Busch, redeten miteinander und schworen, sich nie aus den Augen zu verlieren. George konnte ›Löwisch‹. Ich habe oft erlebt, wie er sie rief

und sie angetrabt kamen. Dann kniete er sich hin und sie redeten miteinander. Fließend. Er erkannte sogar jedes einzelne Tier an seiner Stimme und kannte ihre Charaktere, Seelen und Psychen. Sein berühmter Spazierstock, oft gefilmt, häufig fotografiert, aus dem gewundenen Ast eines Kameldorns und von ihm geschnitzt mit einem Löwenkopf als Knauf, steckte aber immer neben ihm. Selbst er konnte nicht sicher sein, dass ein Löwe nicht doch mal Zahnweh hatte und deshalb unberechenbar war. Der Stock war seine einzige Waffe. Ein Zahnstocher gegen eine Löwenpranke. Aber mit ihm hatte er Patrick das Leben gerettet, einem jungen Wildhüter, der den Käfig achtlos oder anmaßend, da gehen die Meinungen auseinander, verließ, von einem Löwen angefallen und nur gerettet wurde, weil sich George dazwischen warf, dem Löwen mit dem Spazierstock drohte und ihn laut beschimpfte. Auf ›Löwisch‹.
Man sieht Patrick ab und zu an der Bar des Wilson-Airports von Nairobi, wie er sich ein Bier schnorrt, indem er seinen von den Hauern und Krallen des Löwen gemarterten Körper vorführt. Patrick sieht aus, als sei er in einen Reißwolf geraten. Der Anblick ist schon ein ›Tusker‹ wert. Patrick hat die Narben jedoch ein paar Mal zu viel gezeigt, da wurde er zum Trinker. Er gilt als der einzige Mann weltweit, den ein Löwe an den Alkohol gebracht hat. Das ist keine Feststellung von mir, sondern von ihm.
Damit kein Irrtum aufkommt: Löwen bleiben Raubtiere, auch wenn sie im Zirkus aufgetreten, in einem Haushalt gelebt und als Babys großgezogen wurden. ›Shade‹, der halbzahme Lieblingslöwe von George, hatte seinem Bruder Terence bei einem seiner vielen Miezekatzen-Besuche innerhalb des Käfigs mit einem Tatzenhieb ein Auge ausgeschlagen und die linke Gesichtshälfte um zehn Zentimeter nach unten gerissen. Denn manchmal holte George die Löwen rein, weil er verrückt war, und vielleicht auch, weil er zeigen wollte, dass er sie beherrscht und dass sie doch nur Miezekatzen waren durch die Bekanntschaft mit ihm. Terence, der noch älter war als George, lebte bei ihm und hasste seitdem Löwen. Das verzieh George ihm nicht. Trotz des fehlenden Auges. Weil er nicht ›Shade‹ die Schuld gab an der Verstümmelung, sondern Terence. ›Du warst ihm gegenüber zu

aggressiv‹, warf George ihm vor. Tom, ein Wildhüter aus der Serengeti, wurde von ›Sheiman‹ angefallen, einem Männchen, das als Haustier in Rotterdam lebte, bis er zu groß wurde. Doc Hans bekam es mit ›Sheva‹ zu tun, die ihn in den linken Unterschenkel biss, worauf er sie freihändig erschoss, während das Weibchen sein Bein noch im Maul hatte. Eine jägerische Glanzleistung mit dem Gewehr. Den Schuss akzeptierte George nur, weil Doc Hans ein ›Hunne‹ war, und die Deutschen sind eben so gewalttätig. Dabei war George selbst sowohl von ›Shade‹ als auch von ›Salomo‹ angegriffen und erheblich verletzt worden. Aber immer sagte er: Mein Fehler, dein Fehler, unser Fehler. Nie waren die Löwen schuld. Terence sah das anders und hatte beschlossen: ›Ich warte nur darauf, bis Shade mir mal draußen im Busch begegnet, wenn George nicht dabei ist. Dann macht es paff!‹ Es kam aber nie zu der Begegnung. ›Shade‹ starb durch die Kugel aus einer anderen Flinte.

Es standen immer zwei Krieger vom Stamme der Galla innen neben dem Camp-Tor: Ogli und Hamit. Der eine scannte die Gegend nach Löwen ab, und waren keine da, schwang Hamit das Tor auf, damit jemand rein- und rauskonnte. Waren Löwen da, musste man vor dem Tor im Auto warten, oft stundenlang. Denn natürlich lockte das Auto die Löwen an, sie wussten, dass dann das Tor aufging. Sie strichen um die Reifen, sprangen auf die Haube, versuchten ein Fenster aufzudrücken und setzten sich aufs Dach. Besonders schlimm war es, wenn man die übliche Bitte von George erfüllt hatte: Ihm vom Markt in Garissa, das man passieren musste, um zu ihm zu gelangen, frisches Kamelfleisch mitzubringen, mit dem er seine Löwen fütterte. Das lag hinten im Auto und stank erbärmlich. Das tut es auch im frischen Zustand. Für die Löwen roch es wie Steaks in Bratensoße. Deshalb warfen sie sich gegen die hintere Tür, um an das Fleisch zu gelangen. Wir mussten uns immer neue Tricks einfallen lassen, damit die Löwen abgelenkt wurden und Hamit das Tor aufmachen konnte. Aber jeder Trick funktionierte nur einmal, Löwen sind schlau.

Das Camp war Filmkulisse, nur hat Hollywood sich nie vorstellen können, dass es so etwas in der Realität geben könnte: Die Häuschen im Käfig bestanden aus Zeltleinwand, getrockneten Tierhäuten und alten Säcken, waren etwa fünf mal zehn Meter groß, hinten wie vorne offen und von Sandstürmen so gebacken, dass sie wie graubraun versteinert wirkten. Nachts gab's öfter mal Getümmel, wenn ›Bill‹, der 1,20 Meter lange, halbzahme Waran von George, aus seinen Wandelgängen im Boden gekrochen kam und sich über das Gepäck hermachte. Oder wenn die Perlhühner ihrer Lieblingsbeschäftigung nachgingen: die getrockneten Tierhäute zu fressen, mit denen die Häuschen armiert waren. Von den Elefantenschädeln als Klos habe ich bereits berichtet, aber nicht dass sie über offenen Gruben standen. Für viele Tiere sind Gruben voller Scheiße das Schlaraffenland. Da war pralles Leben unter dem Arsch, wenn man sich zur Notdurft hinhockte. Das wirkte bedrohlich in dieser relativ hilflosen Situation, bis man merkte, dass die Gruben zu tief waren, um von unten ernsthaft attackiert zu werden. Aber nachts im Dunkeln waren die Schädel kein Vergnügen. Es gab sogar Duschen: Ein alter Eisentank, aus einem Lastwagen geschraubt und auf ein wackliges Gerüst gehievt, darunter eine Zehn-Kilo-Büchse, die mal Speisefett enthalten hatte und deren Boden perforiert war, dazwischen ein alter Benzinschlauch, am Tank oben war die Reißleine einer Hoteltoilette angebracht – und zog man an ihr, strömte von der Sonne erhitztes Wasser aus den Löchern im Boden der Büchse. Genial einfach, aber einfach genial. Was Doc Hans nicht so sah, er nannte Georges Camp ›den einzige weiße Slum in Afrika‹.

Man konnte auf seinem Feldbett in den offenen Hütten liegen und über das Käfiggitter hinweg auf einen buckligen, kahlen Felsen sehen, etwa 100 Meter entfernt. Da lagen immer ein paar der 21 Löwen, die George ausgesetzt hatte, am liebsten nach Sonnenaufgang. Weil sie mit freier Sicht ins Camp blicken konnten, über den Maschendraht hinweg. Das verschaffte ihnen die Illusion, die Trennung sei aufgehoben. Nach Sonnenuntergang zogen sie um und unter eine Gruppe von Schirmakazien, wo George eine alte Badewanne zur Tränke gemacht hatte. Hier legte er auch das stinkende Kamelfleisch aus, und es da raus zu schaffen, war spannend: Man stieg innerhalb des Käfigs durch eine Luke in die Erde, kroch einen unterirdischen Gang, eng wie ein Schlauch, entlang und kam durch eine zweite Falltür direkt neben der Wanne wieder an die Oberfläche. Es war grausam, mit einem Arm voller Stinkfleisch in völliger Dunkelheit durch die enge Röhre zu kriechen und vielleicht noch ›Bill‹, dem Waren, oder einer Schlange zu begegnen, die keinen Namen trug und entsprechend wild war. Oder noch schlimmeren Tieren. Es musste auch immer einer Wache stehen am Gitter, damit kein Löwe wartete, wenn man aus der Luke neben der Wanne auftauchte, und meist stand auch noch Terence mit seinem Gewehr neben der Wache. Weil er hoffte, das ›Shade‹ den Fleischtransporteur angreifen würde und er das Alibi hätte, ihn über den Haufen zu schießen. Aber eine sinnvollere Methode, das Fleisch da raus zu transportieren gab es nicht. Es waren zwar nur ein paar Meter zur Wanne, aber das Fleisch stank zu lecker, die Löwen waren immer schneller da als der Fleischlieferant zurück im Käfig. Einzig George wagte es von Zeit zu Zeit.

Die Abende, von der Grundausstattung herrlich, waren meist fürchterlich. Weil George von seiner Joy sprechen wollte, Terence sie noch mehr hasste als ›Shade‹ und alle dem lieben George so gerne gesagt hätten, wie übel seine Exfrau ihm mitgespielt hatte. Doc Hans nannte sie nur »kenianische Staatsschlampe«, nachdem sie Ehrenbürgerin des Landes geworden war und eine eigene Abteilung für ihre Ölbilder und Aquarelle im Nationalmuseum von Nairobi bekommen hatte. Von all den Millionen, die sie durch George verdiente, überwies sie ihm jeden Monat umgerechnet 30 Euro. Er war noch dankbar dafür. Und so stolz, was sie aus seinem Geschöpf, der Löwin Elsa, gemacht hatte – das berühmteste Tier der Welt, zumindest damals. ›Eine geniale Frau‹, schwärmte er, ›ich hatte nur die Idee, aber sie hat was daraus gemacht, ich war zu blöd dazu.‹

Es gab kaum einen Abend, der nicht im Streit geendet hätte. Selbst seine einmalige Bibliothek mit den vielen signierten Büchern wollte er ihr vermachen. Die Wahrheit ist: Als George tot war und Terence ins Altersheim in Mombasa gekommen war, dienten die Bücher denen, die dann auf den Elefantenschädeln saßen, Seite für Seite als Klopapier. Mit und ohne Widmung. Joy war ja damals bereits tot.

›George‹, begann Terence immer wieder. ›Joy taugte nichts. Sie war

würdelos. Sie hat, als sie alt war, ihre Liebhaber, die sie sich wahllos von der Straße und aus den Dörfern griff, bezahlt für Sex. Sonst hätte es doch keiner getan. Sie trug deinen Namen und hat ihn entehrt.‹
Auch Doc Hans versuchte George klar zu machen, dass sie ihn nur ausgenutzt hatte: ›Nach Strich und Faden. Die klaut dir deinen Löwen unter dem Arsch weg und du küsst ihr den Arsch dafür. Sie hat die Orden kassiert und du scheißt auf Elefantenschädeln. Sie bewohnt einen Palast und du deinen eigenen Slum.‹
Aber George wollte davon nichts hören: Er liebe die Joy, die er gekannt habe, und nicht die Joy nach der Scheidung.
›George‹, begann Terence immer wieder von Neuem. ›Sie wurde ermordet, weil sie einen jungen Kenianer in ihr Bett gezogen hatte, der sie nicht ganz so heftig beglückte, wie sie sich das wünschte, und den sie dann als Versager und dummen Wilden beschimpft hatte. Da rammte er ihr seinen Speer durch den Leib. Ich hätt's auch getan.‹
George wurde wütend und warf uns alle aus dem großen Zelt mit der Bibliothek in der Mitte des Camps, in dem gegessen und getrunken wurde und in dem man gemütlich beisammen saß, wenn es mal nichts zu tun gab, was selten genug vorkam.
Wir sind oft in der größten Mittagshitze auf

den Buckelfelsen gestiegen, weil das die sicherste Tageszeit ist. Da liegen die Löwen lieber im Schatten, als auf einen heißen Stein zu klettern. Aber George rief sie, auf ›Löwisch‹. Zu mir sagte er: ›Wenn sie kommen, darfst du dir die Angst nicht anmerken lassen. Die Löwen riechen deinen Angstschweiß sofort, und das ist nicht gut. Angstschweiß macht sie aggressiv und dich zur Beute. Also bleib ruhig stehen, auch wenn sie dir um die Beine streichen und den Kopf an dir reiben.‹

Wie macht man das? Wie verhindert einer, der Angst hat, den Schweiß? Ich schwitzte nicht nur, ich zitterte bei der bloßen Aussicht, ein wilder Löwe könnte seinen Kopf an mir reiben.

Dann kam einer, und es war ausgerechnet ›Shade‹. Gemessen kletterte er den Felsen hoch, während George zu ihm sprach, die beiden begrüßten sich und George stellte mich vor. Was zur Folge hatte, dass ›Shade‹ mich ebenfalls begrüßte: Er lehnte sich gegen mich mit seinem ganzen Gewicht von ein paar Zentnern und ich sollte ruhig bleiben. Ich tat, was jeder tun würde in dieser Angstsituation – ich stellte mir vor, der Löwen sei eine Miezekatze, und wollte ihn streicheln. Aber George zog – ganz langsam – meine Hand mit einem scharfen Blick zurück. So eine Berührung kann tödlich sein. Das durfte nur George tun. Taten es andere, konnte es sein, dass ›Shade‹ glaubte, ihm würde ein Arm mit ausgefranstem Fleisch, den Fingern daran, gereicht. Vielleicht war er aber auch nur eifersüchtig.

›Shade‹ richtete sich sogar auf und legte George seine Vorderpranken auf die Schultern, was der alte Mann kaum aushielt, er taumelte und ›Shade‹ fuhr die Krallen aus, um sich an der schwankenden Gestalt festzuhalten, sie drangen durch das Hemd und die Haut von George und das Blut begann durch sein Khakihemd zu siffen. Aber er freute sich über diesen Gunstbeweis, streichelte ›Shade‹ und überredete ihn, sich artig hinzusetzen. Jetzt flüsterte George mir zu: ›Zurück zum Camp, es könnte gefährlich werden, er riecht mein Blut, aber vorsichtig, bloß kein schneller Schritt!‹

Mach das mal mit einem ausgewachsenen Löwenmännchen im Rücken, das bereits Terence und George angegriffen hatte, und wenn du mit schlotternden Knien auf einem Felsen stehst, der so glatt

und steil ist, dass man abstürzen könnte. Da begann ich Terence zu lieben, den ich aus den Augenwinkeln sehen konnte, wie er trotz des Verbotes von George mit dem Gewehr im Käfig stand, auf eine Dummheit von ›Shade‹ wartend, um ihn abzuknallen.
Ich lief wie auf rohen Eiern. 10 Meter, 30 Meter, 100 Meter. ›Shade‹ folgte uns auf den Fersen bis zum Tor, an dem der nervöse Hamid stand, dessen Angstschweiß wir nun wiederum riechen konnten, noch ehe wir am Tor angelangt waren. Wir drückten uns an die Naht zwischen den Torflügeln, erst huschte ich durch einen Spalt, dann George – und keine Sekunde zu spät: ›Shade‹ warf sich gegen das Tor, weil er auch hineinwollte, was nicht verwundert, denn als Baby lebte er ja da drin.
Ich hielt das für ein unnötig riskantes Experiment, aber George liebte es. Für ihn war das eine Rückkehr in den Garten Eden. Nur wenn einer dabei war, konnte er beweisen, dass er die Löwen beherrschte und sie ihn mochten. Dennoch musste ich die Krallenspuren auf seinen Schultern verarzten, sie bluteten und eine Blutvergiftung drohte. ›Ich werde alt‹, sagte George nur. ›Ja, alt und immer dümmer, du Narr‹, schimpfte Terence. Und zu mir sagte er: ›Der liebt die Löwen mehr als die Menschen. Wenn Shade dich umgebracht hätte, hätte er sicher gesagt: Es war seine Schuld, warum hat er so geschwitzt!‹
Eines Tages war George tot. Ein Krieger vom Stamm der Galla hat ihn gespeert. Rein in die Brust und raus aus dem Rücken. Genauso wie Joy gestorben war. Im Tod vereint durch die Todesursache. Als sie George draußen im Busch fanden, steckte der Speer noch drin. Und um ihn rum saßen 14 Löwen. Seine Löwen. Seine ganz persönliche Trauergemeinde. Sie hatten die Leiche nicht angerührt, obwohl sie Frischfleisch war. Menschen-Aas. Eine Delikatesse. Aus Pietät müssen sie ihn geschont haben, den ›Vater der Löwen‹. Die, die George fanden, hatten alle Mühe, seine Leiche zu bergen, denn die Löwen verteidigten sie mit Zähnen und Tatzen. George gehörte ihnen und wahrscheinlich hätte er es geliebt, wenn sie ihn am Ende doch gefressen hätten und er so zu einem Teil von ihnen geworden wäre. George war so. Er liebte die Löwen nicht nur mehr als die Menschen, sondern auch mehr als sich.«

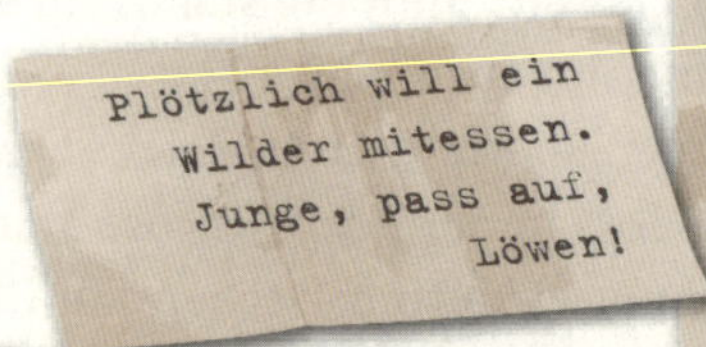

»Hat man seinen Mörder je gefunden?«, wollte X'Oli wissen.

»Ich weiß es nicht. Gefunden hat man ihn wohl, aber verurteilt wurde keiner«, sagte ich.

»Warum auch? Todesursache: Tod im Busch. Aus und Amen. Später wurde behauptet, die Löwen hätten ihn getötet. Terence kannte den Mörder, aber man hat ihn erpresst: Halt dein Maul oder hau ab nach England. Sie hätten ihn ausgeweisen, aber Terence wollte in Afrika sterben. Im Bett oder sonst wo. Da hat er geschwiegen. Offiziell. Mir hat er gesagt, dass es kein Galla war, sondern ein Kikuyu, der vorletzte Liebhaber von Joy, der Mann vor oder neben dem Mörder in ihrem Bett, im ›Tamarind‹, unten am Fluss in Mombasa habe er als Kellner gearbeitet. Der wollte an ihr Erbe, spielte sich als Witwer auf, hatte sich in Joys Haus schon reichlich bedient und angenommen, George würde ihm alles streitig machen als Ehemann. Was übrigens viele gedacht haben.«

»Was wurde aus dem Camp?«, fragte Karame.

»Es wurde geplündert, von irgendeinem Typen neu eröffnet, ging pleite, wurde nochmal geplündert und schließlich geschlossen.

Dann kamen die Wilderer aus Somalia und machten leichte Beute – die 21 Löwen von George waren ja wirklich halb zahm. Einer nach dem anderen wurde von ihnen abgeknallt. Auch ›Shade‹, und als Terence davon erfuhr, sagte er: ›Ich hatte nicht geahnt, dass ich mich auf meine alten Tage noch mal so freuen würde.‹ Kurze Zeit später starb auch er. An Altersschwäche. In Afrika. Im Bett.«

»Habt ihr schon einmal Attacken von Tieren erlebt?«, fragte Karame, der Botswaner aus der Hauptstadt Gaborone, wo Wild weniger häufig vorkommt als der Präsident des Landes.
»Mehrfach. Elefanten, Nashörner, Büffel, Löwen, Paviane. Man rennt, schafft es ins Auto und die Sache ist vorbei. Mensch in Sardinenbüchse, Tiere draußen, nichts Besonderes«, sagte Andy. »Natürlich kam ich auch schon fast nackt beim Auto an.«
Das ist nämlich so, und jeder, der mit wilden Tieren zu tun hat, weiß das: Sind sie hinter einem her, folgen sie vor allem dem Menschengeruch. Er sticht ihre Nüstern wie Schwefel. Also kann man sie aufhalten, indem man ihnen Kleidungsstücke überlässt – man reißt sie sich im Laufen vom Leib und wirft sie zu Boden: Hut, Jacke, Hemd, Kamera und Fernglas gehen auch, Hose und Schuhe sind schlecht, das dauert zu lange. In 99 Prozent aller Fälle stoppen die Tiere, machen sich wütend über die Kleidung her und man hat wieder ein paar Sekunden gewonnen. So manches Hemd hat so manches Leben gerettet in Afrika.
»Flusspferde«, fiel X'Oli ein. »Nervöse Biester. Greifen erst an und fragen hinterher, warum. Ich mag sie nicht. Zu gefährlich.«
»Doc Hans hat mal eine wunderbare Geschichte erzählt«, sagte ich. Er war mit vier australischen Touristen mit einem Cabrio-Geländewagen im Chobe-Park unterwegs, kam zu einer Tränke und traf dort auf eine Herde Elefanten mit Babys. Die kleinen Dinger, die unter ihren Müttern durchlaufen können, ohne sich den Kopf zu stoßen. Der Doc ermahnte die Australier, mucksmäuschenstill zu

sein, da die Mütter sehr gereizt reagieren, wenn sie so kleine Junge dabeihaben. Da öffnete ein Tourist eine Cola-Flasche, sie war warm geworden, es gab ein lautes ›Plopp‹ und dann schoss die Cola zischend aus der Flasche. Die Leitkuh griff sofort an, und zwar ohne Scheinangriff, wie Elefanten das sonst tun. Doc Hans wollte den Wagen starten, war nervös, die Leitkuh kam immer näher, er brachte den Wagen nicht an, jetzt war der Elefant nur noch 20 Meter entfernt, Doc entriss dem Touristen die Cola-Flasche und warf sie nach der Leitkuh – und sie bremste wie vom Donner gerührt in einer Staubwolke. Doc hatte sie genau in der Mitte der Stirn getroffen, ein unglaublicher Glückswurf aus zehn Metern, und es gab einen dumpfen, aber lauten Ton, als wäre eine Pauke geschlagen worden. Doc muss einen Hohlraum getroffen haben, die Leitkuh war völlig überrascht über das Geräusch, das aus ihrem Kopf kam. Deshalb hatte sie gestoppt, nicht weil etwas sie getroffen hatte. Da griff der Anlasser und der Doc raste davon.«

»Und hat den Touristen angeschrien«, vermutete Karame.

»Nein«, sagte ich. »Es bestand akute Lebensgefahr, da hat er ihn rechts und links geohrfeigt und die ganze Gruppe aus dem Chobe werfen lassen.«

Plötzlich war ein Summen zu hören. Nein, eigentlich kein Summen, sondern ein zartes Flattern oder Rascheln wie von Millionen feiner Flügel.

»Verflucht!«, rief X'Oli und zog sich seine Decke über den Kopf.

»Fliegende Ameisen!«, schrie Andy und stürzte zum Wagen, wir ihm nach. Aber es war zu spät, sie waren bereits über uns wie ein Heuschreckenschwarm – Ameisen so groß wie Fliegen oder kleine Bienen. Mit riesigen, durchsichtigen, ziemlich steifen und harten Flügeln. Ein Angriff aus dem Nichts. Griff man in die Luft, erwischte man zwei pralle Hände voll. Wer den Mund aufließ, brauchte eine halbe Stunde, um die letzte Fliege auszuspucken. Sie tun nicht weh, sind aber ungeheuer lästig, denn sie landen überall und lieben Löcher, deshalb findet man sie später in Nasen, Ohren, Hosenbeinen, Ärmeln und rund um die Augen. Es ist ihr Brautflug und er endet mit einer Metamorphose: Sie werfen ihre Flügel ab

und gehen zu Fuß weiter, und am nächsten Morgen bedecken ihre Flügel die Erde wie ein Teppich aus Glimmer.
»Mistzeug«, schimpfte Karame.
»Afrika«, sagte Rieke.
»George hätte sich gerne von Löwen fressen lassen, um auf ewig bei ihnen zu sein?«, sagte X'Oli. »Damit wird man aber nicht unsterblich.«
Wir blickten uns an und Andy sagte: »Wie meinst du das?«
»Habt ihr schon mal einen toten Geier gesehen?«, fragte X'Oli.
Wieder blickten wir uns an. Verblüfft. »Wenn ich mir das so überlege, was ich bisher noch nie getan habe, stimmt das, es gibt keine toten Geier!«
»Seht ihr«, sagte der Buschmann. »Wenn ihr also unsterblich werden wollt, müsst ihr euch von einem Geier fressen lassen. Denn die toten Geier werden auch wieder von Geiern gefressen, deshalb gibt es keine toten Geier und so fliegt ihr auf ewig durch Afrika.«
»Hast du schon mal einem Geier ins Gesicht geschaut? Scheußlich. Hast du schon mal gesehen, wie sie ihre Beute in Streifen zerreißen? Entsetzlich«, sagte Andy.
»Na und?«, fragte X'Oli zurück. »Das kann dir doch egal sein, wenn du tot bist. Ihr glaubt doch an Auferstehung. Dann bist du eben Geier in deinem ewigen Leben. Geier in Afrika. Das ist besser, als sich den Löwen zum Fraß vorzuwerfen. Denn tote Löwen habe ich schon gesehen, Geier nie.«
Er hatte uns überzeugt, der kleine Buschmann, und nach einer Runde »Waragi« beschlossen wir, uns später zum Sterben in die Savanne zu legen und fest an die Wiedergeburt durch Geier zu glauben. Einer von uns hat es schon getan ...
»Die Geier-Geschichte ist so blödsinnig wie die Geschichte, dass Ebola aus einer Höhle am Mount Elgon stammt«, sagte ich.
»Richtig!«, erwiderte Rieke. »Wir beide waren doch da drin. Da hat kein Mensch überhaupt gewusst, dass es diese Krankheit gibt. Und uns ist nichts passiert.«
»Was ist mit der Höhle am Elgon?«, fragte Karame.
»Das muss Rieke erzählen«, forderte ich sie auf.

Die Geschichte von der Höhle und der Seuche

Ebola-Virus

»Ihr wisst, was Ebola ist?«, fragte Rieke. »Nicht genau«, sagte Andy. »Ein Virus, der durch Berührung und die Atemwege übertragen wird, angeblich von Grünen Meerkatzen aus Afrika stammt, absolut tödlich ist, ohne Gegenmittel und mittlerweile in viele Länder exportiert, zum Beispiel Deutschland und die USA.«

»So ungefähr«, sagte Rieke. »Der erste Fall trat im Januar 1980 auf, der Franzose Charles Monet, der in Kenia lebte, brach bei der Ankunft auf dem Pariser Flughafen Charles de Gaulle zusammen, hatte Schaum vor dem Mund, wurde sofort isoliert und verreckte wie ein tollwütiger Hund unter den Händen der Ärzte. Woran, wusste man nicht. Ebola war noch unbekannt. Sieben Jahre später erwischte es den Dänen Peter Cardinal, der seine Eltern besuchte, die in Uganda lebten. Er schaffte es gerade noch bis ins Kenyatta-Hospital nach Nairobi – und starb so grausig wie Monet. Er erstickte, verblutete einfach durch die Haut, seine Adern platzten wie morsche Gartenschläuche, er erbrach sich selbst, aus all seinen Öffnungen trat ein Schleim aus, in dem Fetzen seiner Organe schwammen, er wurde von innen zerfressen, sie hatten sich einfach aufgelöst. Am Ende gibt es keine Zelle des Körpers, die nicht vom Virus befallen ist.

Man nahm in Nairobi Gewebeproben der Leiche des Dänen, die besorgte sich die US-Armee aus Gründen, über die man nur düster spekulieren kann, und sie filterte einen Virus heraus, den man nach der deutschen Stadt Marburg benannte, mit dem Zusatz: ›Virus Marburg Cardinal‹ – nach dem jungen Dänen.«

»Wieso ausgerechnet ... – wie hieß die Stadt gleich nochmal?«, fragte Karame.

»Marburg«, sagte ich.

»Weil dort 1967 etwas passiert war, dass als Rätsel in den medizinischen Archiven schlummerte, bis zwölf Jahre später der Franzose und der Däne ähnlich grausig verreckten«, fuhr Rieke fort. »Damals sezierte der junge Laborant einer großen Pharmafirma, ich glaube, er hieß Klaus, einen Affen aus Uganda und 20 Tage später war er tot. Niemand ahnte, warum. Er litt erst unter Kopfschmerzen und Augenbrennen, bekam dann roten Ausschlag am ganzen Körper, er schwitzte nur noch, erbrach sich, schiss sich die Seele aus dem Leib, verlor das Bewusstsein, bekam fast 41 Grad Fieber, Blut floss ihm aus Mund und Nase, er begann, wirres Zeug zu reden, verlor das Bewusstsein und starb. Man hatte ihm alls gegeben, was die Medizin an Medikamenten zu bieten hatte, aber nichts hatte gewirkt. Natürlich hatte Klaus keinen Virenschutz getragen, warum auch? Aber sein Fall war präzise und bis ins letzte Detail dokumentiert worden. Es war sogar der Schatten eines Virus entdeckt worden, dem man den Namen Marburg gab. Aber man wusste nichts mit der Erkenntnis anzufangen. Es gibt Hunderte von Viren, die herumgeistern, harmlos sind oder auch nicht und scheinbar keine Ursache haben. Nur der da in Marburg, das war eben ein Killer, der aus dem Nichts gekommen war, aus dem Weltall vielleicht, oder von Gott. Damals kam die Legende auf, Ebola sei eine Ur-Krankheit der Menschheit, die sich ein Wirtstier im Urwald suche, Jahrhunderte in ihm und den Nachkommen schlafe und in Zeiten des moralischen Verfalls über die Welt herfalle, um sie zu bestrafen. Man machte eine biblische Seuche aus Ebola, so wie das anfangs auch bei Aids war. Dann begann man, den Tod des Franzosen und des Dänen zu vergleichen, recherchierte ihre letzten Tage vor der Krankheit und entdeckte: Beide hatten die Kitum-Höhle besucht, die 200 Meter tief und fast horizontal in eine Flanke des 4321 Meter hohen Mount Elgon im Osten von Kenia führt. Da kam die zweite Legende auf: Der Virus sitzt in der Kitum-Höhle und springt jeden an, der es wagt, in sie einzudringen.«

»Habt ihr nicht gesagt, ihr wart da drin?«, fragte Karame.

Rieke nickte: »Ja, und zu einer Zeit, als Ebola noch lange nicht bekannt war. Axel und ich sind 1978 da rein und haben sogar tief drin-

nen auf einem schmalen Sims geschlafen, der sich ungefähr zehn Meter hoch unter der Höhlendecke entlangzieht.«
»Warum?«, fragte X'Oli.
»Weil die Kitum-Höhle ein Weltwunder ist. Weil sie von der Natur angefangen und in Jahrhunderten von vielen Generationen wilder Tiere ausgebaut wurde. Sie haben sie aus versteinerter, aber immer noch relativ weicher Vulkanasche und kristallinem Gestein herausgebrochen. Kitum ist ein unterirdischer Garten Eden – der allerdings immer dunkler wird, je tiefer man in ihn eindringt. Kitum wird nach hinten nicht wesentlich enger, aber am Ende ist es stockfinster. Was gefährlich ist, denn der Boden ist uneben, Felsbrocken liegen herum, es gibt tiefe Spalten im Boden, oft muss man sich bücken, weil die Decke niedriger wird, an anderen Stellen hat man über weite Geröllhalden zu klettern. Nach hinten führt ein gewundener Trampelpfad, der aalglatt ist, weil ihn die schleimigen, nach Schwefel stinkenden Exkremente der Tausende von Fledermäusen bedecken, die hier tagsüber an der Decke hängen. Ein Garten Eden ist Kitum deshalb, weil sich hier die verschiedensten Tierarten friedlich treffen: Elefanten, Büffel, Antilopen, Leoparden, Ginsterkatzen, Affen, Ratten und jede Menge Insekten. Kitum ist eine Nahrungskette: Die Elefanten brechen das Salz aus dem Gestein, immer wieder stürzt einer zu Tode, dann holen ihn die Raubtiere, der Boden ist an einigen Stellen mit vielen Knochen bedeckt. Andere Tiere weiden sich an dem Dung der Elefanten und die meisten lecken das Salz von Brocken, die von den Elefanten übrig gelassen wurden.«
»Wir haben gespestische Szenen erlebt«, unterbrach ich Rieke. In einer Nacht kamen mehr als 30 Elefanten, wir lagen da oben auf unserem Sims, und wenn wir immer mal kurz unsere Taschenlampe aufleuchten ließen, sahen wir, wie sie in der Dunkelheit ihren Rüssel benützten wie Blinde den weißen Stock – sie tasteten sich vorwärts und hatten die Rüssel weit von sich gestreckt. Sie sahen nichts und verließen sich auf ihren Tastsinn. Dabei schlichen sie und setzten ihre Beine so vorsichtig ein, als würden sie über ein Minenfeld gehen. Spürten sie Salz im Fels, setzten sie ihre Stoßzähne ein wie Spaten oder Spitzhacken, lösten Brocken, zerkleinerten sie,

wenn sie zu groß waren, mit ihren Vorderbeinen und steckten die Splitter in ihr Maul.«

»Was komisch vertraut klang – so als wenn wir Karamellbonbons mit den Zähnen zerbeißen«, sagte Rieke. »So tief in der Höhle mit ihren Hallen und Gängen erschien uns das Geräusch ziemlich laut. Elefanten können das Salz nicht aus dem Fels lecken, weil ihnen der Rüssel im Weg ist. Aber wir hörten, wie Antilopen und sogar Leoparden das taten, und es hörte sich an wie Schlürfen, wenn sie am Salz leckten. Tiere brauchen Salz, rund um den Mount Elgon kommt es aber nur spärlich vor. Hier in der Kitum wird es von Sickerwasser transportiert und lagert sich in den Spalten ab. Und hier sollte Ebola zu Hause sein?«

»Die Kitum ist so ein schöner Platz in Afrika«, sagte ich. »Ein leicht ansteigender Pfad führt durch Wälder aus afrikanischen Olivenbäumen, gigantischen, silbern schimmernden Steineichen, mit Moos bewachsenen Kosos und wilden Teakholz-Büschen. Die Höhle bemerkt

Manchmal wird auch im Busch gewarnt. Denn: Man ist selten allein ... Der Eingang an der Kitum-Höhle

man erst nicht, weil ein Wasserfall den Eingang wie ein Gischtmantel verhüllt. Dabei ist der Einstieg riesig, sicher 20 Meter breit und zehn Meter hoch.«

»Und wie war's da oben auf dem Sims?«, wollte X'Oli wissen.

»Warm, richtig mollig. Und weich, weil eine Schicht Sand auf dem Sims lag«, erwiderte Rieke.

»Aber es stank«, sagte ich. »Wie in einem ungelüfteten Löwenkäfig. Nach Aas, Elefantenscheiße, Antilopenpisse und dem Schleim der Fledermäuse. Aber man fühlte sich irgendwie sicher und geborgen da oben. Der Sims ist zwar nur etwa einen Meter breit und liegt unter einer gewölbten Wand, aber für bequemes Liegen reicht das aus.«

»Diese technischen Details sind mir nicht mehr in Erinnerung«, sagte Rieke. »Ich weiß nur noch, wie unheimlich es am Anfang ist und wie geheimnisvoll die Geräusche sind. Da liegt man und plötzlich bröckelt etwas – ein Kudu, das zögernd in die Dunkelheit tappst. Dann schwerer Atem, mehr ein Blasen, aber sonst kein Ton, wie ein Schatten gleitet ein Elefant an uns vorbei. Immer wieder nervöses Flattern – die Fledermäuse verändern ihre Stellung an der Decke. Manchmal klackert es, weil ein Tier so ziemlich über jeden Brocken am Boden stolpert – das kann nur ein Warzenschwein sein. Laut wird es, wenn die Elefanten an die Arbeit gehen und die Wände bearbeiten. Aber totale Stille ist die Regel und komisch wird es, wenn man ein Schlürfen hört, dann leckt eine Antilope am Salz.«

»Die Emotion in der Kitum ist Frieden«, sagte ich. »Keiner tut hier dem anderen was. Als sei die Höhle eine Kirche. Die Tiere kommen, weil sie das Salz dringend benötigen. Sie haben sich geeinigt, an diesem unterirdischen Fleck Erde die Gesetze des Garten Eden zu beachten. Deswegen kam ich vorhin auf den Begriff.«

»Wir haben erlebt, dass eine Elefantenherde, ein Leopard und eine Gruppe von Impalas in der Kitum waren, und zwar nur wenige Meter von einander entfernt«, erinnerte sich Rieke. »In der Höhle herrscht Waffenstillstand.«

»Ich denke, in der Kitum befällt auch die Tiere ein Gefühl der Unheimlichkeit«, sagte ich. »Die Dunkelheit, die ungewohnte Umgebung im Inneren der Erde, die Abhängigkeit von den Elefanten, die das Salz brechen, der Geruch, die Stille – selbst der gnadenlose Leopard scheint Blutvergießen hier als Sakrileg zu empfinden. Es kommt noch etwas hinzu, das die Kitum noch unheimlicher macht: Es ist stockfinster, aber nie völlig dunkel. Zumindest kommt einem das so vor. Es ist, als brächten die Tiere von draußen einen Schimmer mit oder als trage jedes Lebewesen ein Restlicht mit sich, das erst erlischt, wenn das Tier tot ist. Ich weiß, dass ich phantasiere, aber als wir da oben auf dem Sims lagen und die Tiere zehn Meter unter uns vorbeizogen, hatten wir diesen Eindruck. Vielleicht drang Licht aus fadendünnen Spalten in der Decke, vielleicht enthält das Gestein ja auch Glimmer, möglich auch, dass das helle Salz Licht speichert. Aber Quatsch, Blödsinn, nach ein paar Stunden in der Finsternis spielen die Sinne verrückt. Der Schwefelgestank vernebelt deinen Geist. Dass du angestrengt in die Höhle horchst und jedes noch so winzige Geräusch zu deuten versuchst, strapaziert deine Nerven. Und natürlich hat man ... – nein, nicht Angst. Der Sims ist sicher. Aber ein Unwohlsein befällt dich. Du gehörst hier nicht her, du schändest einen Tempel der Tiere mit deiner Anwesenheit, du bist ein Eindringling. Das hat dann zur Folge: Du weißt, das kann alles nicht so sein, wie du dir das zurechtlegst, aber genauso haben wir damals empfunden. Dazu kam das drohende Wissen, dass du hier mal wieder raus musst. Möglichst wenn es draußen Tag ist. Du musst also auch die Uhr im Auge haben – und wehe du verlässt Kitum, wenn die Tiere reinwollen, nach Anbruch der Dämmerung. Ich glaube nicht, dass der Frieden der Höhle auch für Menschen gilt. Rein- und rausgehen sind die Risikosituationen. Du musst vorher lange beobachten, ob jemand reingegangen ist, und beim Rausgehen musst du immer wieder in Richtung Ausgang hören, ob sich jemand nähert. Dann schleichst du hoch oben an einer Wand entlang und verharrst bei jedem Schatten, Schnaufen und Klackern.«

»Hier in der Kitum-Höhle den Ursprung von Ebola zu vermuten, erscheint mir heute einleuchtend«, sagte Rieke. »Denn wenn es keine rationale Erklärung für ein Phänomen gibt, flüchtet sich der Mensch in die Legende. Und für Ebola konnte es keine rationale Erklärung geben, weil der Mensch jahrhundertelang etwas übersehen hatte, was er nicht sehen konnte oder wollte – die Mikroben. Mikroben als Keimzellen des Bösen, als Urform des Lebens. Viren sind eine Art Evolutionskörper der Mikroben und bestehen aus Verbänden von Molekülen. Unser Vorteil ist, dass Viren erst durch Leben zu Leben erweckt werden. Sie müssen die biochemische Maschinerie von Zellen benützen, um sich zu vermehren. Ohne einen lebenden Wirt erstarren sie in Leblosigkeit. Die Frage war also, ob in der Kitum-Höhle irgendein Wirt lebte, der Ebola in sich trug. Das war die Legende, und sie wurde 1988 zerstört. Da brachen Forscher aus den USA und Kenia in Raumanzügen und mit dem neuesten technischen Schnickschnack in die Kitum ein, fingen alles, was ihnen in die Hände geriet, und sezierten es. Sie maßen die Luft und entnahmen Gasproben, legten Knochen und Dung unter ihre Mikroskope – und fanden nichts. Keine Spur von Ebola. Nicht mal in den Hirnen der Affen, die sie töteten. Nichts. Es war Zufall, dass der Franzose und der Däne in der Kitum waren, gestorben waren sie an diesem Besuch nicht.«

»Aber der Trupp der Wissenschaftler zerstörte die Kitum auf Jahre hinaus«, sagte ich. »Kein Tier traute sich mehr zum Salz in der Dunkelheit. Verschreckt vom tagelangen Licht der Scheinwerfer, den Verwüstungen und dem Gestank der Menschen und ihrer Apparate, trauten sie sich nicht mehr in ihre Höhle. Rieke und ich waren seitdem auch nicht mehr dort. «

Es stimmt nicht, dass man am offenen Feuer vorne verglüht und hinten friert. Nicht in Afrika. Man friert erst, wenn man müde ist, und dann auf beiden Seiten. Man sieht Bilder, wenn man in die Flammen des Lagerfeuers blickt, und die sind stets gewesen. Nie sieht man die Zukunft in der Glut, was daran liegt, dass sie bald verglimmt und ausgeht. Ein Lagerfeuer hat keine Zukunft, aber eine Vergangenheit als Holz und eine Gegenwart als loderndes Ereignis. Deshalb entzündet sich immer nur die Erinnerung am Lagerfeuer. Und da man schlechte Dinge eher vergisst als gute, wird die Erinnerung meist positiv und das nennt man dann romantisch. Romantik ist ein Mosaik aus guten Erinnerungen. Deshalb ist ein Lagerfeuer auch ein intimer Ort, wenn man nicht alleine ist. Man kann da nicht mit jedem sitzen. Man muss das planen, damit die Erinnerung an den Abend am Lagerfeuer positiv wird – und der nächste Abend romantisch.

Wir kannten uns alle seit langem, wir hatten keine Probleme miteinander. Nur romantische Erinnerungen. Und Doc Hans, den Großen, den wir feierten mit ein paar Abenden, an denen von ihm die Rede war. Ich, der Wildhüter aus Namibia, Karame, der Beamte aus Botswana, Andy, der Tourist-Guide aus Südafrika, Rieke, der Pharma Scout aus Deutschland, und X'Oli, der Buschmann aus der Kalahari.

Ein Stern fiel aus der Mitte des Himmels, und das sieht intensiver aus als in Europa, eher wie das Aufflammen eines Streichholzes im Dunkeln. Ein zweiter folgte und ein dritter. Als habe ein Kurzschluss den Himmel verdunkelt und der liebe Gott, wer auch immer er sein möge, suche die kaputte Sicherung, damit es wieder hell werde. Und wenn er sie nicht gefunden hatte, blitzten die Sterne wieder auf wie

Tausende winziger Löcher in einem schwarzen Tuch, das man über eine Lichtquelle gelegt hat.

»Wir kommen nicht drum herum«, sagte Andy.

»Karame kommt nicht drum herum«, sagte ich.

»Ich weiß«, sagte Karame. Bevor wir uns hier trafen, habe ich mir Notizen gemacht und noch mal in der Akte nachgeschaut.«

»Dann fang an«, sagte X'Oli.

Die Geschichte vom Mann, den seine Vergangenheit erschlug

»Dienstag, der 22. August 2000, war ein strahlender Tag in Maun, dem Drehkreuz des Okavango-Deltas. Im Magistrate Court werden die Herren Kgao Kgomotsae und Dxao Bamo zu 50 Euro Geldstrafe verurteilt, weil sie zwei Elefantenzähne aus Angola über die grüne Grenze – sie ist allerdings eher beige, weil aus Sand – nach Botswana schmuggeln wollten. In der ›Ngami Times‹ bietet jemand seinen VW-Käfer, weiß und gut erhalten, für 1650 Euro an. Landwirtschaftsminister Johnny Swartz verkündet, man werde in Kürze damit beginnen, das Okavango-Delta aus der Luft mit Insektiziden zu übersprühen, um einer Invasion von Tsetsefliegen Herr zu werden. Und dann geschah das mit Doc Hans, der mit seinem wilden weißen Haupthaar bis über die Schultern und dem langen Bibel-Bart fast bis zum Nabel inzwischen aussah wie ein Prediger. Was ihn von Jesaia oder Amos unterschied, war seine Brille mit Gläsern so dick wie die Böden altmodischer Flaschen. Doc Hans hatte, das wusste man, nur er gab's nicht zu, kaum noch Sehkraft, von Sehschärfe ganz zu schweigen. Aber an irgendeiner Stelle seines Körpers musste ja auch dieser Baobab-Baum von einem Mann mal altern. Und da die Gelenke, das Herz und der Trieb stark blieben, sonst Schwachstellen seiner Artgenossen, verließ ihn das Augenlicht.«

Ich muss einen Einschub machen, denn keiner, der nicht da war, kann sich vorstellen, wie es in Maun aussieht. Maun, Okavango-Delta, Botswana, Afrika. Die Stadt beginnt damit, dass man am Flughafen sein Gepäck selbst unter Bergen von Taschen und Koffern, die von allen möglichen Flügen stammen, von einem klapprigen, rostigen und quietschenden Bollerwagen ziehen muss. Der Wagen wird von einem Tswana unendlich langsam auf die Straße vor die Ankunftshalle gerollt. Um die fliegt Kalahari-Staub wie Nebelschwaden herum, und wer sich nicht vorstellen kann, wie das ist, soll sich folgendes Bild ausmalen: Ein Tubaspieler hat Asche in sein Instrument gefüllt, man steckt den Kopf in die Schallöffnung und dann bläst der Spieler in voller Lautstärke ein »Freude schöner Götterfunken«: Willkommen in Maun. Dazu ist es meist so heiß, dass die Hunde, die im Schatten der Mauern auf der Straße liegen, nicht mal den Kopf heben, wenn man aus Versehen auf sie tritt. Wie heiß? Selten unter 35 Grad. »Man darf keine hohen Ansprüche stellen an Maun«, heißt es in einem Botswana-Führer. Das ist wunderbar defensiv formuliert. Man darf vor allem nicht erwarten, dass der Koffer, mit dem man geflogen ist, auch wirklich auf dem Bollerwagen liegt. Menchmal ist er nämlich runtergefallen und liegt auf dem Rollfeld draußen. Oder noch im Flugzeug.
Maun ist ein Straßendorf, was in der Fachsprache bedeutet, dass es kein Zentrum gibt. Maun ist nicht rund um einen Marktplatz oder eine Kirche gewachsen, sondern wurde in eine kahle, durch hemmungslose Überweidung kahl gefressene Ebene geworfen. Wo ein Grundstück endete, hat ein anderer sein Haus gebaut. Vor-

Ansichten von Maun ...

ne, hinten und auf beiden Seiten. Es gibt ein paar schmale Teerstraßen mit unkalkulierbar gezackten und oft bis fast zur Fahrbahnmitte eindringenden Asphalträndern und jede Menge Sandwege voller Löcher so groß wie Minenkrater. Die meisten Häuschen haben staubige Gärten, in denen einige Blumen tapfer vegetieren, indem sie sich einreden, sie seien Kakteen.

Durch Maun fließt der Fluss Thamalakane fast ohne Bewegung, sein Wasser ist aber erstaunlich klar, und wenn er hoch steht, im August und September, kann man sich die Fische angeln, die von den Krokodilen übrig gelassen werden. Aber nur sowieso Todgeweihte baden darin. Aber wer demonstriert das schon gern öffentlich? Nicht mal in Maun tut man das.

So ist Maun, hier lebte Doc Hans auf seine alten Tage und hier starb er.

»Der Doc hatte noch am Tag vor seinem Tod, am Montag, den 21. August, die übliche Runde als selbst ernannter Wohltäter gemacht, war in seinen verbeulten Peugeot gestiegen und hatte die Supermärkte abgeklappert. Stanley Lands vom ›Spar Safari Store‹ hatte der seltsame Heilige zuerst gestört, aber dann gewöhnte er sich an ihn: ›Irgendwie nahm er uns sogar Arbeit ab. Denn er wanderte durch die Regale, schaute sich die Verfallsdaten auf den Verpackungen der Lebensmittel an, und wenn sie abgelaufen waren, lud er sie einfach in den Einkaufswagen und schleppte sie ohne Bezahlung davon. Ich habe einmal versucht, ihn aufzuhalten, da drohte er mit der Polizei, weil wir ›verdorbene‹ Lebensmittel verkaufen würden, und er schrie, er werde der ›Ngami Times‹ ein Interview geben, in dem er zum Boykott meines Ladens aufrufen würde.‹ Beides wollte Stanley Lands nicht, und so gestattete er die kostenlose Selbstbedienung von Doc Hans.

Die Waren brachte er in sein winziges Haus am Rande von Maun, von dem er nicht ohne Bitterkeit sagte: ›Wer hätte das gedacht, dass ich nach so einem Leben mal in einer Zigarrenkiste enden würde‹, und begann seine Beute unter drei Gesichtspunkten zu sortieren: Für die Armen von Maun die vom Datum her noch zumutbaren und einfachen Lebensmittel, der riskante Rest für die streunenden Tiere von Maun – und die Delikatessen für sich. Die zumutbaren Lebensmittel lud er wieder in seinen Wagen, denn der Doc spielte den Allzeit-Weihnachtsmann, fuhr durch Maun und verteilte seine Gaben. Jede Woche einmal und immer montags.

Andrew Dooley, ein eisenharter britischer Journalist aus den Slums von Liverpool und Redakteur der ›Ngami Times‹, begleitete ihn dabei häufig: Doc Hans ließ sich den Bart immer länger wachsen und wurde bei seinen Touren immer lauter und aggressiver. Es war sein Protest gegen die Regierung, denn er meinte, sie müsse die Waren in allen Supermärkten des Landes abholen und an die Armen verteilen. Ihn koste das zu viel Sprit und dafür habe er kein Geld.

Doc Hans war nicht beliebt in Maun, dazu war er zu laut, zu rechthaberisch, zu uneinsichtig und zu aggressiv. Aber kurzfristig und durchschaubar liebten ihn jene, denen er die Lebensmittel mit dem abgelaufenen Verfallsdatum brachte. ›Der Doc mag exzentrisch gewesen sein, aber er war ein Mann voller Mitgefühl, und nur das zählt‹, sagte mir mal ein Mechaniker in Riley's Garage.

›Der hatte kaum mehr Geld als die Leute, für die er sorgte‹, meinte

ein Ober in der ›Maun Lodge‹, ›aber er hatte eine Riesenidee und die hat er in die Tat umgesetzt. Dafür habe ich ihn bewundert.‹
Selbst Dooley, der Hartgesottene aus Liverpool, lässt nichts auf ihn kommen: ›Ich habe kaum größere Arschlöcher gesehen als ihn, aber die waren nicht halb so interessant. Wenn der Doc nur ein bisschen menschlicher gewesen wäre, hätten sie ihm den Hintern vergoldet und den Nobelpreis für Anthropologie gegeben.‹
Stattdessen wurde Doc Hans getötet wie Schlachtvieh. Feige, hinterhältig, grausam und sinnlos. Dafür, dass der Mord in einer dicht besiedelten Nachbarschaft und ziemlich geräuschvoll begangen wurde, ist erstaunlich wenig bekannt über das Verbrechen. Was Detective Superintendent Mookami Kame, der Kommissar des Falles, in seinen Händen hat, ist selbst Jahre danach nur folgende dürftige Rekonstruktion:
Am frühen Morgen des Dienstag, 22. August 2000, genaue Tatzeit unbekannt, dringen der oder die Täter in das Haus von Doc Hans, überfallen ihn im Bett und schlagen sofort zu, wahrscheinlich mit einem Panga. Der eigentlich keine Waffe, wir ihr wisst, sondern das am weitesten verbreitete landwirtschaftliche Gerät Schwarzafrikas ist – ein bis zu 80 Zentimeter langes und 15 Zentimeter breites Schlagmesser, einer Machete nicht unähnlich, mit einem rustikalen Holzgriff. Man schlägt Gras damit, fällt Bäume, höhlt Stämme zu Booten aus, zerteilt Tiere zur Fleischgewinnung und schneidet die Agaven zur Sisalernte.
Docs Schlafzimmer sah aus wie im Krieg: Das Blut aus den Wunden an seinem Körper hatte die Matratze, das Laken, die Kissen und das dünne Tuch zum Zudecken mit Blut getränkt. Geronnen hatte das Blut den Stoff zu grausigen, harten, verdrehten, kaum mehr entwirrbaren Skulpturen geformt. Blutfontänen waren im hohen Bogen an die Wände und auf den Boden gespritzt. Der Doc war verblutet im Sterben und ausgeblutet, als er schon tot war. Es stank im Sterbezimmer. Wie der Tod eben riecht im heißen Maun. Dazu kam der Geruch, den bluthungrige Fliegen mitbrin-

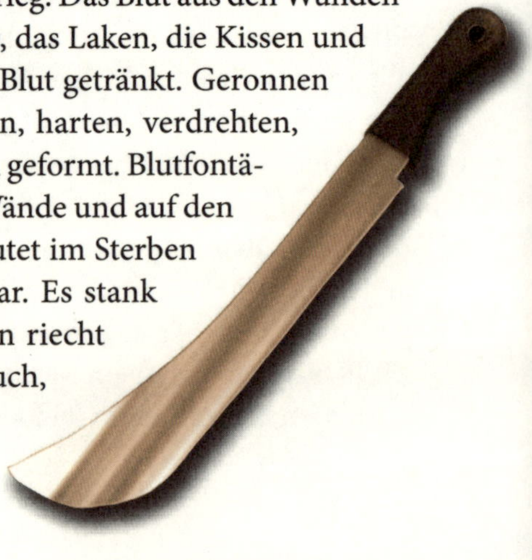

gen, und das Aroma von Todesangst, die das letzte Gefühl war, zu dem Doc Hans gezwungen wurde.
Man weiß nicht, wann die Täter zuschlugen, aber gefunden wurde die Leiche genau um 6.30 Uhr. Da kam das Hausmädchen, rüttelte an der sonst um diese Zeit immer schon geöffneten Haustür und ging durch die nicht verriegelte Gartentür, durch die wohl auch die Täter eingedrungen waren, sah Docs blutüberströmten, zerschlagenen Körper, schrie gellend und rannte davon.
Unter denen, die ihr Schreien weckte, war zufällig ein Arzt aus Südafrika, der Urlaub machte in einer Pension, die neben Docs Haus steht und dem Deutschen Otto gehört. Der Arzt lief rüber, untersuchte die Leiche und konnte nur noch den Tod feststellen. Der Pensionswirt rief die Polizei, wenig später fuhren Blaulichtwagen vor.
Das war es. Doc Hans ist tot. Man hat ihn am Samstag, den 2. September, in Maun begraben. Er konnte kein normales Leben führen und nicht so sterben wie andere Menschen.«
»Moment mal«, sagte ich. »So erzählt ein Botswaner eine Geschichte aus Botswana. Aber was erzählt ein Botswaner seinen Freunden?«
»Kommissar Mookami Kame hat zwei Männer aus Maun im Alter von 18 Jahren festgenommen, deren Namen, da sie dem Volk der Tswana angehören, für euch kaum aussprechbar sind: Tshotlego Boloko und Gotsenyeng Galebonwe«, sagte Karame. »Sie gelten als Täter, man konnte ihnen aber nichts nachweisen. Nach eineinhalb Jahren musste man sie freilassen. Der Fall ist offiziell ungeklärt.«
Täter ja, Mörder nicht. Der Mörder ist mit Sicherheit ein anderer. Die beiden ausführenden Täter, nennen wir sie der Einfachheit halber T & G, sind angestiftet worden mit der Aussicht auf Beute. Der im Hintergrund gebliebene Anstifter wollte ans Erbe. Zur Tatzeit war er nachweislich 150 Kilometer entfernt, aber er ist der beste Freund von T & G. Und er nährte seit seiner Kindheit ein Motiv: Hass auf den Vater. Je älter er wurde, desto stärker kam ein zweites Motiv dazu: Habgier. Aus beiden Motiven hat er nie ein Hehl gemacht. Deshalb wagte es Fritzl nicht, seinen Vater selbst zu töten.
T & G haben selbstverständlich zugegeben, dass er sie angestiftet hatte. Mit dem Versprechen, dass sie alles haben könnten, was sie im

Haus fänden. Da war ja nicht viel, das wusste Fritzl. Worauf es ihm ankam, befand sich, dachte er, in einem anderen Haus namens Bank und in seinem Blut – der Erbschein als Sohn. Er ahnte ja nicht, dass er einen älteren Bruder in Deutschland hatte. Und dass sein Vater bettelarm war, glaubte er nicht. Das Problem war nur, dass T & G die Tat zugegeben, widerrufen, zugegeben und widerrufen haben. In einem fort. Genauso hatten sie Fritzl immer wieder als Anstifter genannt und anschließend wieder nicht.

Als man auch Fritzl verhaftete, trieb er dasselbe Spiel: Gab es zu und wieder nicht. Es war nur kein Spiel, es floss Blut. Und die drei widerriefen, wenn ihre Wunden einigermaßen verheilt waren. Am Ende ließ man sie frei. Ein Mord und keine Täter.

»Ich weiß von einem Bekannten«, sagte Andy, »dass die auch deshalb freigelassen wurden, weil man sie mit unerlaubten Mitteln verhört hatte, dass die Gerüchte darüber immer aggressiver wurden und man die Typen buchstäblich in die Wüste schickte, damit sie von der Bildfläche verschwanden. Denn sonst hätte man sie hinrichten müssen, um sie zum Schweigen zu bringen. Ahnt ihr warum?«

»Schambok«, sagte ich.

»Das halte ich für ausgeschlossen«, sagte Karame. »Das würde unser Präsident nie erlauben. Würde ein Polizist erwischt, der einen Häftling prügelt, würden wir ihn sofort feuern. Wir sind doch nicht mehr in der Kolonialzeit!«

»Schambok«, wiederholte ich. »Dein Präsident ...«

»... der ist 600 Kilometer Luftlinie weit weg von Maun, 1000 Kilometer auf der Straße, einmal rund um Afrika in seinen Gedanken«, sagte X'Oli. »Und ich habe deinen Präsidenten noch nie gesehen.«

»Und dennoch ist er überall«, beharrte Karame.

Wir ließen ihn in seinem Glauben, zumal der Präsident ein guter Mann ist. Eine Seltenheit in Afrika, vielleicht der Einzige an der Spitze einer Regierung, dem man trauen konnte – und der Einzige, der arm sein würde, wenn er seinen Job verlor, während seine Kollegen nicht wussten, wohin mit dem erschlichenen Geld ...

Die Geschichte von der Peitsche und der Gerechtigkeit in Afrika

Die Wahrheit findet man schnell heraus, wenn man den Schambok ins Spiel bringt. Wenn die Wahrheit das ist, was man hören möchte. Das mit dem Schambok war zwar illegal, aber es war auch illegal, Doc Hans mit Pangas zu zerstückeln. So ist die Logik nun mal in einem Land, in dem man täglich von Löwen gefressen werden kann. Oder von Krokodilen ertränkt. Oder Tsetsefliegen zum Opfer fällt. Der Schambok hat nur einen Nachteil: Wer mit ihm Bekanntschaft macht, gesteht alles. Ein Unschuldiger genauso wie ein Schuldiger. Man gesteht nach sehr kurzer Zeit sehr gerne. So weh tut das. Ein Schambok-Geständnis kann man vor Gericht einbringen, der Täter mag daraufhin sogar verurteilt werden – aber eigentlich ist so ein Geständnis nichts wert. Denn der wahre Täter, der den Schambok nicht kennen lernte, mag immer noch frei herumlaufen.

Der Schambok sieht harmlos aus: Eine durch Gebrauch ergraute, im Durchmesser fast runde und sehr glatte Rute von 1,20 Meter Länge, die am oberen Ende etwa drei Zentimeter dick ist, wie ein ausgewachsener Männerdaumen, und am anderen Ende dünner als der kleine Finger eines Kindes und fast spitz auslaufend. Der Schambok ist in sich sehr elastisch, man kann ihn aber in die Ecke stellen wie einen Stock, dann wird nur das obere, spitz zulaufende Ende leicht abknicken. Das Material ist Leder, und wer genau hinschaut, der sieht, dass von oben bis unten eine Art Naht verläuft. Nein, eigentlich keine Naht – es ist eine geschlossene Fuge, wie sie entsteht, wenn man einen Kuchenteig auf dem Blech zu einer Wurst rollt.

So ähnlich ist der Schambok entstanden: Ein schmales, ganz leicht dreieckig geschnittenes und frisches Stück Nilpferdhaut, daher der irreführende zweite Name »Nilpferdpeitsche«, denn es wird kein Nilpferd damit gepeitscht, wurde zu einer Wurst gerollt, mit Draht oder starkem Bindfaden fixiert, bis es getrocknet war und zusammengerollt blieb, und dann hatte man eine Peitsche von mörderischer Konsistenz: Der Schambok pfeift, auch wenn man ihn nur sanft durch die Luft schlägt, er ist gleichzeitig stabil wie ein Hartholzknüppel und elastisch wie ein Stück Tau, und ein Schambok-Artist kann die Schläge dosieren von Streicheln über Verstümmeln bis hin zu Töten. Wer zum Beispiel nur rund 20 Mal mit voller Kraft auf dieselbe Körperstelle schlägt, produziert eine zehn Zentimeter tiefe Wunde von etwa 30 Zentimeter Länge. Wie ein Schnitt mit dem Messer, einer Säge oder einer Axt. Es ist also möglich, mit dem Schambok binnen einer halben Stunde einen Unterschenkel zu amputieren. Auf zarte Stellen geschlagen, etwa Bauch statt Gesäß oder Gesicht statt oberem Rücken, und besonders auf die Fußsohlen, kann der Schambok

eine solche Pein produzieren, dass ein Körperschock entsteht, der zu Herzstillstand führt. Der Prügler muss folglich Fachmann sein, damit die Schläge nicht tödlich enden, der Schmerz steigerungsfähig ist, sollte der Geschlagene über eine unerwartete Resistenz verfügen, und zu deutlich sichtbar sollten die Schläge auch nicht sein. Andererseits erzielt ein Schambok-Artist größtmögliche Verhör-Ergebnisse mit minimalem Körperaufwand. Auch das ist ein Vorteil dieses teuflischen Instruments aus der Natur.
Man sagt, der Schambok sei eine Erfindung der weißen Unterdrücker in der Kolonialzeit gewesen, aber das stimmt nicht. Damals wurde er zwar populär, aber erfunden haben ihn weit früher die lokalen Könige Afrikas für ihre Opfer- und Hinrichtungszeremonien. Die Weißen haben den Schambok nur begeistert übernommen. Genau wie den Sklavenhandel. Ein sehr dezent verschleierndes Zitat aus dem »Illustrierten Kolonial-Kalender« von 1941 lautet so:
`Das Fleisch des Flusspferdes ist bei den Eingeborenen ebenso beliebt wie bei den Europäern die Nilpferdhaut` – klingt wie ein Geständnis.

Übrigens: Die größte Schambok-Sammlung, die ich kenne, ist in einem winzigen Nebenraum auf der ersten Etage des Nationalmuseums in Male auf den Malediven zu sehen. Nicht ohne triftigen Grund: Im Inselstaat ist die Prügelstrafe seit Jahrhunderten im Rechtssystem verankert und immer noch nicht abgeschafft.

Als Fritzl freigelassen wurde und der Mord am Doc keinen Schuldigen hatte, ging das quer durch Afrika und die Savannen-Society. Am »Google Tree« klebt heute noch ein verwitterter Zettel mit dieser Nachricht. Man rief sich an, schickte Faxe, E-Mails und SMS, erwähnte es in Briefen und an Bar-Theken, beim Straßen-Talk und auf Partys. Der Mord wurde zum Mythos, weil der Sohn den Vater getötet hatte, aber der Vater jahrelang die Seele des Sohnes. Fritzl führte kein Leben, es gab ihn nur, er vegetierte. Der Vater hatte ihm zwar das Leben geschenkt, aber es hatte ihm die Existenzberechtigung genommen. Indem es ihn nicht so leben ließ, wie sich Fritzl das vorstellte. Weil der Vater dem Sohn klar machte, dass in seinem eigenen Leben kein Platz für ihn war. Und in dem des Vaters schon gleich gar nicht. Dann tötete der Sohn den Vater oder gab den Auftrag dazu, und man ließ ihn laufen. Als ob er die Tat nicht begangen hätte. Ein Nichts ist Fritzl, er kann tun, was er will – die Realität zieht an ihm vorbei. Das Leben übersieht ihn. Er kann sich mit dem einzig Großen, das er je vollbracht hat, nicht mal brüsten. Und geerbt hat er auch nichts. Er kann nicht mal mehr sagen: Ich bin der Sohn des großen weißen Buschmannes, das wäre ja noch was. Denn er hat ihn umbringen lassen, und man kann sich nicht mit einer Legende brüsten, die man beendet hat.
»Lass uns zu Ehren von Doc Hans einen zweiten Steinhaufen errichten, hier an der *Dritten Brücke*«, sagte ich. »Es war ein Platz, den er mochte.«
»Das tun wir morgen«, pflichtete mir Andy bei.

»Ich muss, wenn ihr das erzählt, immer an eine alte Weisheit meiner Leute denken«, sagte X'Oli. »Sie lautet: Wenn du lange genug am Fluss sitzen bleibt, schwimmt die Leiche deines Feindes vorbei. Ich habe mir immer gedacht, wenn ich das hörte: Das kann aber lange dauern! Und vielleicht schwimmt er gar nicht vorbei ...«
»Es gibt da noch ein anderes Problem«, warf ich ein. »Denn wenn du lange genug wartest, verkehrt sich dein Hass auf den Feind in Verachtung, und wenn du ihn lange genug verachtet hast, dann wird er dir gleichgültig. Was die fürchterlichste Form des Hasses ist, denn Hass bedeutet immer noch, dass der Feind deines Hasses würdig zu sein scheint. Aber ist er dir gleichgültig, ist er so gut wie gestorben. Dann kann er ruhig vorbeischwimmen an dir, wenn du am Fluss sitzt. Dann ist er kaum mehr als ein toter Baumstamm.«
»So sehe ich das auch«, sagte X'Oli. »Deswegen haben wir Zeichnungen in die Felsen geritzt, auf denen wir unsere Feinde abbildeten. Damit waren sie vergessen, denn nie schrieben wir einen Namen darunter, wir konnten ja gar nicht schreiben, aber das, was der Feind getan hatte, blieb erhalten als dokumentierter Makel. Für alle zum Anschauen und gegen das Vergessen. Die Tat und ihre Opfer, denke ich, sind immer wichtiger als der Täter. Menschen kommen und gehen – ihre Verbrechen bleiben und sind erinnerungswerter als die Verbrecher.«
»Mir geht was im Kopf herum«, griff Rieke ein. »War es nicht so, dass kurz nachdem der Doc ermordet wurde, auch Namkwa gewaltsam starb? Und wenn es stimmt, war das nicht ein seltsamer Zufall?«
Karame bestätigte das.
»Und wie?«
»Das weiß Axel«, sagte er.

Die Geschichte vom Ende der Zwergenfrau

»Legenden entstehen dann, wenn der liebe Gott aus der Realität Mythen macht. Man glaubt plötzlich an Vorsehung und begreift, warum die Körpersprache das verwunderte Kopfschütteln kennt. Um Afrika zu begreifen, muss man sich nur folgende Fragen stellen: Wer weiß denn noch, dass Hunger ein Rennen gegen die Zeit ist? Dass der Begriff ›schön‹ unter gewissen Umständen völlig sinnlos ist, der Begriff ›nützlich‹ dagegen lebenserhaltend? Das gilt für Dinge und für Menschen. Wer kann noch sagen, dass er sich selbst ernähren kann, ohne in einen Laden zu gehen und etwas zu kaufen? Wie viele gibt es, die stark genug sind, jahrelang auf Ärzte verzichten zu können? Wo holen wir Wasser, wenn es nicht mehr aus der Leitung und dem Supermarkt kommen würde? Wer weiß wirklich noch, was die Jahreszeiten bringen, da wir im Januar Erdbeeren aus Israel essen und im August Eiswürfel aus Grönland in unsere Drinks tun können? Verglichen mit der Wildnis ist jedes Gefängnis eine Pension; die Wildnis ist ein Hochsicherheitstrakt, nirgendwo ist man größeren Zwängen unterworfen. Einer davon ist die Unmöglichkeit, die Nacht zum Tage zu machen.

Namkwa kam anfangs gut zurecht ohne ihn, den großen weißen Doc, dann heiratete sie ein zweites Mal, einen Tswana. Aber er war Trinker, was sie erst bei der Hochzeitsfeier bemerkte. Er arbeitete nicht, und das glaubte er auch nicht zu müssen bei seiner für Kalahari-Verhältnisse wohlhabenden Frau, er verlangte deshalb Geld von Namkwa für seine tägliche Schnapsration. Wenn sie sich weigerte, schlug er sie. Und als sie ihm das Geld gab, schlug er sie auch, und bald war es nicht mehr genug Geld, denn er hatte die tägliche Schnapsration erhöht. Also verlangte er mehr Geld, sie weigerte sich wieder, und einmal schlug er sie, bis sie die Besinnung verlor und Tage brauchte, um ihre Wunden zu kurieren. Als sie verletzt in ih-

rem Haus lag, war sie ihm hilflos ausgeliefert, er nahm alles Geld, das er finden konnte, und verkaufte ihr Vieh, das sie mühsam und geschickt herangezüchtet hatte.
Die Herde war ihr Schatz, ihr Pula, denn je mehr Rinder einer besitzt in Botswana, desto mächtiger ist er. Vieh ist langlebiger als Geld und zerrinnt nicht zwischen den Fingern. Mit Geld kann man sich nur etwas kaufen, und wenn es keine Rinder sind, dann ist es nichts wert, denn Rinder sind der Körper, Geld nur Blut. Und Namkwa war das Herz, sie hatte sogar reiten gelernt, um ihre Herde von oben zu kontrollieren. Eine Frau auf einem Pferd? Auch das hatte es bisher nicht gegeben in Botswana, dem Land der Cowboys. Jeder Mann reitet hier.
Diesmal gab Namkwa nicht klein bei, denn ihr Mann war dabei, ihr Lebenswerk und ihre Reputation zu zerstören. Die Viehherde war der sichtbare Beweis, dass sie es aus der Steinzeit in die Neuzeit geschafft hatte; dass sie die unsichtbare Linie zwischen Männern und Frauen in der Kalahari-Wüste überquert hatte; dass sie alles mitgenommen hatte aus den Jahren mit Doc Hans, was sie an weißen Weisheiten aufschnappen konnte. Und all das versenkte ihr Mann nun in billigen Fusel, der ihm nicht mehr verschaffte als zwei Stunden durch keinerlei Charaktereigenschaften gedeckten Mutes, dümmliche Aggressionen, die Fähigkeit, mit Lügen die Wirklichkeit zu verändern, die Gabe des Gesangs und hinterher fürchterliche Kopfschmerzen.
Nein, diesmal wehrte sich Namkwa, so verprügelt und verwundet sie auch war, aber leider kam sie eine halbe Stunde zu spät: Ihr Mann hatte den höchsten Pegel seines Alkoholkonsums erreicht, als sie in seinen Weg trat.
Es war nicht einfach gewesen, die Details rund um den Tod von Namkwa zu erfahren: Die Buschleute wollten nicht reden oder wussten es nicht so genau, die Polizei hatte sich auf die Seite des Ehemannes geschlagen, der ein Tswana war

wie sie, und die burischen Farmer der Gegend kratzen sich am Hintern, wenn eine San stirbt.
Was ich weiß, ist Folgendes: Namkwas Ehemann hatte sie zu Boden geworfen und getreten, bis sie tot war. Brutal und schmerzhaft, widerlich und dumm. Diese kluge, hübsche und wohlhabende Buschfrau, die Erfahrungen gemacht hatte wie vor ihr kein anderer des San-Volkes, wurde ermordet von einem Mann, der ein Säufer war. Der nicht ganz so groß war wie Doc Hans, aber immer noch ein Riese gegenüber ihren 1,40 Metern und ekelhaft unüberlegt. Denn als Namkwa tot war, musste er sich das Geld für seine Schnapsration selbst verdienen. Man hat ihn nie mehr gesehen; er verschwand spurlos in den Weiten der Kalahari. Wie die Typen, die den Doc ermordet haben sollen. Er wurde verhaftet, nie angeklagt und freigelassen. Weil er überzeugend argumentierte: ›Es war ein Unglücksfall! Warum sollte ich sie töten, sie hat mich doch ernährt!‹
Das war nicht schlecht als Argument, aber es galt nur nüchtern. Betrunken gilt es nicht mehr und so nahm man es ihm nicht ab. Aber Unglaube ist kein Indiz. Er war schuldig vor den Menschen, aber nicht vor dem Gesetz.
Die sterblichen Überreste von Namkwa wurden nie gefunden, ihre Verwandten müssen sie in die Kalahari geschleppt und dort spur- und namenlos begraben haben. Oder einfach liegen gelassen haben, was die sauberste Art der Bestattung ist, wenn man es genau bedenkt. So wie es ihre Art ist. Es gibt deshalb keinen Ort des Gedenkens an Namkwa, diese Frau, die ein größeres Denkmal verdient hätte als viele weiße Frauen, die irgendwo auf Sockeln stehen. Von Männern ganz zu schweigen.«
Wir dachten lange über diesen Satz nach.
War das so?
Dann nickten wir – ja, diese Frau aus der Steinzeit, die Amerika erobert hatte, war eine besondere Frau.

»Fünf Tote an einem Abend, so können wir nicht enden«, sagte Karame.
»Fünf Tote?«, wunderte ich mich.
»George, Joy, Terence, der Doc und Namkwa«, zählte Karame auf.
»Gut, ich weiß noch was«, sagte Andy. »Wie der Doc mal beschissen wurde.«
»Das wurde er doch immer«, sagte Rieke.
»Ja, aber nie so lustig ...«

Die Geschichte vom Mann, der eine Uhr besorgen sollte

»Wie funktioniert Korruption? So, dass eine liebenswürdige Bande auf zwingende Art einen Dummen um sein Geld erleichtert und der am Ende sich selbst die Schuld geben muss. Korruption ist eine hohe Kunst, ein Spiel wie Schach und ein komplizierter Mechanismus wie ein Chronometer mit Mondphasen-Anzeige. Doc ist so etwas passiert. Und hinterher musste er sich fast bedanken dafür, dass er betrogen und nicht bestraft wurde.
Das ging so: Dummerweise hatte der Doc sich bereit erklärt, dem ihm wohl gesonnenen und immer sehr hilfreichen Sicherheitschef Josephus einer Lodge in Namibia eine Uhr aus Johannesburg mitzubringen. Eine Automatic mit Datumsanzeige, nichts Besonderes, aber 50 Euro kostete sie, den Betrag, meinte Josephus, könne er aufbringen, wenn der Doc ihm das Geld nur vorstrecken würde. Der kaufte die Uhr und gab sie Josephus. Der freute sich, streifte sie gleich über und versprach, das Geld von der Bank zu holen und am nächsten Tag zu bringen.
Am Morgen darauf kam Josephus pünktlich zu Doc Hans, druckste herum und sagte, als der ihn aufmunterte, er müsse ihn unter vier Augen sprechen, es sei da eine peinliche Sache passiert. Dann teilte

er ihm mit, ein Ranger der Nationalparks, in den die Lodge eingebettet ist, habe seine neue Uhr bemerkt und ihm auf den Kopf zugesagt, dass sie aus Europa stamme und illegal nach Namibia gekommen sei, das heißt ohne Zoll zu bezahlen. Da habe er sich nicht anders zu helfen gewusst, als dem Ranger, der noch dazu leider ein Neffe des Innenministers sei, zu sagen, wer ihm die Uhr mitgebracht habe. Daraufhin habe ihm der Ranger gesagt, er müsse den Vorfall seinem Vorgesetzten melden. Das habe er, Josephus, jedoch verhindern können, indem er dem Ranger einen Geldbetrag übergeben habe, und zwar, wie verlangt, im Wert der Uhr.

Nun habe er natürlich kein Geld mehr, um dem Doc die Uhr zu bezahlen, was ihm sehr peinlich sei, denn er sei ein Ehrenmann, Doc sei auch ein Ehrenmann, aber das Schicksal habe sich gegen sie verschworen.

Ist gut, sagte der Doc zu Josephus, dann schenke ich dir die Uhr und du bist mir einen Gefallen schuldig. Da ergibt sich sicher bald mal was. Der Doc war ja nicht dumm: Für 50 Euro einen Sicherheitschef in der Tasche zu haben, ist gut angelegtes Kapital.

So einfach sei das nicht, sagte Josephus. Denn der Vorgesetzte des Rangers habe sie dummerweise erwischt, wie er das Geld übergeben habe. Und da die Regierung eine Anti-Korruptions-Kampagne gestartet habe, habe der Vorgesetzte gedroht, sie beide anzuzeigen und ins Gefängnis zu bringen. Es sei denn, es würde eine Strafe im doppelten Wert der Uhr bezahlt. Da habe ihm der Ranger das Geld für die Uhr gegeben und nun bräuchten sie noch mal dieselbe Summe, damit der Vorgesetzte Ruhe gebe.

›Wie kann der Vorgesetzte das wagen?‹, wandte der Doc ein. ›Der Ranger ist doch angeblich ein Neffe des Innenministers?‹

Ja, das sei so, bestätigte Josephus, aber der Vorgesetzte sei ein Neffe der Ehefrau des Präsidenten und das sei mehr als Neffe des Innenministers, da müsse gezahlt werden.

Da hat der Doc seinem Freund Josephus einen Fußtritt versetzt, aber der hatte seinen eigentlichen Zweck erreicht – er hat die Uhr nicht bezahlen müssen. Natürlich stimmte die ganze Geschichte hinten und vorne nicht, aber beweise das mal!«

Wir lachten. Nicht verächtlich, sondern über die Klugheit von Josephus. Und über den dummen weißen Mann, der nicht begriffen hatte, wie Afrika funktioniert. Und was war schon eine Uhr im Busch? So furchtbar unwichtig, da die Zeit doch nicht in den Umdrehungen der Zeiger gemessen wird ...
»Ich gestatte mir, da noch einen draufzusetzen«, sagte ich. »Mit dem Verrücktesten, das mir dieser Doc Hans je erzählt hat.«

Die Geschichte vom Mann, der Elefanten per Post verschickte

»Doc Hans hat das nicht erfunden, um das es hier geht, aber er hat es, als er noch besser zu Fuß war, oft vorgeführt. Erfunden haben es weiße Farmerboys aus Sambia mit ihren Kumpels, den jungen Buschmännern. Sie nannten es ›To post an Elephant‹ – einen Elefanten verschicken. Doc Hans liebte diesen Sport, weil er eine Mutprobe ist, die den ganzen Mann fordert, keinem Tier wehtut und nichts für Frauen ist. ›To post an Elephant‹ geht so:
Man sucht sich eine friedlich äsende Herde. Die Leitkuh hat dann meist ihren Rüssel rechts oder links über einen Stoßzahn gelegt und verschränkt die Vorderbeine wie ein Torwart, der nichts zu tun hat und am Pfosten lehnt. Man muss eine Briefmarke dabeihaben, irgendeine, es muss keine aus dem Land sein, in dem die Herde grast. Die Briefmarke steckt man anfangs in die Faust und legt sie später auf die flache Hand: Rechtshänder rechts, Linkshänder links. Und jetzt schadet es nicht, im Fernsehen schon mal einen Stierkampf gesehen zu haben: wie die Banderilleros im Halbkreis auf den Stier zulaufen, die Stöckchen mit den Widerhaken in seinen Nacken setzen,

sodass der Stier völlig verwirrt ist weil er nicht weiß, wo der Mensch gerade herkam, wo er hin ist und wieso plötzlich der Nacken wehtut. Einen ähnlichen Halbbogen muss man in Richtung Elefantenherde laufen. Es geht nämlich darum, einem Tier, das einem den Rücken zudreht, die Briefmarke auf ein Hinterbein zu kleben. Das funktioniert. Wenn die Herde friedlich ist, man schnell genug läuft, keine tückische Wurzel im Weg liegt, kein kreischender Frankolin die Elefanten vor dem anstürmenden Menschen warnt – und so weiter und so weiter. Es klappt, weil die Elefanten meist genauso überrascht sind wie die Stierkampf-Stiere, wenn sie aus heiterem Himmel etwas trifft, und sie bleiben meist sogar stehen mit der Briefmarke am Hinterbein. Wenn man, wie gesagt, schnell genug ist und nicht über eine Wurzel stolpert, kein geschwätziger Vogel da ist und so weiter.

Es gibt jedoch andere Probleme: Je näher man den Elefanten kommt, desto größer werden sie. Steht man direkt vor dem Tier, das man verschicken will, wirkt es wie ein Wolkenkratzer. Und: Man will die Briefmarke nicht von der flachen Hand verlieren, also schließt man die Hand beim Laufen zur Faust – und schon klebt die Briefmarke darin, weil man vor Aufre-

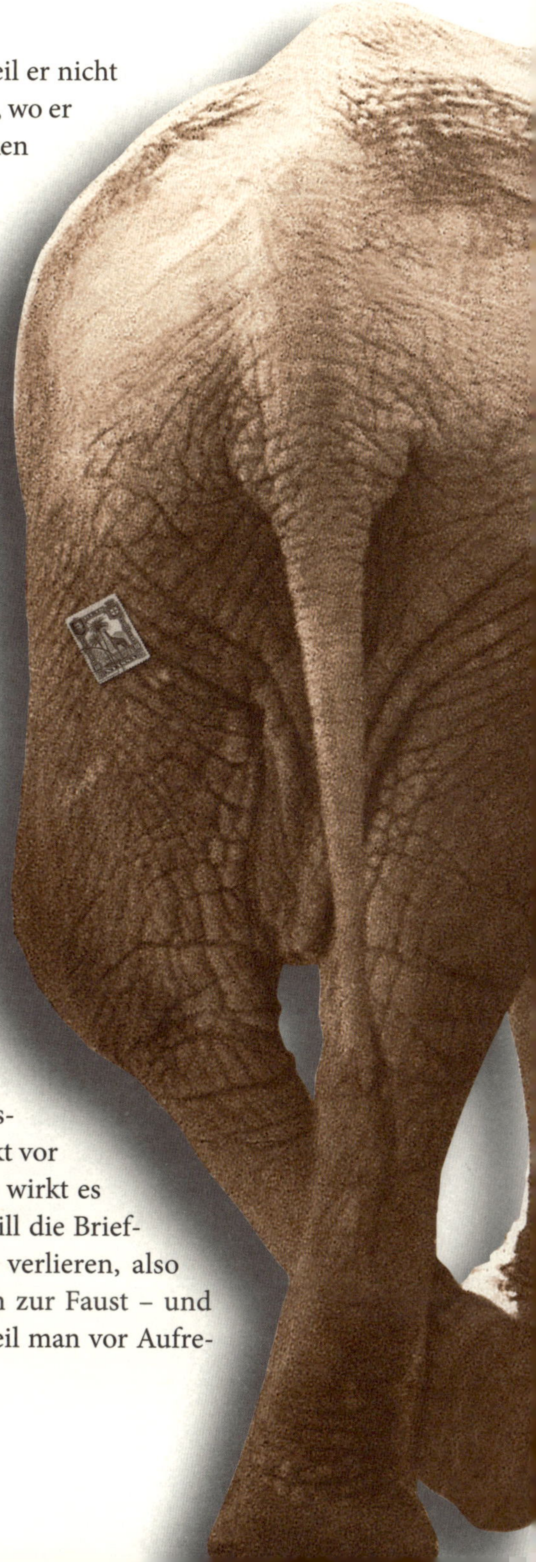

gung feuchte Hände hat, deshalb pappt sie in der Hand und man bekommt sie nicht an das Elefantenbein. Dann hat man verloren! Die Briefmarke muss aber am Hinterbein kleben bleiben, und sei es nur für einen kurzen Moment. Das kontrollieren die Jungs mit ihren Feldstechern vom sicheren Auto aus.

Bekommt man sie nicht ans Bein, muss man noch einmal laufen, mit einer neuen Briefmarke. Was weit schwieriger ist als das erste Mal, denn beim zweiten Mal gucken die Elefanten selten nochmal überrascht zu. Sie wissen ja, was auf sie zukommt, und drehen sich dem Läufer entgegen. Da gelangt man nur noch sehr schwer an ein Hinterbein. Also hat man die Wette verloren und saumäßig gefährlich ist es auch noch. Schon beim ersten Mal war es kein Zuckerschlecken.

Ich sage euch, was mir passierte: Da kommt man angelaufen, will die Briefmarke anlecken, damit sie richtig pappt, und hat vor Aufregung einen Mund, der trockener ist als die Kalahari. Es gibt keine Spucke für die Briefmarke. Da gerät man in Panik, haut sie dennoch ans Hinterbein und kann nur noch hoffen, dass sie an den stacheligen Borsten hängen bleibt.

Am Ende seines Lebens hat Doc Hans nur noch auf die Läufer gewettet, verschickt hat er Elefanten nicht mehr. Weil er zu langsam geworden war. Meist hat er seine Wetten gewonnen, weil es heutzutage nahezu unmöglich ist, einen Elefanten zu verschicken. Sie sind durch Großwildjäger, die sie schießen, Wilderer, die sie verstümmeln, und Farmer, die sie von ihrem Land vertreiben, zu misstrauisch geworden. Sie drehen sich fast immer sofort um, wenn man angelaufen kommt. Doc Hans war stets der, der behauptete: ›Du schaffst es nicht!‹ Die Lebenserfahrung moderner Elefanten gab ihm Recht. Man glaubt richtiggehend zu hören, wie die Elefanten sich zuflüsterten: ›Hey, aufpassen, die wollen uns wieder verschicken!‹«

Wir rührten uns zum Frühstück Pulverkaffee und Millipap mit heißem Wasser an, warfen Sand aufs Lagerfeuer, um es zu ersticken, ergänzten die Holzvorräte an der *Dritten Brücke*, staubten unsere Schlafdecken aus und warfen sie zu unseren Taschen in die Wagen. X'Oli, der zu seinen Leuten laufen wollte, die er finden würde, obwohl er nicht wusste, wo sie lagerten, war bereits weg, als eine Staubwolke aus dem Nordosten auftauchte. Sie konnte neueste Informationen bringen, also warteten wir. Es war Tony Moore, der Doyen der Wildhüter Afrikas, der voller Geschichten steckt, die fast so gut sind wie die von Doc Hans. Wir begrüßten ihn, holten uns von ihm, was wir wissen mussten, und machten, dass wir wegkamen. Hätte er nur angesetzt zu einer seiner Geschichten, wir hätten wieder ausgepackt und wären geblieben.
Wenn Sie Tony treffen, irgendwo zwischen Vic Falls und Ghanzi, Arusha und Maputo, fragen Sie ihn, was Millipap ist. Er ist ein netter Kerl, er wird ihnen einen zubereiten.

Aus meinem Skizzenbuch

Ein paar Tage später saß ich in der Maschine von Johannesburg nach Windhoek. Sammy, mein alter Freund, der Präsident von Namibia, wollte mich sehen, weil irgendeine Schweinerei mit Wilderern und Wildhütern in der Etosha-Pfanne passiert war. Ich kenne Sammy, seit er Student in Ostberlin war, als junger Kerl, der ein Stipendium der DDR hatte, der deshalb fließend Deutsch spricht und der seine Abende damals meist in der Bar »Kuba« verbrachte, in der obersten Etage des Hotels »Newa«. Ich kam oft aus Westberlin rüber und wir bekämpften unser Heimweh, indem wir uns vom Glitzern der Namib-Wüste, den einsamen Pfaden der hochmütigen Oryx-Antilopen, die mit anderen Tieren nichts zu tun haben wollen, den wie Rauch aufsteigenden, vom Atlantikwind gepeitschten Salzwassernebeln rund um Swakopmund und den schönen, immer lachenden Ovambo-Frauen mit ihren prallen Melonenbrüsten erzählten. Ich brachte ihm stangenweise Zigaretten »Made in Germany« mit und er schenkte mir Ekipas, die alten und typischen Gürtel-Ornamente der Ovambos aus geschnitztem, bemaltem Elfenbein.

Als ich da saß in der Windhoek-Maschine, beugte sich ein älterer Afrikaner in Anzug mit Krawatte über mich. Ich kannte ihn nicht, hatte ihn nie gesehen. Er kannte mich auch nicht, hatte mich nie gesehen. Aber er sagte: »Musungu, Vusamazulu will dich sehen. Geh zu ihm.«

Vusamazulu Credo Mutwa, mein alter Lehrmeister, der mich zum Sangoma gemacht hatte und mich vor vielen Jahrzehnten, als er während seiner Wanderjahre durch Afrika auf der Farm meines Vaters in den Usambara-Bergen gearbeitet und mich auf den Armen getragen hatte, weil ich noch ein Baby war. Es gibt Fotos davon. Aber er war auch der oberste Medizinmann der Zulus, der weiseste Mann Afrikas, der alle Geheimnisse kennt, ererbt von seinem Vater, Großvater und 27 anderen Vorfahren. Der sogar die unergründlichen Erdspalten in den Schluchten des Sambesi wiederentdeckt hat, durch die man mit den Ahnen sprechen kann, weil sie aus den Tiefen dieser Spalten antworten, wenn man weiß, wie man sie anzusprechen hat, und deren Wispern das Tal des Sambesi erfüllt wie Gedanken, die sich einem aufdrängen, ob man will oder nicht, oder wie das Rascheln der Ilala-Palmen und die Träume einer ruhelosen Nacht.

Wie wusste Vusamazulu Credo Mutwa, dass ich in diesem Flugzeug saß? Wie hatte der alte Herr, der mich ansprach, gewusst, dass ich das bin, den Vusamazulu sehen wollte? Warum hatte der weise Medizinmann nicht direkt mit mir kommuniziert, sondern mit seinem afrikanischen Bruder? War unsere Leitung gestört, ihre nicht? Warum?

Mich beunruhigte das und ich bin in Windhoek sofort umgekehrt und zu Vusamazulu nach Mafeking gereist, der Stadt, in der Baden Powell das Pfadfinderwesen erfand. Es war wirklich dringend: Der alte Medizinmann wollte, dass ich die heiligen Gerätschaften der Zulus aus fast 50 Kilo schwerem Kupfer, die viele hundert Jahre alt sind, in einer Höhle hoch oben in den Drakensbergen verstecke, einem gesegneten Ort, der nur seiner Familie bekannt war. Weil er spürte, dass er bald bei seinen Ahnen sein werde, er zu gebrechlich und zu bekannt war, sie selbst zu verstecken, und er nicht wollte, dass die heiligen Gegenstände in falsche Hände fielen. Ich, ein Weißer, war unverdächtig; bei mir würde man das heilige Kupfer, das die Weisheit der Vergangenheit birgt, aus dem man die Gegenwart beeinflussen und die Zukunft ändern kann, nie vermuten. Nelson Mandela hätte er getraut, seinen Nachfolgern nicht. So kletterte ich hoch hinauf bis zu einer Höhle mit einer kleinen Plattform davor, ein drei mal drei Meter großes Loch von 30 Meter Tiefe in einer senkrechten Wand, die sicher 350 Meter hoch war, weder von unten noch von oben einsichtbar, nur mit einem Seil und Haken zu erreichen und geschützt vor Menschen und Tieren, außer den Adlern. Einfach war es nicht, mit 50 Kilo Kupfer in einem Sack auf dem Rücken. Da liegen die heiligen Gerätschaften nun, und wer von mir wissen will, wo die Höhle genau liegt, den muss ich enttäuschen: Ich würde sie nie wiederfinden, kann ihre Lage nicht angeben, auch wenn ich es wollte, denn ich habe mich zur Höhle runtergehangelt wie in Trance, wie hypnotisiert von Vusamazulu Credo Mutwa und der Bedeutung meiner Aufgabe.

Die tausendjährige Dynastie der Medizinmänner endet nämlich mit Vusamazulu Credo Mutwa, weil er keinen Nachkommen hat. Der neue Zauberer, einer, der vielleicht noch gar nicht wusste, dass er Vusamazulus Nachfolger war, würde sie finden. Dessen war er sicher. Das würde so sein, sagte Vusamazulu Credo Mutwa, wie bei seinem Kollegen, dem Chef-Zauberer der Tibeter, dessen Nachfolger ja auch erst gefunden werden könne, wenn er tot sei. Aber ich, verlangte der Meister, müsse das Geheimnis der Höhle mit ins Grab nehmen. Dürfe es nicht mal dem Präsidenten sagen, verlangte er.

Auch nicht dem, der käme und behauptete, er sei der Nachfolger. »Der muss die heiligen Geräte alleine finden, sonst ist er nicht der Richtige«, sagte Vusamazulu Credo Mutwa.
Dann machte er noch einen seiner typischen Scherze: »Geh und nimm deinen weißen Bart mit, der ist wie die Wolke um den Gipfel des Kilimandscharo. Auch sie erscheint und vergeht.«
Ich tat, wie er mir befahl. Die heiligen Geräte der Zulus sind in der Höhle. Sie dorthin zu bringen, hat mich fast das Leben gekostet. Aber was soll's ...

ENDE

„Obwohl es in Afrika nie ein Ende gibt,
auch gar keines geben kann,
denn hier war der Anfang aller Dinge,
und was hier endet,
ist immer wieder nur der Anfang."

Personenregister

Ernest Hemingway

(1898–1961). Amerikanischer Schriftsteller (Nobelpreis 1954), Großwildjäger, Frauenheld, Amateurboxer und Afrika-Reisender. In einem Anfall von Depression erschoss er sich zu Hause in Idaho.

N'Xi

Buschmann aus Botswana, der als Schauspieler (»Die Götter müssen verrückt sein«) zu Bekanntheit kam und auch TV-Rollen spielte. Später wandte er sich der Politik zu, wurde Naturschützer und einer der Sprecher der Buschmann-Bewegung. Er lebt in Gaborone – und war auch mal mein Spurenleser.

Doc Hans

(1915–2000). Parasitologe aus Leipzig, der sieben Leben lebte, weil er sieben Legenden webte, bis sich kein Mensch mehr auskannte – vor allem nicht seine Familie. Er war zu seiner Zeit der größte lebende Afrika-Experte, schrieb 82 wissenschaftliche Arbeiten, aber nur ein Buch. Er war viermal verheiratet (mit einer deutschen und südafrikanischen Krankenschwester, dem Buschmädchen Namkwa und einer Tswana), lebte am Ende verarmt und vergessen in Maun (Botswana) und wurde dort ermordet.

Axel Thorer

Ich bin Wildhüter, Schriftsteller und Journalist (*1939), entstamme einer alten Kolonialfamilie, wurde in Tanga (Tanganjika/Tansania) geboren und wuchs auf unserer Farm Haribes und dem Schloss meines Großonkels, Duwisib (beide in Namibia), auf.

Rieke S.

(1942–2003). Tochter einer deutschen Familie, die 1933 nach Kapstadt auswanderte und dort mehrere Unternehmen gründete.

Sie war die erste Frau, die Afrika von Kairo nach Kapstadt zu Fuß durchquerte. Sie starb kurz nach dem Treffen an der *Dritten Brücke* an Krebs.

Andy Miller

Jurist aus Upington (*1949), der seinen Beruf aufgab, um in der Natur zu leben, und deshalb Touristenführer wurde. Er lebt in Kapstadt.

Karame

Botswanischer Politiker und Regierungsbeamter (*1930 in Francistown), dessen Familiennamen ich zu seinem eigenen Schutz verschweigen möchte. Er diente drei Präsidenten national und international und war einer der wenigen afrikanischen Politiker, der Bestechung aus moralischen Gründen ablehnte. Er lebt in Gaborone.

X'Oli

Buschmann aus der Kalahari, der jahrelang als Spurenleser Expeditionen und Naturschützer begleitete. Er ist das Vorbild für den Buschmann im Film »Die Götter müssen verrückt sein«, lehnte es aber »aus Intelligenzgründen« ab, die Hauptrolle selbst zu spielen, und empfahl N'Xi. Er lebt immer noch in der Kalaharin (in der Gegend von Ghanzi).

Ernst Röhm

(1887–1934). Offizier und Nazi-Politiker, der die NSDAP und SA mit aufbaute, zum Stabschef der SA ernannt wurde und nach der (falschen) Beschuldigung, einen Putsch gegen Hitler geplant zu haben, verhaftet und erschossen wurde.

Wolfgang Buhre

Der deutsche Bäcker versorgte jahrelang die europäische Kolonie in Johannesburg mit Spezialitäten. Sein Laden diente dabei auch als Kommunikationszentrum der Heimwehkranken, Großwildjäger und sonstigen Haudegen. In den 80er Jahren verschwanden er und seine Bäckerei spurlos.

John Mwashoni
Eigentlich war der 1940 in Nairobi geborene Kenianer (ein Luo) Koch und jahrelang in Diensten der dänischen Schriftstellerin Karen Blixen. Aber in seiner Freizeit, inspiriert von seiner Chefin, schrieb er alles auf, was ihm bemerkenswert erschien, und versuchte jahrelang, einen Verleger dafür zu interessieren – vergeblich. Einige Texte befinden sich in meinen Besitz.

Nick Bexendale
Britischer Kenianer, der Großwildjäger war und Wildhüter wurde. Er ist eine Legende in Ostafrika, da er tollkühne Abenteuer erlebte und immer wieder zur Jagd auf Wildererbanden eingesetzt wurde, die er meist mit großer Härte zur Strecke brachte. Ich war oft dabei. Er lebt in Nakuru (Kenia).

Zimmermann's
Legendärer Taxidermist in Nairobi, gegründet von einem Deutschen, der zwischen 1930 und 1980 fast alle Trophäen prominenter Jäger – von Ernest Hemingway bis Arthur Lindgens und John Huston – präparierte. Nach dem Jagdbann von 1977 verkam Zimmermann's zum Souvenirladen.

Tony Moore
Mit seinem Aussehen hätte dieser Wildhüter in Hollywood Karriere machen können. Ladys verfallen ihm reihenweise. Er war Angestellter im Sambesi National Park, hat aber jetzt ein eigenes Unternehmen, seine Spezialität sind Fuß-Safaris in Tansania. Er wohnt jedoch in Vic Falls (Simbabwe). Moore war der einzige Wildhüter, der lautstark und offiziell gegen das Enthornen der Nashörner protestierte (er nennt es »Mord«) – und leider Recht behielt. Ich bin seit Jahren mit ihm befreundet und begleite ihn häufig auf Reisen.

Peter Matthiessen
Amerikanischer Schriftsteller (*1927 in New York), der sich auf Reise- und Naturthemen spezialisiert hat. Mit »Sand Rivers« schrieb er 1981 das schönste Buch über den Selous-Park.

Brian Nicholson
(1921–1998). Brite, der jahrzehntelang der einzige Wildhüter war, der die Selous ausschließlich zu Fuß durchstreifte, oft Monate an einem Stück. Weil er sich dabei selbst versorgte, indem er Wild schoss (was blieb ihm anderes übrig?), wurde er von schwarzen Kollegen, denen er unheimlich und lästig war, angeschwärzt und entlassen. Er lehrte mich die Geheimnisse der Selous.

Iodine
Der Brite Ioannidis, dessen Familie aus Griechenland stammte, regierte den Selous-Park mehr als 40 Jahre wie sein Privatreich – und bewahrte ihn so vor der Zerstörung. Dabei widersetzte er sich jeder touristischen Erschließung, was ihn immer wieder in Konflikt mit der Regierung in Daressalam brachte – vor und nach der Unabhängigkeit. Erst als er in den 70er Jahren starb, wurden die ersten Camps und einige Straßen gebaut. Ich bin oft mit ihm weit draußen im Busch am Lagerfeuer gesessen und habe seinen Geschichten gelauscht.

Frederick Courtney Selous
(1851–1917). Er gilt als einer der größten Jäger, die je in Afrika unterwegs waren, seine Geschichten als Abenteurer und Entdecker gehören zu den spannendsten Legenden des Kontinent. Selous (ausgesprochen »Selu«) ist einer von drei Männern, von denen man weiß, dass sie einen Leoparden mit bloßen Händen erwürgten. Nach ihm ist die Selous Game Reserve in Südtansania benannt. Mit Lettow-Vorbeck lieferte er sich im Ersten Weltkrieg galante Kämpfe.

Kaiser Wilhelm II.
(1859–1941). Er war von 1888 bis 1918 der letzte Monarch Deutschlands und in seine Regierungszeit fallen mehrere afrikanische Merkwürdigkeiten. So schenkte er den zu Deutsch-Ostafrika gehörenden Kilimandscharo Königin Victoria von England, worauf die sonst schnurgerade Grenze zwischen Kenia und Tansania einen Zacken bekam, und das Wildgebiet Selous (im Süden Tanganjikas/

Tansanias) seiner Frau Auguste Viktoria. Für den Caprivi-Zipfel im Nordosten von Namibia (und Helgoland) verzichtete das Reich auf Sansibar und Uganda.

Paul von Lettow-Vorbeck
(1870 in Saarlouis–1964 in Hamburg). Er war der legendäre, nie besiegte Oberbefehlshaber der deutschen Kolonialtruppe in Ostafrika und gilt als Erfinder des Guerillakrieges. Später leitete er ein Freikorps und saß von 1920 bis 1930 als Deutschnationaler im Reichstag. Die Putschisten vom 20. Juli 1944 hatten ihn zum Reichspräsidenten bestimmt, seinen Antifaschismus überlebte er nur, weil er als lebende Legende galt und die Nazis es nicht wagten, ihn hinzurichten.

Ernst Schleipfer
Der Deutsche (*1940) war Buchhalter eines großen Verlages, wanderte 1960 nach Namibia aus und gründete die legendäre Mokuti-Lodge im Okavango-Delta. Er verbringt seinen Ruhestand in Somerset-West (Südafrika) und sammelt Heilpflanzen. Er gehört zu meinen Lehrmeistern und zu meinem engsten Freundeskreis.

Joachim von Schönfeld
Deutscher Adeliger, dessen Familie seit Generationen in Namibia lebt. Er besitzt eine bemerkenswert schöne Gästefarm in der Nähe von Omaruru, wann immer ich in diese Gegend komme, wohne ich bei ihm.

Heinrich Kling
(1865–1935). Eigentlich Schuhmacher, dann Angehöriger der 1828 gegründeten Rheinischen Missionsgesellschaft in Wuppertal-Barmen, der ab 1893 von Steinkopf im Namaqualand aus das südliche Afrika bereiste, um das Wort Gottes zu verkünden. Er hinterließ nur wenige Aufzeichnungen, schrieb aber Bücher für Kinder und die Erinnerungen an seine Gefangenschaft im Ersten Weltkrieg.

Lawrence G. Greene
(1900–1972). Der Südafrikaner aus Kimberley war Journalist und Schriftsteller und verfasste rund 30 Bücher über Legenden und Originale zwischen Swakopmund und Maputo.

William Threlfell
Britischer Missionar in Süd- und Südwestafrika, der das Unmögliche versuchte: Buschmänner zu bekehren. Das gelang ihm nicht ein einziges Mal und 1823 wurde er am Oranje River zusammen mit seinem schwarzen Kaplan von ihnen ermordet.

Ernest Oppenheimer
(1880–1956). Der Sohn eines Zigarrenhändlers aus Friedberg (Hessen) ging mit 17 nach London, wurde Diamanten-Makler und ab 1902 Diamanten-Aufkäufer in Kimberley (Südafrika). Nach dem Ersten Weltkrieg gelang es ihm, die ehemals deutschen Diamantenfelder in Südwestafrika unter seine Kontrolle zu bringen, und 1917 gründete er die Anglo-American Corporation of South Africa. 1929 wurde Oppenheimer Chef des Diamanten-Kartells De Beers – und einer der reichsten Männer der Welt. Es ist ihm zu verdanken, dass Vusamazulu Credo Mutwa den Befreiungskrieg überstand, er konnte aber nicht verhindern, dass der Seher durch einen Gewaltakt schwarzer Fanatiker sein Augenlicht verlor.

John Myburgh
Naturschützer, Ornithologe und Schriftsteller aus Südafrika, der sich auch als Maler einen Namen machte. Er ist der Held zahlreicher TV-Dokumentationen, die auch im ZDF gezeigt wurden. Er lebt in Johannesburg. Eines seiner fabelhaften Landschaftsbilder hängt über meinem Schreibtisch.

Patrick Mavros
Er ist der Nachfahre griechischer Einwanderer, die seit vier Generationen in Simbabwe wohnen, und wurde auf einer Farm im Matabele-Land geboren. Er lernte Bäcker und gehörte im Bürgerkrieg der

gefürchteten Truppe der »Selous Scouts« an, bei der auch ich ein paar Monate diente und mich mit ihm anfreundete. Dennoch blieb er nach der Unabhängigkeit im Land und wurde einer der bekanntesten Künstler für Silber- und Elfenbein-Skulpturen inkl. Schmuck. Er lebt in der Nähe von Harare. Wer ihn »besuchen« möchte: www.patrickmavros.com

Vusamazulu Credo Mutwa
Er wurde 1921 in Natal (Südafrika) geboren, entstammt einer Familie, die seit 30 Generationen die bedeutendsten Medizinmänner, Seher und Heiler Afrikas stellt. Er selbst vereinigt in sich das gesamte spirituelle Wissen des Schwarzen Kontinents, sein Buch »Indaba« ist die Bibel Afrikas. Während seiner Wanderjahre arbeitete er ein paar Monate auf der Farm meines Vaters in den Usambara-Bergen, ich wurde später einer seiner Schüler. Er lebt in Mafeking und gilt neben Nelson Mandela als der bedeutendste Südafrikaner unserer Zeit.

Erlanger
Er ist eine jener Gestalten, die immer wieder in Legenden auftauchen, aber über die man nichts weiter weiß. Erlanger, ein Deutscher, lebte Ende des 19. Jh. und gilt als der größte aller Großwildjäger – vor Selous. Er schrieb Tagebücher, in denen er alles verzeichnete, was ihm auf seinen Safaris an Merkwürdigkeiten begegnete, aber leider sind sie genauso verschollen wie er.

Weiße Väter
Missionsgesellschaft im belgischen Antwerpen, die seit 150 Jahren Priester vor allem nach Afrika schickt und dabei immer die Rezepte erfolgreicher Naturmedizinen gesammelt hat. Die Patres besitzen deshalb das Monopol zur Herstellung des »Schlangensteins«, mit dem sich alle Arten von Giftstichen und -bissen kurieren lassen.

Michael Wood
Der kenianische Brite ist Arzt, Pilot und war der Gründer bzw. langjährige Chef der Flying Doctors of East Africa. Er lebt hochbetagt

im Ruhestand in London. Auf meinen Reisen war er mir einige Male eine unschätzbare Hilfe.

Hans-Joachim Schwarz
Deutscher Veterinär, der Spezialist für die Krankheiten von Kamelen ist und von etwa 1970 bis 1990 als Entwicklungshelfer bei den Rendille in Nordkenia lebte. Er hat heute eine Praxis in Nairobi.

Namkwa
Die um 1955 geborene Frau von Doc Hans gehörte zum Buschmann-Clan der Xko und lebte mit ihrem Clan als Nomadin in der Kalahari. 1970 heiratete er sie, sie bekam den Sohn Fritzl und um 1985 trennten sie sich. Sie wurde von ihrem zweiten Ehemann, einem Tswana, ermordet.

Bernhard Grzimek
(1909–1987). Der Tierarzt, Schriftsteller (»Grzimeks Tierleben«), Filmer (»Serengeti darf nicht sterben«, Oscar 1959), Politiker (Bundesbeauftragter für Naturschutz), Tierschützer (rund 15 Mio. Euro Spenden) und TV-Moderator (175 Folgen »Ein Platz für Tiere«) war jahrelang Direktor des Frankfurter Zoos (1945–1974) und Präsident der Zoologischen Gesellschaft Frankfurt. Aufsehen erregte Grzimek auch dadurch, dass er nach dem Tode seines Sohnes Michael (Flugzeugabsturz) dessen Witwe heiratete. Die Geschichte von Frau Meier hat er mir selbst erzählt.

Piet Bogner
Der Grafiker wurde 1945 in München geboren und entwickelte sich zum Völkerkundler und Papua-Forscher, nachdem ein Stamm in den Highlands um Mt. Hagen ihn als Reinkarnation eines ermordeten Kriegers wiederzuerkennen glaubte. Seit 1972 verbringt er immer wieder viele Monate bei seinem Volk. Seine Bücher sind Schätze in Wort und Zeichnung.

Heinrich Harrer

Der 1912 geborene Österreicher ist nicht nur einer der Erstbesteiger der Eigernordwand, sondern wahrscheinlich der größte Forschungsreisende des 20. Jh. – von Alaska bis Neuguinea. Legendär sind seine siebenjährigen Abenteuer in Tibet, die ihn zu einem der meistgelesenen Autoren der letzten 50 Jahre machen. 15 Jahre lang durfte ich ihn auf Expeditionen begleiten und seine Tagebücher in Buchform auswerten. Er lebte bis 2006 in Hüttenberg (Steiermark).

Wyn Sargent

Amerikanische Quäkerin, die als Fotojournalistin begann und durch ihre Arbeit im indonesischen Teil von Neuguinea zur Völkerkundlerin mutierte. Sie leitet heute den Sargent-Dayak Fund und lebt in Kalifornien.

Laurens van der Post

(1906–1996). Der Philosoph, Schriftsteller und Naturschützer aus Philippolis (Südafrika) entstammt einer Familie holländischer Einwanderer, legte sich als Apartheid-Gegner früh mit dem Regime in Pretoria an und schrieb etwa 40 Bücher über Afrika. Er ist der spirituelle Lehrmeister von Prinz Charles.

Pater Sebastian

Der 1940 geborene Missionar aus Wolfenbüttel gilt als »Vater der Turkana«, mit denen er seit 1970 als Nomade herumzieht. Bemerkenswert ist seine These: »Ich brauche keinen zu taufen, ich will nur, dass meine Leute anständige Menschen werden.« Man trifft ihn in Lodwar (Nordkenia).

Richard Balondo

Kikuyu aus der Nähe von Nairobi (*um 1930), der enger Kampfgefährte von Kenyatta im Mau-Mau-Aufstand war und durch besondere Grausamkeit auffiel. Nach der Unabhängigkeit wurde er Edelstein-Schmuggler aus den Staatsminen und benutzte zur Tarnung einen kleinen Lebensmittelladen in Matare Valley, den Slums von Nairobi. Dort lebt er immer noch.

Josephine von Toro
Sie ist die noch schönere Schwester der schönen Elizabeth von Toro, unter Idi Amin von 1971 bis 1988 Außenministerin und UN-Botschafterin von Uganda und damit erste Diplomatin Schwarzafrikas. Josephine wurde 1950 in den Virunga-Bergen geboren und entstammt dem seit 1922 existierenden Königsgeschlecht von Toro. Sie wurde 1998 ermordet.

Louis Esseline
Belgischer Unternehmer, der von Goma aus in den 70er und 80e Jahren ein Monopol besaß für LKW-Transporte in Ostzaire. Ohne ihn hätte ich viele Reisen nicht unternehmen können. Der Bürgerkrieg der 90er Jahre vernichtete sein Unternehmen, Esseline ist verschollen.

David Livingstone
(1813–1873). Schottischer Missionar und Afrika-Forscher, dem zahlreiche Entdeckungen und schöne Bücher zu verdanken sind. Er liegt in der Londoner Westminster Abbey begraben.

Jane Goodall
Die Britin, 1934 in London geboren, ist die »Mutter der Schimpansen« und die bekannteste Tierschützerin der Welt. Ihr fast privates Reservat Gombe Stream, am Ostufer des Tanganjikasees (Tansania) gilt als Modell für alle späteren Tierschutzprojekte. Sie war in erster Ehe mit dem berühmten Fotografen Hugo van Lawick verheiratet, in zweiter Ehe mit Derek Bryceson, Chef der Nationalparkverwaltung Tansanias. Sie lebt in den USA.

Mark Ross
Kenianischer Brite, studierter Biologe und legendärer Chef-Wildhüter in der Serengeti. Leider sehr spät entdeckte er sein Schreibtalent, aber mittlerweile gibt es rund 20 bezaubernde Bücher über Afrika von ihm.

Liz Wily
Lehrerin, die als Entwicklungshelferin nach Botswana kam und es durch eine Liebschaft mit einem Minister schaffte, Regierungsbeauftragte für Buschmann-Fragen zu werden. Von dem Schaden, den sie dabei anrichtete, haben sich die San bis heute nicht erholt. Nach 1980 ging sie nach Auckland zurück und verschwand spurlos.

Fritzl
Der 1956 geborene Sohn von Doc Hans und Namkwa. Da er immer wieder kriminell wurde, verbrachte er viel Zeit im Gefängnis. Er lebt in Ghanzi.

Charles John Andersson
(1827–1867). Der uneheliche Sohn eines britischen Edelmannes und einer schwedischen Hausangestellten gehört zu den frühesten Reisenden in Südwestafrika. Dort wurde er zum Häuptling der Damara gewählt und starb an den Wunden einer Schlacht mit den NamaHottentotten. Er schrieb sieben Bücher über seine Abenteuer.

Tete-Michel Kpomassie
Der Sohn eines Elektrikers aus Atoeta (Togo) sah mit 16 Jahren zufällig einen Bildband über Grönland und beschloss dorthin zu reisen. Dort entdeckte er, dass er sich den Eskimos verwandt fühlt, und kehrt immer wieder zu ihnen zurück. Er lebt mit seiner Familie in Paris.

Wolfgang
Der 1940 geborene Sohn von Doc Hans und einer Krankenschwester aus Hamburg. Er ist Lehrer an einem Gymnasium in Franken.

Dian Fossey
(1932–1985). Die Amerikanerin aus Fairfax (Kalifornien) war Bewegungstherapeutin und arbeitete jahrelang in einem Kinderkrankenhaus. Ab 1963 faszinierten sie Berggorillas derart, dass sie ihnen ihr Leben widmete und mehrere Jahre im Regenwald der Virunga-Berge (Ruanda) lebte. Ich verbrachte einige Monate bei ihr im Camp auf 3000 Meter Höhe.

Munyarukiko
In den 70er Jahren der Ober-Wilderer von Ruanda, der vor allem in den Virunga-Bergen und unter Berggorillas sein Unwesen trieb – im Auftrag von Trophäensammlern vor allem aus der Sowjetunion und Japan. Er gilt als Mörder von Dian Fossey. Er soll im Bürgerkrieg erschlagen worden sein.

Laurent Habiyaremye
Der 1941 geborene Hutu war ab Mitte der 70er Jahre und bis in die 90er Jahre der Chef der Tourismusbehörde und der Nationalparke in Ruanda. Er gilt als einer der korruptesten und grausamsten Politiker seiner Zeit, war der sadistische Vorgesetzte von Dian Fossey, kam aber während des Bürgerkrieges auf grausige Weise um: Er wurde in den Straßen von Kigali gefoltert und mit einem Panga enthauptet.

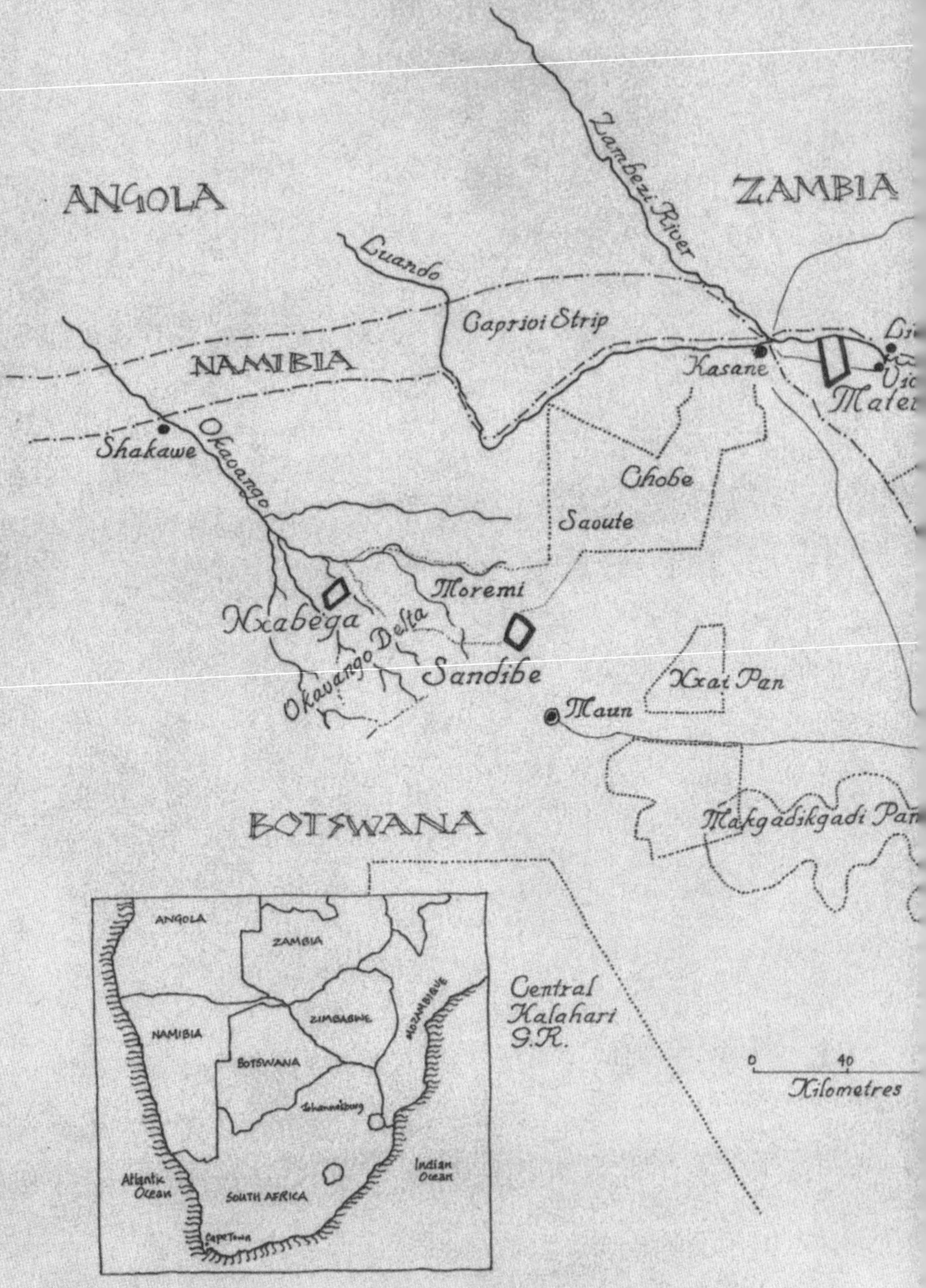
ANGOLA
ZAMBIA
Zambezi River
Luando
Caprivi Strip
NAMIBIA
Kasane
Shakawe
Okavango
Chobe
Saoute
Moremi
Nxabega
Okavango Delta
Sandibe
Xxai Pan
Maun
BOTSWANA
Makgadikgadi Pan
Central
Kalahari
G.R.
0
40
Kilometres
ANGOLA
ZAMBIA
NAMIBIA
ZIMBABWE
MOZAMBIQUE
BOTSWANA
Johannesburg
Atlantic
Ocean
Indian
Ocean
SOUTH AFRICA
Cape Town